쉽고 빠른 해외직구 핵꿀팁

2015. 10. 23 초판 1쇄 발행

저자 김혜인
펴낸이 박한식
펴낸곳 스마트미디어
주소 서울시 금천구 가산디지털1로 168, 403호(가산동, 우림라이온스밸리 C동)
전화 02-2026-5700
팩스 02-2026-5701
등록번호 제1994-8호
홈페이지 www.smbooks.net
메일 info@smbooks.net

· 이 책의 독창적인 부분에 대한 무단인용·전재·복제를 금합니다.
· 불법복사는 지적재산을 훔치는 범죄행위입니다.
　저작권법 제97조의 5(권리의 침해)에 따라 위반자는 5년 이하의 징역 또는
　5천만원 이하의 벌금에 처하거나 이를 병과할 수 있습니다.
· 파본은 구입하신 서점에서 교환하여 드립니다.
· 독자 여러분의 건설적 충고와 혹시 발견되는 오탈자 또는 편집, 디자인 및 인쇄, 제본 등에 대하여
　좋은 의견을 주시면 신속히 수정·보완하여 양질의 책을 만들도록 최선을 다하겠습니다.

국립중앙도서관 출판예정도서목록(CIP)
페이지 : 224page / 판형 : 190×245mm
ISBN 978-89-8136-041-2 (13300) / 정가 : 12,000
표제관련정보 : 해외직구 9단이 전하는 수만 가지 알찬 직구
정보와 물 만난 쇼핑족들의 상상초월 쇼핑 스킬이 가득!!
전자 상거래[電子商去來]
인터넷 쇼핑[Internet shopping]
325.555-KDC6/658.872-DDC23/CIP2015027797

세븐존_ 김혜인 저

제가 처음으로 직구한 상품은 나이키의 에어맥스95, 운동화였습니다. 당시 국내 판매 가격은 18만 원이 넘었습니다. 풋락커라는 미국의 멀티샵 쇼핑몰을 통해 국내엔 판매되지 않는 컬러였는데, 국제 배송비를 포함해 11만 원 정도로 매우 저렴하게 구입했습니다. 그때 느꼈던 희열은 이루 말할 수가 없을 정도였습니다.

인터넷 쇼핑을 즐기는 것도 아니었고, 심지어 영어도 남들보다 더 못하는 수준으로 해외 직구와 관련한 마케팅에 뛰어들게 되면서 단순히 업무를 잘해보고자 시도한 것이 저의 첫 번째 직구였습니다.
그래서 실수도 많았습니다. 내가 산 그 가격이 가장 저렴한 것이었나, 풋락커보다 더 나은 쇼핑몰이 있지 않았을까, 할인코드는 따로 있었던가, 배대지 선택을 잘했었나 하며 뒤늦게 되짚어 본 적이 있었습니다.

그런 초보였을 때의 마음을 이 책에 담았습니다.

4년간 해외직구 마케터로 활동을 하면서 직구를 잘할 수 있는 노하우들을 많은 사람들에게 알리는 게 제가 해야 할 업무이자 바람이었습니다. 그러한 소중한 기회를 저에게 주신 스마트미디어 출판사에 진심으로 감사를 드립니다.

이 책으로 인해 더 많은 분들이 해외직구의 놀라운 혜택을 누리시기를 바라겠습니다.

저자 김혜인

	머리말	05
Special Tip	철저한 준비로 블랙프라이데이, 사이버먼데이 득템하자!	10
	한눈에 펼쳐보는 2015~2016년 미국 연간 세일 스케줄 달력	12
	미국 세일, 한국에선 몇 시부터?	18

LEVEL 01

해외직구 시작하기

Chapter 1 치솟는 물가, 해외직구가 답이다! … 22
Chapter 2 해외직구, 직접할까 대행할까? … 24
Chapter 3 해외직구 핵심용어로 개념부터 파악하자
  1. 직배송과 배송대행 그리고 배대지란 무엇일까? … 26
  2. 배송비를 결정하는 중량무게와 부피무게 … 27
  3. 한국의 부가세와 같은 Sales Tax … 29
  4. Billing Address(청구서 받을 주소)와 … 30
     Shipping Address(배송 주소)
  5. Order Number(주문 번호)와 … 31
     Tracking number(송장 번호)

Chapter 4 불안하고 어려운 결제, 알고 보면 참 쉽다
  1. 어떤 카드로 해외 결제를 할 수 있을까? … 32
  2. 직구할 때 꼭 필요한 개인 통관고유부호 신청 … 34
  3. 크롬 브라우저로 더 쉽고 알뜰하게! … 36
  4. 달러와 무게 변환기 … 38
  5. 한국 주소 영문 변환기 … 39

Chapter 5 해외직구 워밍업! 아마존부터 시작하자
  1. 아마존 메뉴 보는 방법 … 40
  2. 상품 검색 및 필터 활용법 … 42
  3. 아마존 직구방법 … 43
  4. 아마존 배송조회 … 49
  5. 아마존 주문 취소 방법 … 52

Special Tip 아마존 직배송이 가능한 상품 골라보기 … 53

Chapter 6 대행도 기술이다! 배대지 200% 활용하기
  1. 회원가입 … 54
  2. 배대지 주소 입력 공통방법 … 55
  3. 직배송 주소 입력 공통방법 … 56

	4. 배대지 입고신청	57
	5. 배대지에 도착한 이후 국내 배송신청	59

Special Tip 이중 환전수수료를 조심하자　　61

Chapter 7 꼭 알아야 할 배대지의 모든 것
1. 국내 배송대행업체 비교　　62
2. 배대지 이용방법　　65

Chapter 8 나에게 딱 맞는 배대지 고르는 법
1. 배대지별 특징　　70
2. Sales Tax를 면제받을까, 부피무게를 감면받을까?　　71
3. 사이트에 따른 배대지 선택요령　　72

Chapter 9 골치 아픈 관세, 알고 내면 당당하다!
1. 관세와 부가세　　75
2. 주요 품목 관세와 부가세율표　　76
3. 목록통관과 일반통관　　76
4. 세금 계산 방법　　78
5. HSCODE　　79
6. 수입 신고 주의사항　　79
7. 이건 수입하면 안 되요!　　81

Special Tip 직구 추천 사이트! 꼭 필요한 해외직구 필수 아이템별 정리　　82

LEVEL 02 해외직구 제대로 즐기기

Chapter 1 나에게 딱 맞는 US 사이즈는 뭘까?
1. 신발 사이즈　　94
2. 남녀 의류 사이즈　　96
3. 폴로/타미 카라티 사이즈　　97
4. 빅시 속옷사이즈 측정방법　　99
5. 유아의류 사이즈 보는 법　　100

Chapter 2 내가 산 상품은 어디에? 배송과정 추적하기
1. 미국 택배사 조회방법(해외 사이트에서 배대지까지)　　101
2. CJ 국제 특송 조회(배대지에서 통관까지)　　104
3. 유니패스 조회(통관 과정 조회)　　106
4. 국내 택배 조회(국내 택배사와 화물배송)　　108

Chapter 3 어떤 사이트가 믿을 수 있을까?
1. 해외 사이트 검증 — 109
2. 아마존 판매자 검증 방법 — 111
3. 이베이 판매자 검증 방법 — 112

Special Tip 사기 사이트의 유형 — 113

Chapter 4 해외직구 베테랑 업그레이드 노하우
1. 나만 아는 미국 핫딜 사이트 — 114
2. 캘리포니아 No Tax 사이트 — 117
3. 우회접속? 이거면 한방이다 — 121
4. 우회접속으로 직구 가능한 사이트 — 124
   (양키캔들, 슈프림, 타미, 아베크롬비, 캠퍼)
5. 할인코드 안내 전용사이트 — 128

Chapter 5 쇼핑하면 진짜 돈 되는 캐시백의 세계
1. 페이팔 가입방법 — 132
2. 이베이츠 가입 및 사용방법 — 140
3. 미스터리베이츠 가입 및 사용방법 — 147
4. 해외 사이트 자체 리워드 — 151
5. 페이팔로 받은 적립금, 국내 계좌로 송금받는 방법 — 152

Chapter 6 취소와 반품이 진짜 실력이다
1. 해외직구 취소 방법 — 154
2. 배대지에서 교환, 반품 방법 — 155
3. 국내에서 교환, 반품 방법 — 160
4. 교환이나 환불이 어려울 때 처리방법 — 160

Chapter 7 아마존에서 쇼핑 200% 즐기기
1. 아마존 프라임 가입과 해지방법 — 161
2. 아마존 맘 이용방법 — 167
3. 아마존 베이비 레지스트리 이용방법 — 171

Special Tip 프라이스 매치와 프라이스 어드저스트먼트 — 175

LEVEL 03 해외직구 고수를 위한 팁
Chapter 1 고수들만 아는 미국 사이트 할인정보
1. EST와 PST의 이해 — 178
2. 할인코드, 핫딜 정보 네이버 검색 시간 — 180
3. 네이버 검색 방법 — 181
4. 직구 전용 이메일 계정 — 182

Chapter 2 세금을 알면 당신은 진짜 전문가!
1. 관세율 확인 방법 … 183
2. 세금, 카드로 납부하기 … 188

Chapter 3 정당하고 당당하게 세금 면제받자!
1. 고시환율과 선편요금에 대한 이해 … 189
2. 합산과세 … 193
3. 원산지 증명서 … 193

Chapter 4 배대지, 내 맘대로 이용 노하우
1. 배송대행업체의 우대회원 제도 … 194
2. 창고보관 기간을 활용하라 … 195
3. 직구가 안 될 땐 배송대행업체에 의뢰하라 … 195
4. 배송대행업체의 공지사항엔 수입통관 정보가 있다 … 196

Chapter 5 아마존, 숨은 1cm를 찾으면 더 저렴하다!
1. 같은 상품, 더 저렴하게 판매하는 판매자 찾기 … 197
2. 아마존 핫딜 분석 … 198
3. Warehousd Deal … 199

Chapter 6 어디가 싼지 안 가봐도 안다!
1. 미국의 가격비교 사이트 … 201

Chapter 7 결제 승인거절? 나랑은 상관없는 얘기야!
1. 해외직구 결제부터 청구까지의 이해관계 … 205
2. 승인거절의 이유 … 206
3. 승인 확률을 높이는 방법 … 207

Chapter 8 변팔까지 만들어야 진정한 고수
1. 변팔 가입방법 … 209
2. 변팔로 직구 가능한 해외 사이트 … 216

Special Tip
화장품 안전등급 사이트 … 220
직구에 도움되는 영어 문장 … 224

해외직구 쇼퍼들을 위한
Special Tip

철저한 준비로
블랙프라이데이, 사이버먼데이 득템하자!

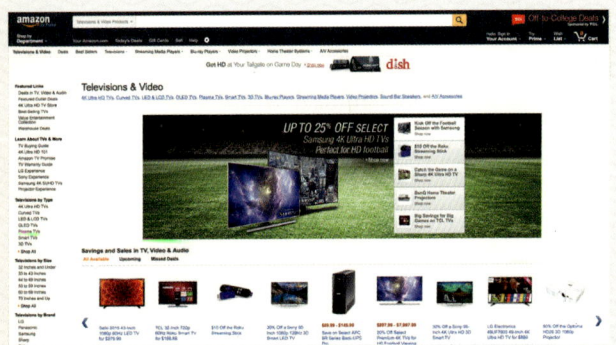

인터넷 쇼핑몰을 들여다보면 많은 상품들이 있지만, 내게 꼭 맞는 상품은 찾기가 참 힘듭니다. 특히 국내에서 팔지 않는 해외 브랜드 상품들은 구하기가 여간 까다로운 게 아닙니다. 그래서 많은 분들이 해외직구에 관심을 갖고 있습니다. 국내에 수입되는 상품들보다 선택의 폭이 훨씬 더 크고, 잘 찾으면 훨씬 더 저렴하게 구매할 수도 있습니다.

미국 세일 중에서 블랙프라이데이(11월 넷째 주 금요일)가 가장 유명하지요. 그만큼 대표적인 세일행사입니다. 그래서 보통 블랙프라이데이 당일에만 상품을 알아보거나, 그 하루만 놓치면 좋은 세일 기회를 놓치는 게 아닌가 하고 걱정하는 분들도 많습니다.
그런데 사실상 블랙프라이데이 당일보다는 그 전이나 이후에 훨씬 더 저렴하게 구입할 수 있습니다. 블랙프라이데이에 세일을 하는 온라인과 오프라인 매장이 경쟁하기 때문입니다. 오프라인 매장들이 쇼핑을 주도하던 시절에는, 추수감사절(11월 넷째 주 목요일)에 문을 닫았다가 그 다음날인 금요일에 매장 문을 열었기 때문에 블랙프라이데이 당일에 가장 세일 폭이 컸던 게 사실입니다. 하지만 현재는 온라인 쇼핑이 주가 되고 있어 오프라인 매장과의 경쟁을 신경 쓰다 보니 블랙프라이데이 이전부터 대폭세일을 실시함으로써 마케팅 전쟁에서 우위를 점하려고 하는 것입니다.

사이버먼데이를 아시나요? 사이버먼데이의 탄생 배경도 블랙프라이데이와 비슷합니다. 추수감사절 다음날 매장의 문을 열더라도 직장에서 근무하는 사람들은 오프라인매장에서 쇼핑을 하는 것이 시간적인 여건상 쉽지 않습니다. 직장인을 위해 블랙프라이데이가 끝난 그 다음 주 월요일에 직장에서 온라인으로 저렴하게 구매할 수 있도록 배려한 것이 바로 사이버먼데이입니다.

블랙프라이데이와 사이버먼데이 당일에는 업체 간의 경쟁도 치열하고 수많은 사람들이 동시에 몰리게 되는데, 쇼핑몰의 입장에선 이를 분산시킬 필요가 있습니다. 또한 곧 있으면 이월상품이 되어버릴 재고를 소진하기 위해서라도 세일 기간에 여유를 두어 판매량을 늘리려 합니다. 그렇기 때문에 사실상 11월 초부터 연말까진 대부분의 해외 사이트들이 블랙프라이데이급의 세일을 계속 진행한다고 볼 수 있습니다.

현명한 소비자라면 블랙프라이데이나 사이버먼데이 당일만을 노리기보다는 직구하려는 상품의 현지 판매가격, 국내 판매가격을 미리 파악해서 11월 초부터 지켜보다가, 세일 가격을 확인하고 미리 구매하는 것도 현명한 방법입니다. 블랙프라이데이와 사이버먼데이에 구매하지 못했더라도 12월까지 이어지는 연말세일을 노려볼 수도 있습니다. 해외직구로 진짜 돈이 되는 정보를 얻을 수 있습니다.

해외직구 쇼퍼들을 위한 Special Tip

한눈에 펼쳐보는
2015~2016년 미국 연간 세일 스케줄 달력

해외직구로 쇼핑을 하고 싶다면 미국 세일기간을 잘 알아두어야 합니다. 미국은 해외직구를 하는 나라들 중 가장 비중이 큰 나라이기 때문입니다. 미국은 주로 연중 기념일과 휴일에 세일 이벤트가 진행되는데, 거의 매월마다 기념일과 휴일이 있다 보니 "미국은 1년 365일 세일 중이다"라고 말할 수 있습니다.

2015 4분기

11월 11일	재향군인의 날	Veterans Day	11월 11일
11월 넷째 목요일	추수감사절	Thanksgiving Day	11월 26일
11월 넷째 금요일	블랙프라이데이	Black Friday	11월 27일
블프 다음 월요일	사이버먼데이	Cyber Monday	11월 30일
12월 25일	크리스마스	Christmas	12월 25일

2016 1분기

1월 1일	새해 첫날	New Year's Day	1월 1일
1월 셋째 월요일	마틴 루터 킹 탄생일	Martin Luther King Day	1월 18일
2월 12일	링컨 탄생일	Lincoln's Birthday	2월 12일
2월 14일	성 발렌타인의날	St. Valentine's Day	2월 14일
2월 셋째 월요일	프레지던트데이	Presidents' Day	2월 15일
3월 17일	성 패트릭데이	St. Patrick's Day	3월 17일

2016 2분기

부활절 전 금요일	굿프라이데이	Good Friday	3월 25일
3월하반기~4월상반기	부활절(3월 27일)	Easter Sunday	3월 27일
5월 둘째 일요일	어머니의 날	Mother's Day	5월 8일
5월 마지막 월요일	미국 현충일	Memorial Day	5월 30일
6월 14일	국기제정일	Flag Day	6월 14일
6월 셋째 일요일	아버지의 날	Father's Day	6월 19일

2016 3분기

7월 4일	미국 독립기념일	Independence Day	7월 4일
7월 넷째 일요일	부모의 날	Parents' Day	7월 24일
8월 중순~9월 상순	백투스쿨	Back to School	
9월 첫째 월요일	노동절	Labor Day	9월 5일
노동절 다음 일요일	조부모의 날	Grandparents' Day	9월 11일

2016 4분기

10월 둘째 월요일	콜럼버스데이	Columbus Day	10월 10일
10월 31일	할로윈데이	Halloween Day	10월 31일
11월 둘째 화요일	미국 선거일	election Day	11월 8일
11월 11일	재향군인의 날	Veterans Day	11월 11일
11월 넷째 목요일	추수감사절	Thanksgiving Day	11월 24일
11월 넷째 금요일	블랙프라이데이	Black Friday	11월 25일
블프 다음 월요일	사이버먼데이	Cyber Monday	11월 28일
12월 25일	크리스마스	Christmas	12월 25일

2015년 4분기 세일 스케줄 달력

11월

Sun	Mon	Tue	Wen	Thu	Fri	Sat
1	2	3	4	5	6	7
8	9	10	Veterans Day 재향군인의날 11	12	13	14
15	16	17	18	19	20	21
22	23	24	25	Thanksgiving Day 추수감사절 26	Black Friday 블랙프라이데이 27	28
29	Cyber Monday 사이버먼데이 30					

12월

Sun	Mon	Tue	Wen	Thu	Fri	Sat
		1	2	3	4	5
6	7	8	9	10	11	12
13	14	15	16	17	18	19
20	21	22	23	24	Christmas 크리스마스 25	26
27	연말세일 크리스마스 이후~ 28	29	30	31		

2016년 1분기 세일 스케줄 달력

1월

Sun	Mon	Tue	Wen	Thu	Fri	Sat
					New Year's Day 새해 첫날 1	2
3	4	5	6	7	8	9
10	11	12	13	14	15	16
17	Martin Luther King Day 마틴 루터 킹 탄생일 18	19	20	21	22	23
24/31	25	26	27	28	29	30

2월

Sun	Mon	Tue	Wen	Thu	Fri	Sat
	1	2	3	4	5	6
7	8	9	10	11	Lincoln's Birthday 링컨 탄생일 12	13
St. Valentine's Day 발렌타인데이 14	Presidents Day 미국 대통령 기념일 15	16	17	18	19	20
21	22	23	24	25	26	27
28	29					

3월

Sun	Mon	Tue	Wen	Thu	Fri	Sat
		1	2	3	4	5
6	7	8	9	10	11	12
13	14	15	16	St. Patrick's Day 성 패트릭데이 17	18	19
부활절 세일기간 3월하순~4월상순 20	21	22	23	24	Good Friday 부활절 전 금요일 25	26
Easter Sunday 부활절 27	28	29	30	31		

2016년 2분기 세일 스케줄 달력

4월

Sun	Mon	Tue	Wen	Thu	Fri	Sat
					1	2
3	4	5	6	7	8	9
부활절 세일기간 3월하순~4월상순 10	11	12	13	14	15	16
17	18	19	20	21	22	23
24	25	26	27	28	29	30

5월

Sun	Mon	Tue	Wen	Thu	Fri	Sat
1	2	3	4	5	6	7
Mother's Day 어머니의날 8	9	10	11	12	13	14
15	16	17	18	19	20	21
22	23	24	25	26	27	28
29	Memorial Day 미국 현충일 30	31				

6월

Sun	Mon	Tue	Wen	Thu	Fri	Sat
			1	2	3	4
5	6	7	8	9	10	11
12	13	Flag Day 미국 국기 제정일 14	15	16	17	18
Father's Day 아버지의 날 19	20	21	22	23	24	25
26	27	28	29	30		

2016년 3분기 세일 스케줄 달력

7월

Sun	Mon	Tue	Wen	Thu	Fri	Sat
					1	2
3	Independence Day 미국 독립기념일 4	5	6	7	8	9
10	11	12	13	14	15	16
17	18	19	20	21	22	23
Parents' Day 부모의 날(7/24) 24/31	25	26	27	28	29	30

8월

Sun	Mon	Tue	Wen	Thu	Fri	Sat
	1	2	3	4	5	6
7	8	9	10	11	Back to School 백투스쿨 12	8월중순~9월상순 13
14	15	16	17	18	19	20
21	22	23	24	25	26	27
28	29	30	31			

9월

Sun	Mon	Tue	Wen	Thu	Fri	Sat
				1	2	3
4	Labor Day 노동절 5	6	7	8	Back to School 백투스쿨 9	8월중순~9월상순 10
Grandparents' Day 조부모의 날 11	12	13	14	15	16	17
18	19	20	21	22	23	24
25	26	27	28	29	30	

2016년 4분기 세일 스케줄 달력

10월

Sun	Mon	Tue	Wen	Thu	Fri	Sat
						1
2	3	4	5	6	7	8
9	**Columbus Day 콜럼버스데이** 10	11	12	13	14	15
16	17	18	19	20	21	22
23/30	**Halloween Day 할로윈데이(10/31)** 24/31	25	26	27	28	29

11월

Sun	Mon	Tue	Wen	Thu	Fri	Sat
		1	2	3	4	5
6	7	**Election Day 미국 선거일** 8	9	10	**Veterans Day 재향군인의날** 11	12
13	14	15	16	17	18	19
20	21	22	23	**Thanksgiving Day 추수감사절** 24	**Black Friday 블랙프라이데이** 25	26
27	**Cyber Monday 사이버먼데이** 28	29	30			

12월

Sun	Mon	Tue	Wen	Thu	Fri	Sat
				1	2	3
4	5	6	7	8	9	10
11	12	13	14	15	16	17
18	19	20	21	22	23	24
Christmas 크리스마스 25	**연말세일 크리스마스 이후~** 26	27	28	29	30	31

해외직구 쇼퍼들을 위한
Special Tip

미국 세일, 한국에선 몇 시부터?

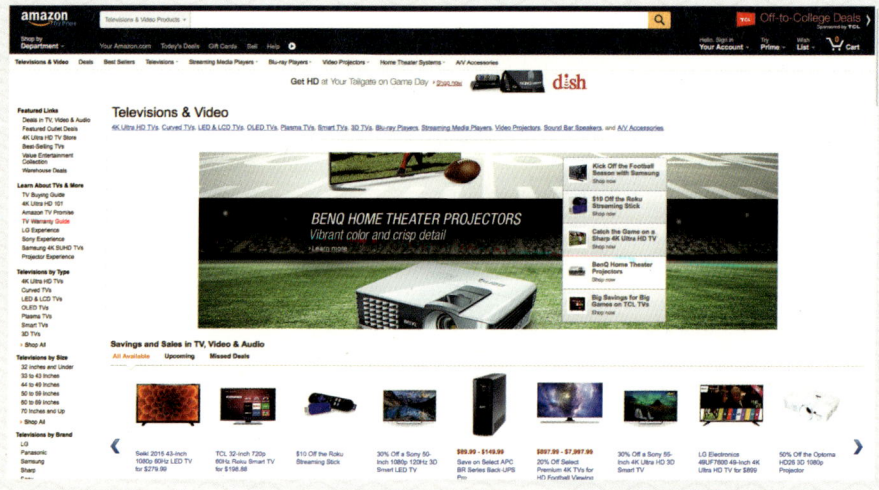

우리나라에서 미국 상품을 구입하려면 우리나라와 미국과의 시차를 잘 알아두어야 합니다. 그리고 같은 미국 쇼핑몰이더라도 동부와 서부 간 시차도 있습니다. 그래서 해당 사이트의 본사가 미국 어디에 위치해 있는지에 따라 세일 시작시간과 종료시간에 차이가 있습니다.

또한 서머타임기간에 의해서도 달라지므로 이러한 시차에 대해 더 자세히 알고 싶다면 178쪽의 'Level 3. Chapter 1-1. EST와 PST의 이해' 부분을 참고하시기 바랍니다.

가장 빨리 세일이 시작되는 한국시간, 가장 늦게 세일이 종료되는 시간을 한국시간 기준으로 보면 서머타임 기간(미국은 4월 첫째 주 일요일~10월 마지막 주 일요일까지)은 한국시간 13시부터 다음날 16시까지, 서머타임 해지기간은 한국시간 14시부터 다음날 17시까지입니다.

즉, 서머타임기간에 가장 빨리 세일을 시작하는 쇼핑몰은 한국시간으로 오후 1시부터이고 나중에 세일을 시작해서 가장 늦게 세일이 끝나는 쇼핑몰은 한국시간 오후 4시에 종료됩니다. 한정수량 핫딜이나 사이즈가 금방 품절되는 옷 종류는 세일 시작시간까지 잘 알아둬야 꼭 놓치지 않으니 참고하세요.

초보자를 위한 기초 상식과 쇼핑 팁!
따라만 해도 득템하는 해외직구 가이드

Level 01

해외직구 시작하기

Chapter 1_ 치솟는 물가, 해외직구가 답이다!
Chapter 2_ 해외직구, 직접할까 대행할까?
Chapter 3_ 해외직구 핵심용어로 개념부터 파악하자
Chapter 4_ 불안하고 어려운 결제, 알고 보면 참 쉽다
Chapter 5_ 해외직구 워밍업! 아마존부터 시작하자
Chapter 6_ 대행도 기술이다! 배대지 200% 활용하기
Chapter 7_ 꼭 알아야 할 배대지의 모든 것
Chapter 8_ 나에게 딱 맞는 배대지 고르는 법
Chapter 9_ 골치 아픈 관세, 알고 나면 당당하다!

Leval ❶ _해외직구 시작하기

Chapter I
치솟는 물가, 해외직구가 답이다!

지금 인터넷으로 해외직구를 검색해 보세요. 수많은 신문기사와 질문들이 나올 겁니다. 그만큼 현명한 소비를 위해 사람들이 해외직구에 눈을 돌리고 있습니다.

해외직구는 2010년부터 사람들의 입소문을 타고 널리 퍼졌고, 2014년에는 본격적으로 정부의 해외직구 활성화 정책이 가속화되었습니다. 관세청의 발표에 따르면, 2014년 한 해 동안 해외직구의 거래규모는 전체 1,553만 건, 15억 5,000만 달러로 약 1조 7,000억 원에 달합니다. 이것은 2013년에 비해 39% 증가한 수치이며, 2015년 현재 50% 이상 성장하여 무난하게 2조 원 규모를 넘어설 것으로 예상하고 있습니다.

한국은 지금 그야말로 해외직구의 열풍이 불고 있다고 해도 과언이 아닙니다. 실제로 인터넷 커뮤니티에 들어가 보면 해외직구를 하고 있다는 사람을 어렵지 않게 볼 수 있습니다.

번거롭기도 하고, 위험해 보이기도 한 해외직구에 그 많은 사람들이 푹 빠져 있는 이유는 도대체 무엇일까요?

해외직구를 하는 경우는 크게 두 가지입니다.

① **한국에서 안 파는 상품을 사고 싶을 때**
② **한국에서보다 싼 가격으로 사고 싶을 때**

2011년 소비자시민모임이 24개국의 생필품 52개 가격을 조사한 결과, 국내 판매가가 비싼 순으로 5위 안에 드는 제품이 총 12개나 되었다고 합니다. 그만큼 해외 상품이 국내에 수입되면 상당히 비싸집니다. 우리 일상생활에 필요한 것이라면 어쩔 수 없이 비싼 돈을 지불하고 사야 하겠지요. 어쩔 수 없지만 참 속상합니다. 그렇다고 매번 해외에 다녀오는 지인에게 부탁하기에도 부담스러운 일입니다.

해외직구가 늘어나면, 국내 기업들이 수입 상품에 대해 지나치게 높은 마진을 붙이지 못하는 효과도 발생합니다. 소비자 스스로가 기업의 경쟁자가 되는 셈이지요. 그래서 해외직구는 상품의 합리적인 가격정책을 만들어낼 것입니다. 실제로 그렇게 가격을 내린 품목이 상당히 많습니다. 소비자의 정보력으로 기업이 더 좋은 상품을 더 쉽고 더 저렴하게 제공하도록 하는 일이지요. 결과적으로 소비자들이 더 건강한 소비생활을 영위할 수 있게 되는 것입니다.

이것이 바로 해외직구를 해야 하는 이유입니다.

Leval ❶ _해외직구 시작하기

Chapter ❷
해외직구,
직접할까 대행할까?

해외직구는 본인이 직접 해외 쇼핑몰에서 구매한다는 것은 동일하지만 크게 배송과정에 있어서 배송대행과 직배송의 두 가지 방법으로 나뉩니다. 단순 흐름도만 살펴 봤을 땐 배송대행과 직배송 중 직배송의 과정이 더 간단해 보일지 모르나 각각의 장단점이 있습니다.

직배송은 빠른 배송과 느린 배송이 있는데, 당연히 빠른 배송을 선택할수록 배송 요금이 올라갑니다. 운송요금이 저렴한 경우 대부분 USPS (United States Postal Service) Air Mail을 통해 배송되는데 이는 택배가 아닌 '항공우편'으로 취급됩니다. Air mail은 배송기간이 길며 배송추적이 어렵고 국내에 반입되었을 때 우체국을 통해 배달되는데, 사전 연락 없이 대문 앞에 두고 간다거나 우편물 수령함 근처에 놔두기도 합니다. 우리나라의 상식으로 이해하기 힘들 수도 있지만, Air Mail은 엄연히 택배가 아닌 '우편'으로 취급됩니다.

국내에 반입되었을 때 우체국에서 배송을 맡게 되는데 우체국에서도 역시 '택배'가 아닌 '우편'으로 취급되고 우편물은 수취인에게 배송 전 연락을 한다거나 수취인에게 반드시 전달해 주어야 하는 것은 아닙니다. 편지를 보통 우체통에 넣어두는 것으로 배달이 끝나는 것과 같다고 이해하면 됩니다. 그래서 배송 흐름을 확인하고 싶어 하는 많은 사람들이 배송대행을 이용하고 있습니다.

Chapter 2 _해외직구, 직접할까 대행할까?

직배송 과정

- 해외직구사이트 구입
- 미국배송추적
- 미국에서 배송출발
- 국내수입통관 (세금부과대상은 세금납부)
- 국내배송추적
- 상품수령

배송대행 과정

- 해외직구사이트 구입
- 입고신청서 (배송신청서) 작성
- 미국배송추적
- 배대지 도착 후 운임결제
- 미국에서 배송출발
- 국내수입통관 (세금부과대상은 세금납부)
- 국내배송추적
- 상품수령

그리고 직배송이 가능한 해외 사이트가 많지 않습니다. 아마존이나 아이허브, 샵밥, 애쉬포드, 이베이 등 점차 국제 배송을 서비스하는 사이트가 늘어나곤 있지만 아직까진 미국 내 배송만 가능한 사이트가 대부분입니다.

따라서 직배송이 가능한 쇼핑몰을 이용할 때, 무료배송이거나 배송비가 저렴할 때는 직배송을 이용하고, 직배송을 해주지 않거나 가능하더라도 배송비가 비싼 경우엔 배송대행을 이용하는 것이 현명합니다. 특히 이제 막 시작한 해외직구 초보라면, 배송대행으로 시작하면서 경험을 쌓을 것을 추천합니다.

쉽고 빠른 해외직구 핵꿀팁 | 25

Leval ❶ _해외직구 시작하기

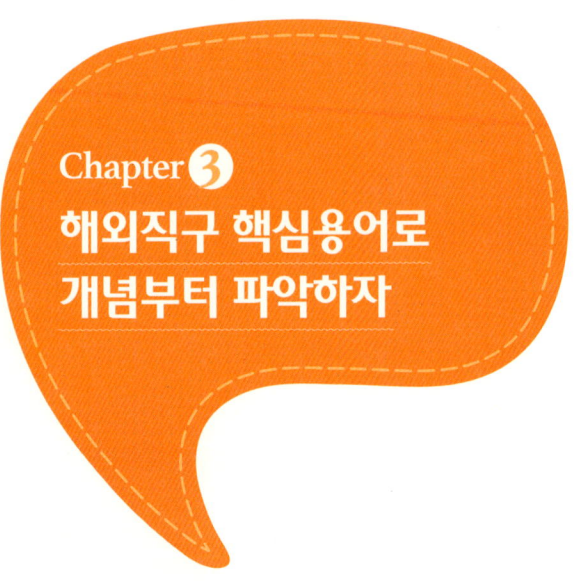

Chapter ❸ 해외직구 핵심용어로 개념부터 파악하자

1. 직배송과 배송대행 그리고 배대지란 무엇일까?

여러분이 한국에서 쇼핑몰을 운영하는 CEO라고 가정해 봅시다. 보통 해외배송보다는 국내배송 위주로 취급하는 것이 경제적으로 더 효율적입니다. 미국의 수많은 사이트들도 입장은 마찬가지입니다. 한국으로 보내주는 사이트도 있지만 대부분 자국 내 배송만 가능하고, 국제배송을 해주더라도 배송비가 매우 비쌉니다. 이럴 때 미국에 거주하는 누군가가 내가 주문한 상품을 대신 받아서 한국으로 보내준다면 배송비가 훨씬 더 저렴해지겠지요. 그 역할을 제공하는 곳이 바로 배송대행업체입니다. **배송대행업체가 고객의 상품을 받기 위해 미국에 보유한 창고인 배송대행지로 상품을 받고, 이것을 다시 한국에 보내는 작업을 해줍니다.** 배송대행지를 흔히 배대지라고 줄여서 말합니다.

해외직구 필수 용어

- **해외직구** : 해외 사이트에 본인이 직접 회원가입하고 상품을 찾아 구매하는 방식입니다.
- **구매대행** : 직구가 어려워 모든 과정을 대신해 달라고 의뢰하는 방식입니다.
- **결제대행** : 한국카드를 받아주지 않아 해외발급 카드를 가지고 있는 이에게 결제만 의뢰하는 방식입니다.
- **직 수 입** : 한국으로 정식 수입자가 제품을 들여와 한국에서 판매하는 방식입니다.
- **병행수입** : 이미 직수입 판권을 가진 이가 있어 제 3자가 다른 유통경로를 통해 수입하여 판매하는 방식입니다.

또한 배대지별로 부피무게를 완전면제하거나 할인해주는 이벤트를 상시로 진행하기 때문에 부피가 큰 상품을 직구할 땐 부피무게를 할인받을 수 있는 배대지를 찾아 직구하는 것이 현명합니다.

2. 배송비를 결정하는 중량무게와 부피무게

국제 운송 중 항공 운송은 비행기의 특성상 적재할 수 있는 공간이 한정되어 있기 때문에 무게가 무거울수록, 부피가 클수록 비용이 비싸지게 됩니다. 그래서 항공 운송의 배송비를 계산하기 위해 중량무게와 부피무게라는 개념을 알아야 합니다.

중량무게는 무겁거나 가벼움을 수치화한 것이고, 부피무게는 크거나 작음을 수치화한 것입니다. 국제 운송료는 중량무게와 부피무게 중 높은 쪽으로 결정됩니다. 무게를 결정할 때 소수점은 무조건 절상됩니다. 상품무게가 소수점인 경우가 있으나 국제운송료는 소수점 대신 항상 정수로 결정되고, 소수점 이하는 모두 올려서 계산(절상)하기 때문에 무게가 0.1파운드로 표시되어 있다면 1파운드가 청구하는 게 국제운송의 원칙입니다.

만약 소수점 이하를 올리지 않고 반올림하거나 버린다면(절사), 무게가 0.1파운드로 표시되어 있을 때 운임을 청구하지 않는다는 모순이 생기기 때문에 이를 방지하고자 하는 의미입니다.

무게의 경우 한국은 킬로그램(kg) 단위, 미국은 파운드(lb) 단위를 사용합니다.
부피의 경우 한국은 센티미터(cm) 단위, 미국은 인치(in) 단위를 사용합니다.

해외직구 시엔 파운드(lb) 무게 단위에 익숙해지는 것이 좋습니다. 해외 사이트와 대부분의 배대지는 파운드(lb) 무게로 표시됩니다.

1파운드(lb)는 약 0.45kg이며 일반적인 크기의 샴푸 무게 (500mℓ)가 약 1파운드와 비슷합니다.
신발은 박스까지 포함된 무게가 대략 3~4파운드이며, 캐리어는 13파운드, 유모차는 약 18파운드 정도입니다. 이것은 파운드 무게 단위에 대해 쉽게 가늠하게끔 예시를 든 평균적인 무게로 상품에 따라 차이가 있으며 특히 부피를 고려하지 않은 중량무게이므로 판매자가 어떤 박스에 담아 보내느냐에 따라 부피무게는 달라질 수 있으니 참고하시면 됩니다.

Leval 1 _해외직구 시작하기

Shopping Tip

1 pounds (lb) ≒ 0.45kg

중량무게(lb) = 저울로 측정한 무게

$$부피무게(lb) = \frac{가로 \times 세로 \times 높이(in)}{166}$$

$$부피무게(kg) = \frac{가로 \times 세로 \times 높이(cm)}{6,000}$$

예를 들어 상품의 중량무게가 6파운드, 박스의 부피가 가로, 세로, 높이가 각각 10인치×10인치×10인치일 경우에는 배송비를 어떻게 계산할까요?

중량무게는 6파운드지만, 부피무게는 6.02파운드이므로, 부피무게가 기준이 됩니다. 그리고 소수점을 절상해 최종 7파운드로 국제운송료를 산정하게 됩니다.

Quiz. 이 상품의 최종 청구무게는 얼마일까요?

Product Description
Inova is perfect for the professional traveler. it combines a straightforward, efficie
and its high-tech makrolon pc material, inova adds high-capacity professionalism
ASIN: B009R1FE3Q
Product Dimensions: 20 x 15 x 7.5 inches; 6.1 pounds
Shipping Weight: 7.4 pounds (View shipping rates and policies)
Shipping: Currently, item can be shipped only within the U.S. and to APO/FPO a
warranty and support issues.
Origin: China
Shipping Advisory: This item must be shipped separately from other items in y
Item model number: 48249-1546
Amazon Best Sellers Rank: #3,789 in Clothing (See Top 100 in Clothing)
Average Customer Review: ★★★★☆ 97 customer reviews
Would you like to give feedback on images?

- **중량무게** : 7.4pounds → 8pounds
- **부피무게** : 20 x 15 x 7.5 / 166 = 13.5542 → 14pounds
- **청구무게** : 14pounds

참고로, 해외 사이트에서 제공하는 무게는 상품의 무게나 길이인 경우가 많고 실제 배송되는 무게는 달라질 수 있습니다. 가장 중요한 것은 배송비를 정하는 기준이 실제 제품이 아닌 배송박스가 기준이 됩니다. 상품의 스펙 정보만 맹신해선 안 되고 참고해서 활용해야 합니다.

3. 한국의 부가세와 같은 Sales Tax

Sales Tax란 미국의 판매세로 한국의 부가세와 같은 미국의 세금입니다. 한국의 경우엔 상품가격에 이미 10%의 부가세가 포함되어 있지만 미국은 어떤 '주'에서 상품을 구입하느냐에 따라 Sales Tax의 요율이 달라집니다. 가령, 같은 맥도날드의 빅맥버거라고 하더라도 캘리포니아 주에서 사먹을 때 지불하는 세금과 오레곤 주에서의 세금이 달라진다는 것입니다.

해외직구에서 Sales Tax가 중요한 이유는 해외 사이트에서 상품을 살 때 배송주소를 어디로 하냐에 따라 Sales Tax로 인해 실제 구매하는 금액이 달라지게 된다는 점 때문입니다.

• 미국 주별 Sales Tax 요율 지도

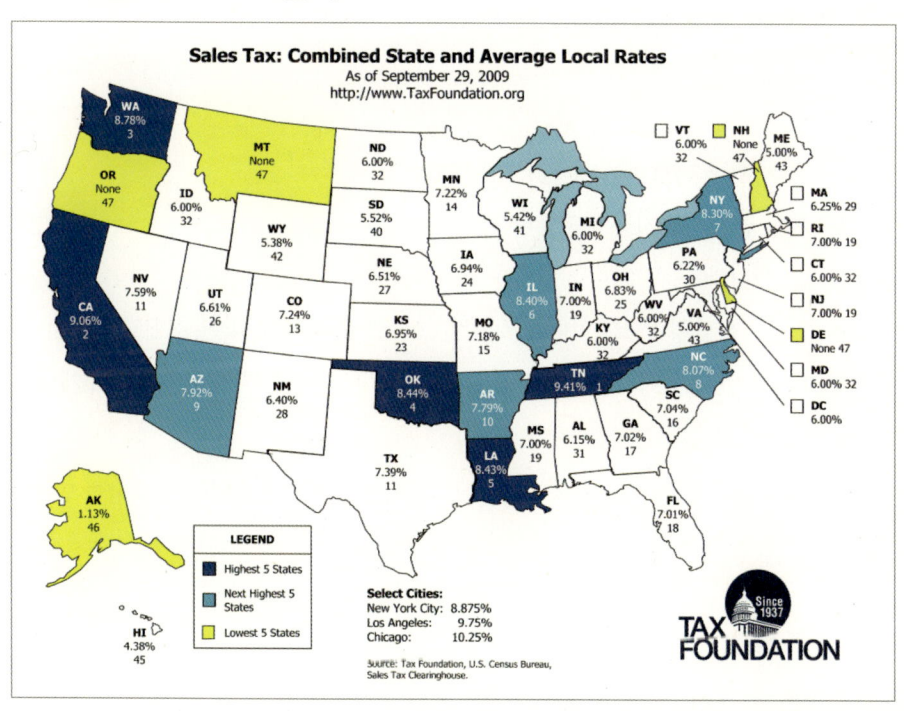

Sales Tax는 '주'마다 세율이 다른데, 대략 상품가격의 5~9% 정도의 세율이 적용됩니다. 오레곤과 델라웨어는 많은 배대지 업체에서 창고를 보유하고 있는 대표적인 Sales Tax 면세 주입니다.

주의할 점은 무조건 국제 배송비는 중량과 부피 중 큰 쪽으로 청구된다는 점입니다. 오레곤이나 델라웨어 등은 부피무게가 100% 청구됩니다. 따라서 Sales Tax를 면제받기 위해 부피가 큰 상품을 보내면 국제 배송비가 많이 청구될 수 있고, 반대로 부피가 작은 상품인데도 부피무게가 면제되는 지역으로 보내려다 불필요한 Sales Tax를 지불하는 경우도 있습니다. 상품에 따라 적절히 선택하는 요령이 필요합니다.

캐리어, 유모차, 카시트, 유아용 완구, TV 등은 대표적으로 무게는 가벼우나 부피가 큰 상품에 속합니다. 그러므로 Sales Tax가 면제되면 더할 나위 없이 좋지만, Sales Tax를 내더라도 부피무게를 할인받을 수 있는 지역을 선택하는 것이 좋습니다. 부피가 크지 않은 제품, 특히 고가이면서 부피가 작은 제품들, 예를 들어 소형명품, 고가의 의류, 카메라나 노트북, 소형 전자제품 등은 부피무게 면제를 고려하기보다 Sales Tax를 적게 낼 수 있는 배대지로 선택하는 것을 추천합니다.

4. Billing Address(청구서 발행 주소)와 Shipping Address(배송 주소)

Shipping Address는 실제 배송 받을 주소지를 의미합니다. 직배송인 경우엔 한국 주소를, 배대지를 이용할 경우엔 배대지 주소를 입력합니다.

Billing Address는 카드요금 청구서 발행 주소지입니다. 요즘은 카드사 홈페이지, 혹은 이메일 청구서 등 인터넷을 통해 내역을 확인할 수 있지만 '지로', 즉 우편물로 카드내역을 받아볼 때 필요한 주소의 개념이 바로 미국에선 Billing Address로 불립니다.

해외직구 시엔 Shipping Address와 Billing Address 둘 다 입력해야 하는 데 Billing Address를 요구하는 이유는 상품을 구매하는 사람과, 실제 카드 발행자의 신원이 일치하는지 확인하는 수단으로 활용되기 때문입니다.

대부분의 해외 사이트에선 Billing Address에 대해 크게 신경쓰지 않아 Shipping Address와 동일하게, 즉 배대지 주소를 그대로 입력해도 무관하지만 일부 사이트는 실제 한국 주소를 영문으로 입력해야만 배송을 보내주기도 합니다.

5. Order Number(주문 번호)와 Tracking number(송장 번호)

Order Number는 해외 사이트에서 주문을 하면 생성되는 주문번호입니다.

Tracking Number는 배송이 시작되면 부여되는 택배 운송장번호입니다.

Order Number와 Tracking Number를 혼동할 수도 있는데 Order Number는 주문을 관리하기 위해 해외 사이트에서 생성하는 번호이고, Tracking Number는 택배사에서 발행하는 번호로서 엄연히 다릅니다.

우리나라 쇼핑몰에서 주문을 했을 때, 쇼핑몰의 주문번호와 택배 송장번호가 다르지요. 해외직구에서도 마찬가지로 생각하면 됩니다. 미국 쇼핑몰은 배송업체로 UPS, USPS, DHL 등의 택배사가 주로 이용됩니다.

배대지에선 상품이 박스에 포장된 채 입고되고 Order Number는 박스 겉에 표시되어 있지 않은 경우가 대부분이므로 Tracking Number가 주인을 구별하는 중요한 수단이 됩니다. 따라서 해외직구 시엔 무엇보다 사이트에서 배송이 시작되었을 때 Tracking Number를 파악하여 배대지에 미리 알려주어야 차후 배대지에 박스가 입고되었을 때 원활하게 도착했다는 안내를 받을 수 있습니다.

Level 1 _해외직구 시작하기

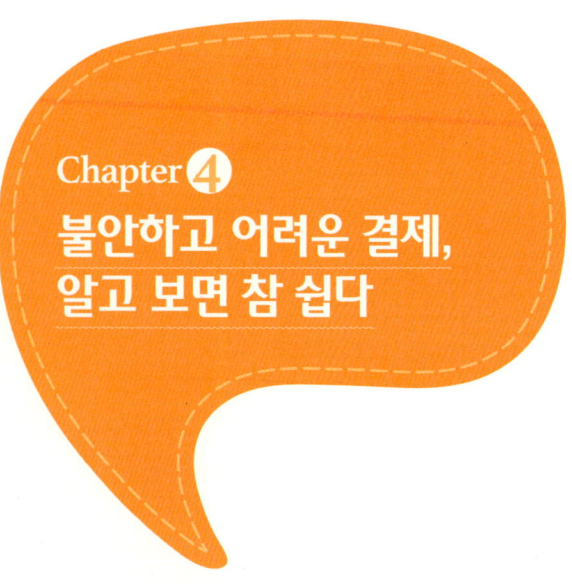

Chapter 4
불안하고 어려운 결제,
알고 보면 참 쉽다

1. 어떤 카드로 해외 결제를 할 수 있을까?

해외직구 시엔 비자(VISA), 마스터(MASTER), 아메리칸익스프레스(AMERICAN EXPRESS) 등 국제 카드사의 마크가 있는 신용카드 또는 체크카드라면 어떤 것이든 무관하게 사용 가능합니다.
대부분의 해외 쇼핑몰은 할부기능이 없고 결제한 뒤 국내카드사로 자료가 넘어오면 카드사에 신청하여 할부로 전환할 수 있습니다.

신용카드가 없는 분들은 은행을 통해 해외결제가 가능한 체크카드를 발급해 달라고 하면 어렵지 않게 카드를 만들 수 있습니다. 체크카드를 사용할 땐 반드시 통장 잔고를 확인하세요. 통장 잔고에 결제할 금액보다 적어도 2~3%는 더 예치되어 있어야 결제가 가능합니다.

주의할 점은 체크카드는 결제하더라도 해외 사이트에서 매입을 잡기 전까진 미 매입 상태가 됩니다. 이땐 통장에 잔고가 그대로 표시되어 있어도 출금은 불가능한, '홀딩' 상태가 되는데 주문이 정상적으로 처리되어 해외 사이트에서 매입으로 잡히면 해당 금액만큼 출금이 됩니다.

결제가 취소되면 홀딩이 해제되지만 취소되더라도 홀딩이 해제되기까진 신용카드와 다르게 상당한 시간이 지나야 합니다. 길게는 60일 정도가 걸리기도 하는데, 홀딩이 해제되기 전까진 해당금액은 사용을 못하게 됩니다. 하지만 카드사에 별도로 홀딩 해제 신청을 하면 잔고를 복원시킬 수 있습니다.

VISA - 1.00%
MasterCard - 1.00%
AMERICAN EXPRESS - 1.40%

• 카드사별 수수료

카드사	수수료	환율기준은행
삼성	0.20%	우리은행
현대	0.18%	신한은행
롯데	0.20%	우리은행
신한	0.18%	신한은행
기업	0.18%	기업은행
외환	0.20%	외환은행
국민	0.25%	국민은행
농협	0.35%	농협은행
하나	0.30%	하나은행
씨티	0.50%	씨티은행

해외직구 시엔 카드 앞면에 있는 로고, 즉 국제카드사의 수수료와 해당카드를 만든 국내카드사의 수수료가 발생하고 카드사마다 수수료가 다르며, 해외직구 시 적립을 2배로 해주거나 수수료를 낮춰주는 직구 전용 카드도 많이 출시되어 있으니 본인에게 맞는 유리한 카드를 발급받아 사용하시기 바랍니다.

Leval ❶ _해외직구 시작하기

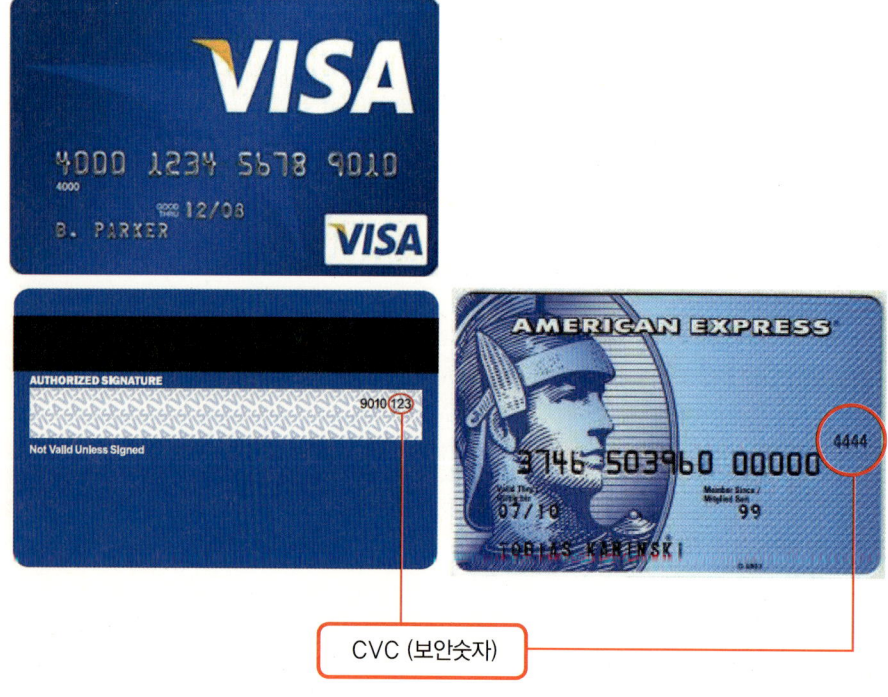

CVC (보안숫자)

결제할 땐 카드번호, 카드 앞면에 있는 영문 이름, 유효기간 등을 입력하면 되고, 일부 사이트에선 CVC(Card Verification Code)도 요구하기도 하는데 이때 비자나 마스터 등은 카드 뒷면에 있는 숫자의 마지막 3자리를, 아메리칸 익스프레스 카드는 앞면에 조그맣게 표시된 4자리 숫자를 기재합니다.

2. 직구할 때 꼭 필요한 개인통관고유부호 신청

국내에 반입되는 상품, 즉 수입품은 누구 명의로 수입하는 것인지, 누가 수령해 소비할 것인지에 대해 반드시 의무적으로 밝혀야 합니다. 그래서 수취인의 정보가 명확하게 확인되어야 하다 보니 주민등록번호를 제출해야 했습니다. 주민등록번호 등 개인정보수집이 전면 금지됨에 따라 관세청에선 주민등록번호를 대체할 수단을 만들게 되었고 이것이 바로 개인통관고유부호입니다.

2015년부턴 개인통관고유부호 사용이 의무화되어 해외직구를 하기 위해선 반드시 만들어야 합니다. 아래 사이트를 통해 간단히 신청 및 발급이 가능합니다.

• 개인통관고유부호 발급 사이트(https://p.customs.go.kr)

개인통관고유부호 발급 사이트에서는 현재공인인증서를 이용한 본인인증 외에 휴대폰 문자인증 기능이 추가되어 익스플로러뿐만 아니라 크롬, 사파리 등에서도 발급이 가능하며, 스마트폰으로도 발급받을 수 있습니다.

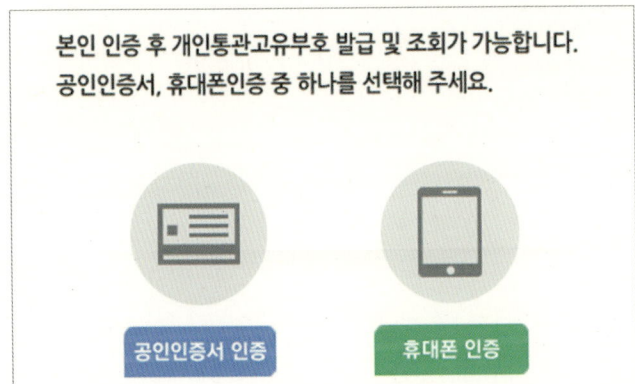

홈페이지 하단에 신청 매뉴얼 등이 있어 매뉴얼대로만 하면 5분 정도의 시간이 소요되고 신청 즉시 발급됩니다. 한국으로 직배송 받는 직구를 할 경우엔 해외 사이트에서 주문할 때 Customer ID 라는 이름으로 통관고유부호를 입력하는 항목 등이 있으니 그곳에 직접 입력하면 되고, 배대지를 거치는 배송대행 방식은 배송대행업체에 국내 배송신청 시 제출하면 됩니다. 만약 누락되거나 잘못되더라도 국내 반입 시 세관에서 연락이 오니 그때 알려주셔도 됩니다.

Leval ① _해외직구 시작하기

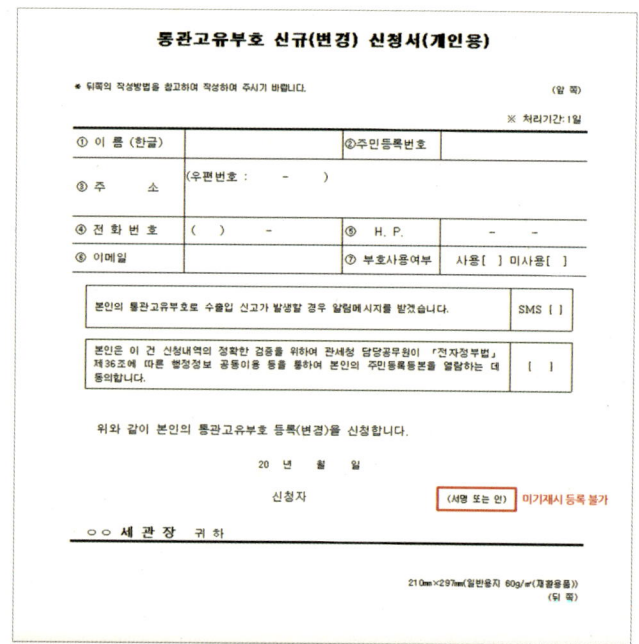

공인인증서가 없거나 스마트폰을 통한 발급이 어려울 경우 사이트에서 제공해주는 신청서를 작성하여 신분증 사본과 함께 세관에 제출하면 수작업 발급도 가능합니다.

3. 크롬 브라우저로 더 쉽고 알뜰하게!

일반적으로 인터넷을 할 때 많이 사용하는 익스플로러(Explorer)보다는 크롬(Chome)을 설치해서 사용하는 것이 좋습니다. 해외직구 시엔 크롬의 페이지 번역, 우회접속 앱인 Zenmate 등의 기능을 활용하면 많은 도움이 되기 때문입니다.

크롬은 익스플로러와 같은 웹 브라우저로 구글에서 서비스하고 있습니다. 아직 한국에선 사용자가 많지 않지만, 속도가 빠르고 다양한 기능을 사용할 수 있어 점점 더 많은 사람들이 사용하고 있는 추세입니다.

Chapter 4 _불안하고 어려운 결제, 알고 보면 참 쉽다

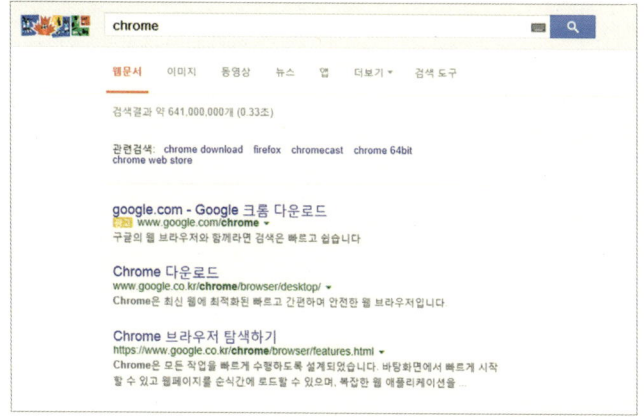

크롬은 구글 홈페이지에서 'chrome' 으로 검색하면 곧바로 다운로드하고 설치할 수 있습니다.

Chrome 다운로드를 눌러 설치한 후 바탕화면에 표시된 아이콘 을 클릭하면 크롬으로 인터넷에 접속합니다.

• 번역 전

크롬을 통해 해외 사이트에 접속하면 주소창 오른쪽에 페이지 번역기능 단추가 생성됩니다. 이것을 클릭하고 하단에 표시되는 번역버튼을 클릭하면, 페이지 전체가 한글로 변환됩니다. 아직 완벽하게 번역되지는 않지만 좀 더 보기 편리한 상태에서 쇼핑할 수 있습니다. 단, 텍스트 영역만 번역되고 이미지는 번역되지 않습니다.

• 크롬 웹페이지 번역 후

번역 기능 아이콘

쉽고 빠른 해외직구 핵꿀팁 | 37

Leval ❶ _해외직구 시작하기

4. 달러와 무게 변환기

환율을 확인할 때 네이버에 '환율'로, 파운드 무게를 킬로그램으로 변환하거나 인치를 센티미터로 확인하고 싶을 땐 '단위변환'으로 검색하면 네이버에서 제공하는 기능을 통해 확인할 수 있습니다.

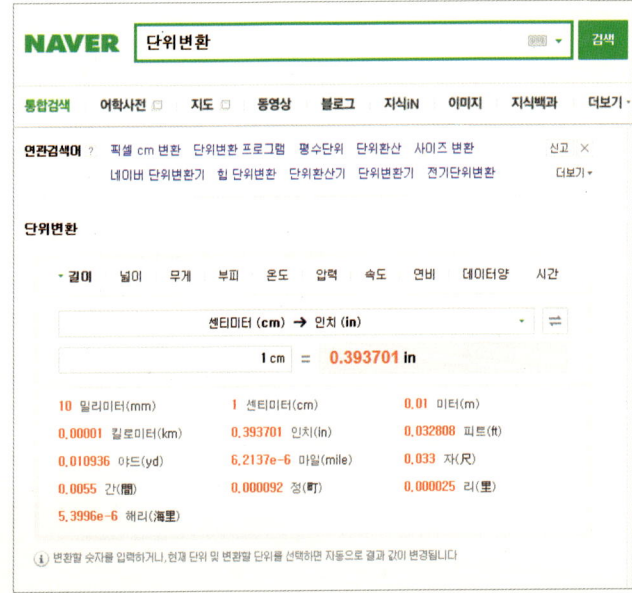

5. 한국 주소 영문 변환기

직배송이 가능한 해외 사이트인 경우엔 한국 주소를 영문으로 등록하고 주문을 하면 곧바로 내 집까지 편리하게 상품을 받을 수 있습니다.

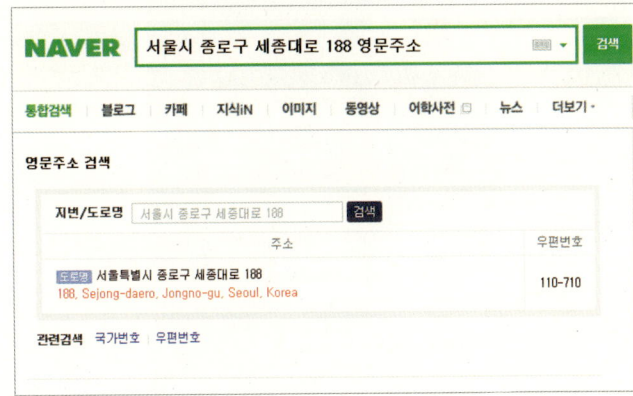

본인의 영문 집주소가 궁금할 땐 네이버에 '영문주소변환'으로 검색하면 곧바로 네이버에서 제공하는 도구를 통해 손쉽게 영문주소를 확인할 수 있습니다.

현재 도로명 주소 사용이 의무화되어 직배송으로 해외 쇼핑몰에서 구입하거나 배대지에 국내배송을 신청할 때에도 반드시 도로명 주소를 사용해야 합니다.

Leval ① _해외직구 시작하기

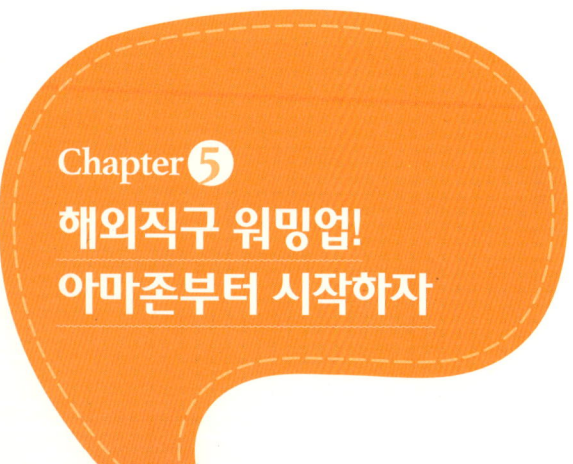

Chapter ⑤
해외직구 워밍업!
아마존부터 시작하자

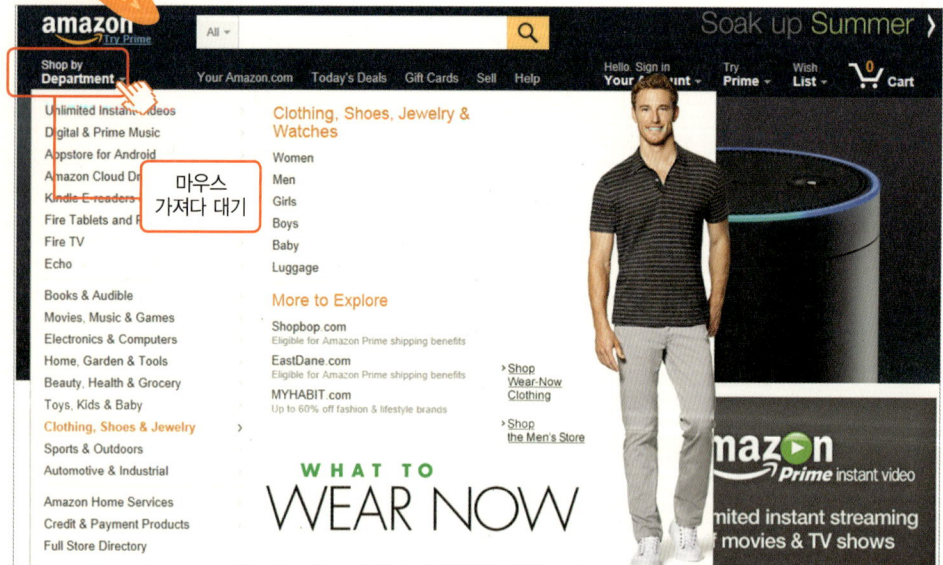

1. 아마존 메뉴 보는 방법

아마존은 아마존이 자체적으로 관리하고 배송하는 상품도 있지만 수많은 판매자들이 자신의 상품을 판매하는 오픈마켓의 형태입니다. 그래서 상품의 종류가 엄청날 뿐만 아니라 하나의 단일 상품도 판매자가 여럿이고 가격도 다른 경우가 많기 때문에 상품을 잘 찾는 요령이 필요합니다.

Shop by Department에 마우스를 가져다 대면 하단에 대분류된 메뉴들이 나타나고 이 목록 중 하나를 선택하여 다시 마우스를 가져다 대면 다시 오른쪽으로 소분류 메뉴들이 보이니 이곳에서 원하는 메뉴를 찾아 들어갑니다.

이런 방식으로 메뉴를 찾아가면 카테고리별 메인 화면이 나타나는데, 그 카테고리에서 진행하는 세일이나 프로모션을 확인할 수 있습니다. 무엇보다 남들은 모르고 지나칠 수 있을 할인코드도 이 카테고리별 메인 화면에서 확인할 수 있습니다.
아마존은 모든 카테고리의 세일 내용을 첫 메인 화면에 담기엔 한계가 있기 때문에 이렇게 카테고리마다 별도로 세일 등의 프로모션이 진행되고 있습니다.

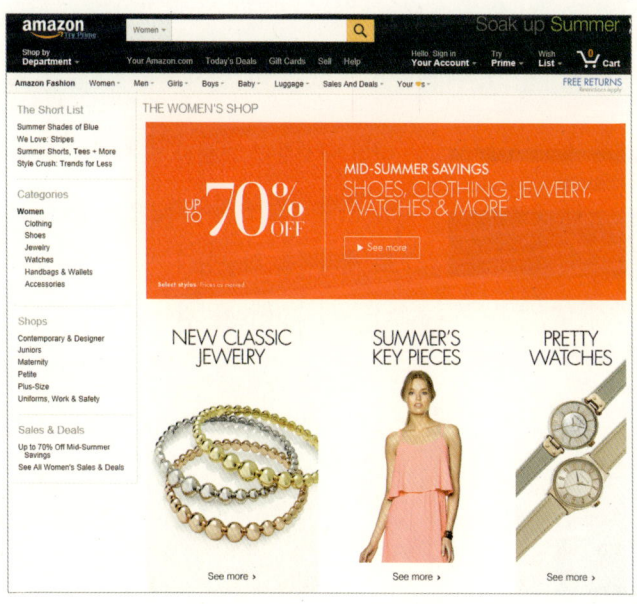

2. 상품 검색 및 필터 활용법

메뉴를 찾아 들어가는 게 귀찮다면 당연히 검색창을 통해 직접 상품을 검색할 수도 있습니다. 상품을 검색할 땐 아마존 로고 오른쪽에 있는 검색창에 상품의 이름 또는 브랜드 등으로 검색하는데, 너무 세세하게 검색하기보다는 광범위한 키워드로 검색한 뒤 목록을 추려 나가는 것을 추천합니다.

이를 테면, Nike airmax 90 shoes보다는 shoes를, graco car seat 3 in 1보다는 car seat가 좋다는 것입니다.

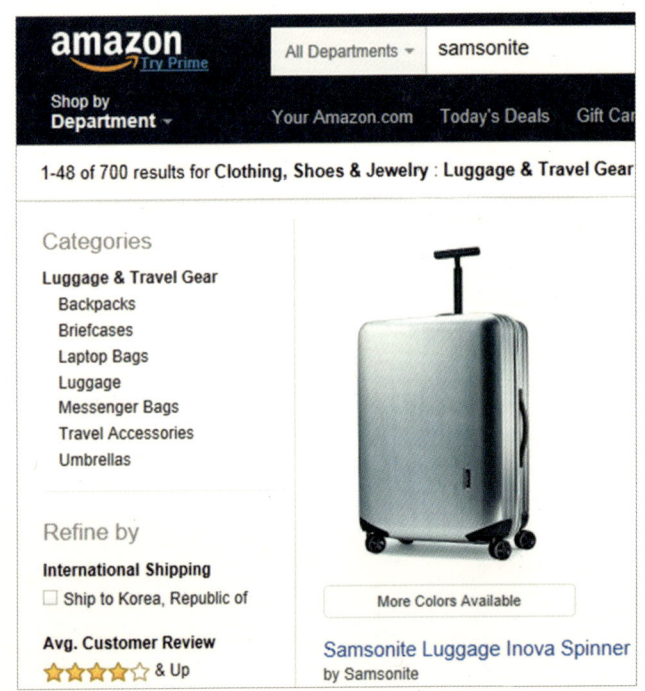

이런 방식으로 검색한 뒤 왼쪽의 필터를 통해 점점 좁혀나가는데, 샘소나이트 캐리어를 직구한다 가정했을 때 우선 samsonite을 검색한 후 목록의 왼쪽 필터에서 가장 위에 있는 상품의 종류 중 커리어인 Luggage를 선택합니다.

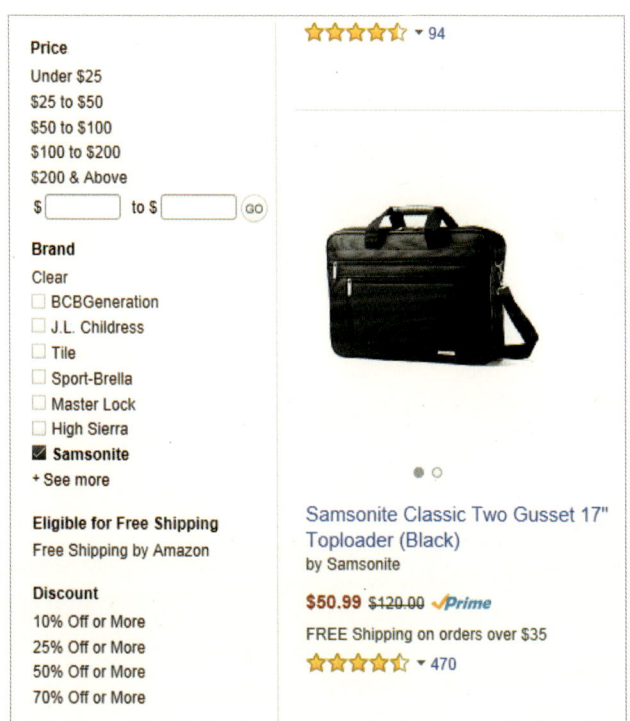

이 밖에도 가격, 브랜드, 셀러, 할인율, 사이즈 등을 필터링할 수 있습니다. 일반적으로 상품의 종류와 브랜드 및 사이즈 정도만 필터링해도 충분히 원하는 상품의 목록들만 골라서 살펴볼 수 있습니다.

3. 아마존 직구방법

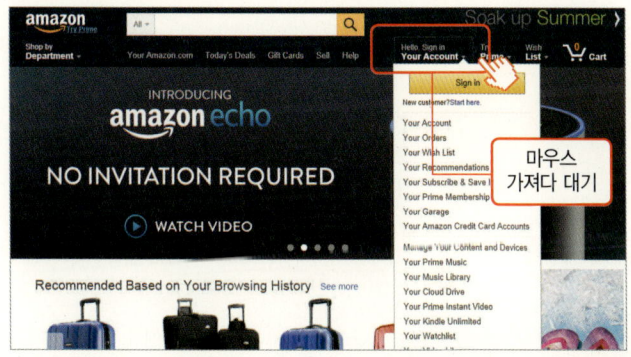

본격적인 아마존 직구방법을 알아보겠습니다.

회원가입은 아마존 홈페이지 메인에서 우측 상단에 있는 Your Account에 마우스를 가져다 댔을 때 나타나는 계정 관리 항목 중 맨 위 노란색 버튼인 Sign in을 클릭합니다.

Leval ① _해외직구 시작하기

이메일 주소를 입력한 후 No, I am a new customer에 체크, Sing in using our secure server를 클릭합니다. 주의할 점은 이메일 주소는 로그인 아이디로 사용되고 주문정보, 배송정보 등을 전달받아야 하기 때문에 비밀번호보다 더 중요합니다. 절대 틀려서도, 잊어버려서도 안 됩니다.

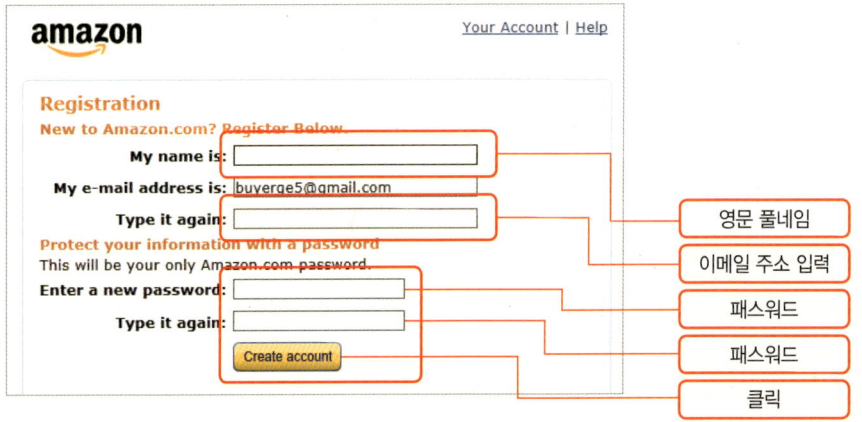

이제 본인의 영문 이름을 My name is에 넣는데, 홍길동이라면 Gildong Hong(이름과 성 띄어쓰기) 형식으로 입력합니다. 그리고 이메일 주소를 한 번 더, 마지막으로 패스워드를 2번 설정한 후 Create account를 클릭합니다.

44

이렇게 하여 아마존 회원가입이 완료되었습니다. 이제 앞서 알려드린 검색 방법을 통해 상품을 검색합니다.

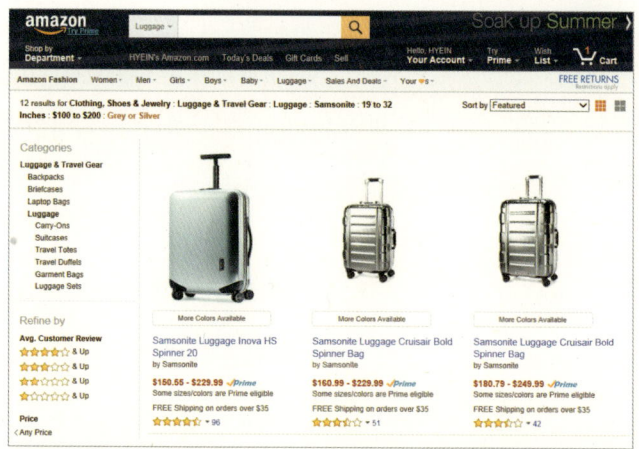

왼쪽에 있는 필터를 활용하여 상품의 종류, 브랜드, 사이즈 등을 걸러서 상품을 찾습니다.

원하는 상품을 찾았다면 Add to Cart를 눌러 장바구니에 담습니다.
아마존을 비롯한 거의 대부분의 해외 사이트는 바로 결제 기능이 없고 장바구니를 거쳐 결제하는 시스템입니다.

클릭

Leval ❶ _해외직구 시작하기

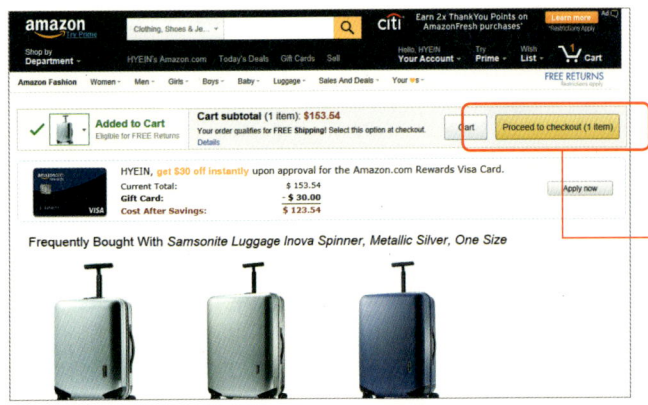

직구하려는 제품을 모두 장바구니에 담았다면 이제 결제를 해보겠습니다. 장바구니 화면에서 Proceed to check out을 눌러 결제를 진행합니다.

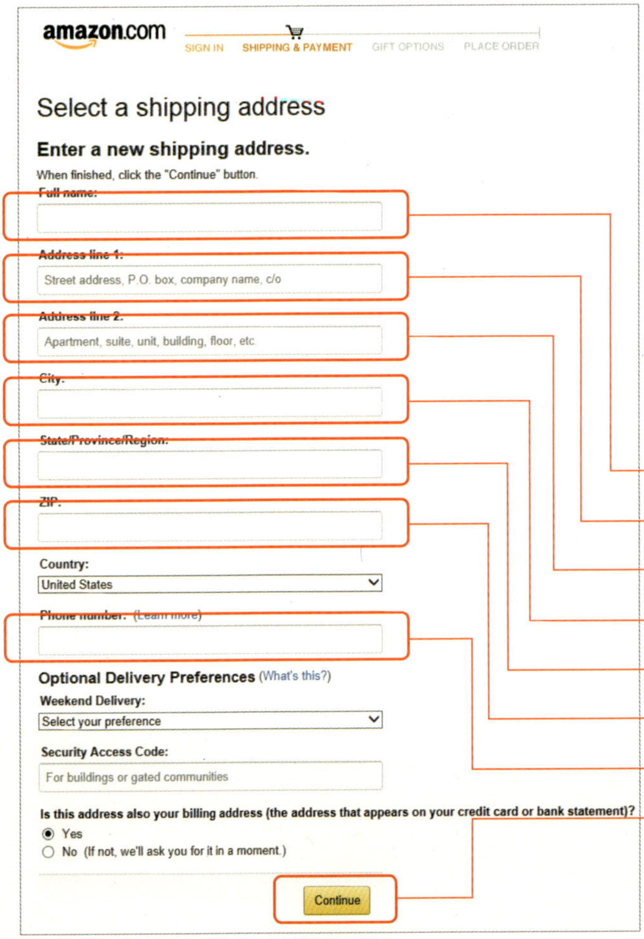

클릭

아마존에서 직구할 땐 배송지 주소는 한국 주소와 배대지 주소를 모두 입력해 두는 것이 더 편합니다. 직배송이 가능하고 국제 배송비가 저렴할 경우엔 직배송을, 직배송이 아예 불가능하거나 국제배송비가 비쌀 경우엔 배대지를 거치는 형식으로 선택의 폭을 넓힐 수 있습니다.

영문 풀네임

이메일 주소 입력

배대지 본인 식별번호 or 고유 아이디

패스워드

클릭

패스워드

패스워드

클릭

배대지 주소 역시 부피가 큰 상품일 때 부피무게 할인이 가능한 배대지와, 부피가 크지 않은 상품은 Sales Tax가 면제되는 배대지 등 2개를 미리 등록해두는 것이 좋습니다. (배대지 주소 및 직배송 주소 입력방법은 55쪽을 참고하세요.)

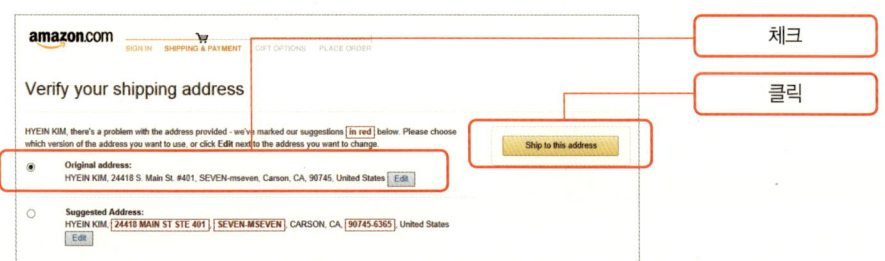

배대지 주소를 입력하고 나면 간혹 직접 입력한 주소 외에 아마존이 제공해주는 추천주소를 사용하겠냐는 선택페이지가 나오는데 반드시 직접 입력한, 즉 배대지에서 제공한 주소 그대로 사용해야 하니 Original address를 선택합니다.

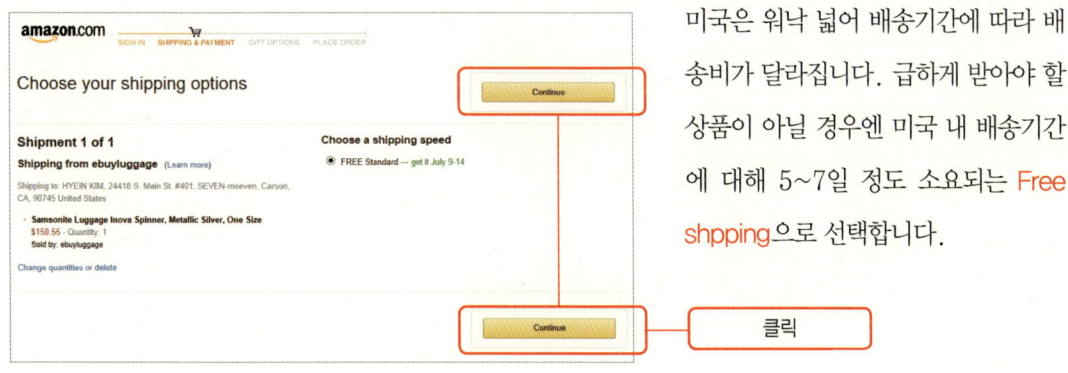

미국은 워낙 넓어 배송기간에 따라 배송비가 달라집니다. 급하게 받아야 할 상품이 아닐 경우엔 미국 내 배송기간에 대해 5~7일 정도 소요되는 Free shpping으로 선택합니다.

단, 아마존은 프라임이라고 하는 유료 멤버십 회원유치를 위해 결제과정 곳곳에 프라임 가입을 유도하는 페이지 및 버튼이 있습니다. 배송기간의 경우 Free-Two Day Shipping이라는 것이 보일 경우 이것은 절대 선택해선 안 됩니다. (아마존 프라임에 대한 자세한 사항은 161쪽을 참고하세요.)

Leval 1 _해외직구 시작하기

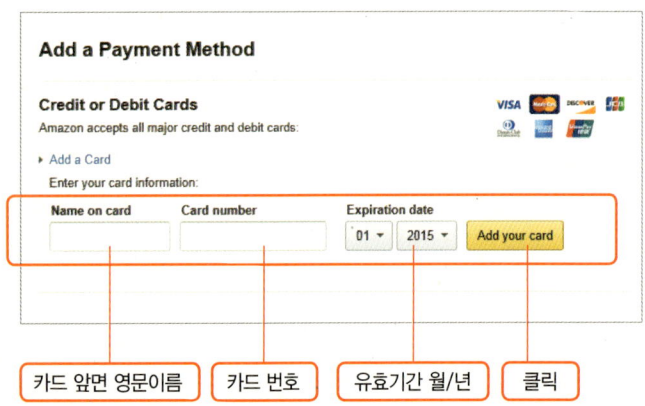

다음 페이지에선 결제할 카드 정보를 입력하는데, 해외결제가 가능한 신용카드 or 체크카드의 정보를 등록해야 합니다. 대부분의 해외 사이트에선 카드 앞면에 기재된 이름, 카드 번호, 유효기간, 카드뒷면에 있는 보안숫자 끝 3자리(아멕스는 앞면에 있는 4자리)를 요구합니다.

아마존의 경우엔 보안숫자를 제외한 나머지 정보를 차례대로 등록하면 됩니다. 이때, 유효기간은 월/년 순서입니다.

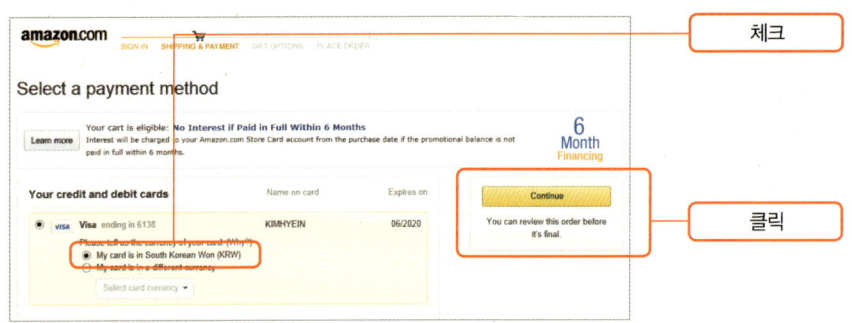

My card is in South Korea Won (KRW)를 선택하고 continue를 클릭합니다.
여기 나오는 말은 "당신 카드는 한국 카드입니까?"라는 확인질문입니다.

Chapter 5 _해외직구 워밍업! 아마존부터 시작하자

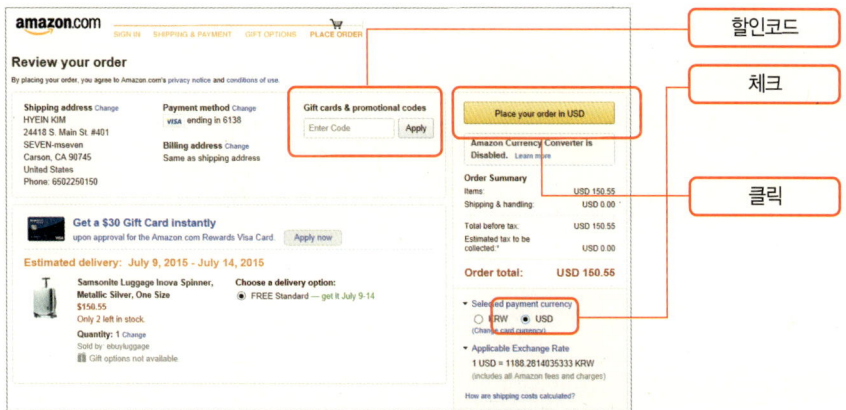

구매하려는 제품과 배송지 주소, 결제 정보를 마지막으로 확인하고 우측하단에 결제화폐단위를 USD에 체크한 뒤 Place your order를 누르면 결제가 완료됩니다.

4. 아마존 배송조회

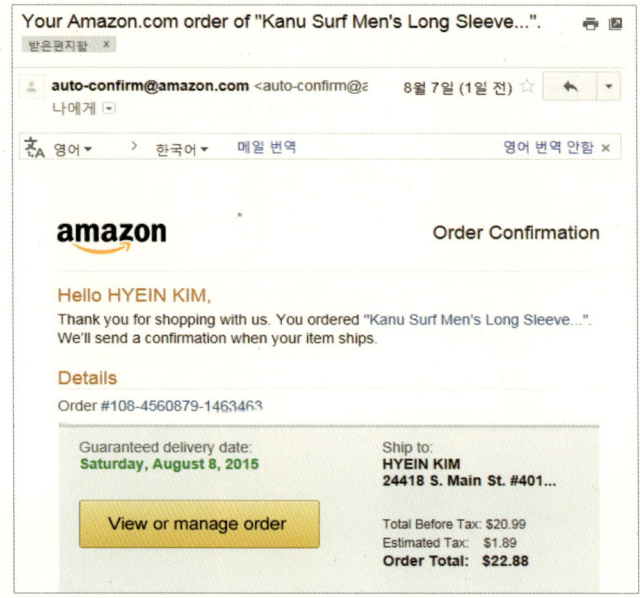

주문이 완료되면 아마존에선 메일이 총 2번 전달됩니다. 첫 번째는 주문확인 메일인데 주문을 하면 자동으로 발송되는 메일이니 크게 신경 쓰지 않아도 됩니다.

쉽고 빠른 해외직구 핵꿀팁 | 49

Leval 1 _ 해외직구 시작하기

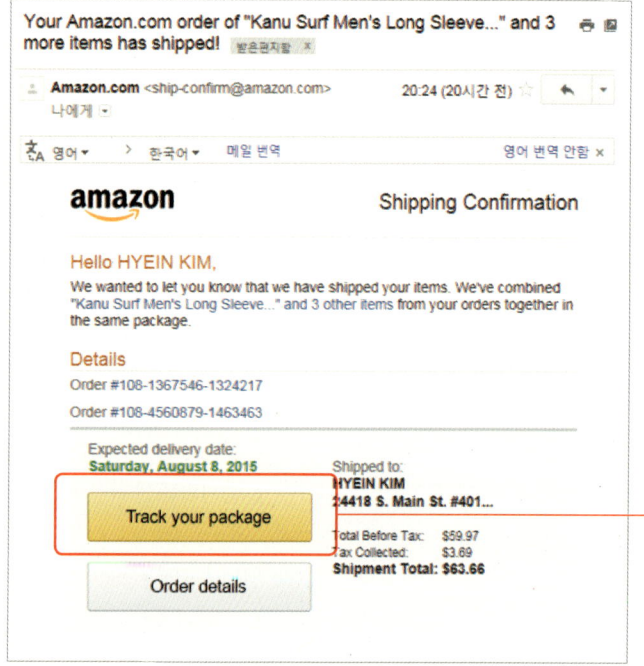

중요한 것은 아마존에서 배송이 시작되면 발송하는 배송 메일입니다. 주문 확인 메일에 이어 두 번째로 발송됩니다.

Track your package를 클릭하면 미국 내 배송조회가 가능한 아마존 배송조회 화면으로 이동합니다. 물론 아마존 홈페이지에 직접 로그인해도 조회할 수 있습니다.

클릭

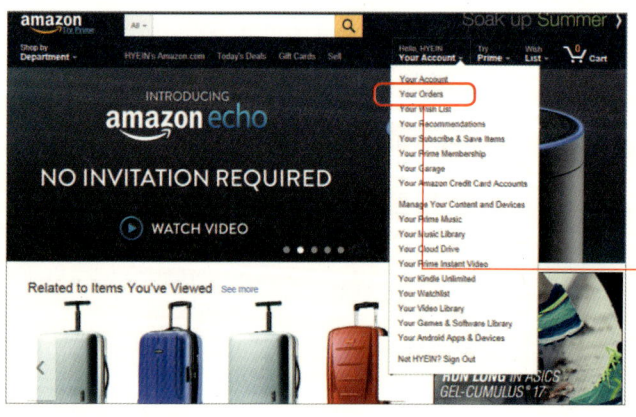

아마존에서 직접 조회할 땐 홈페이지 우측상단 Your Account에서 Your Order를 통해 주문내역 및 배송조회를 할 수 있습니다.

클릭

Chapter 5 _해외직구 워밍업! 아마존부터 시작하자

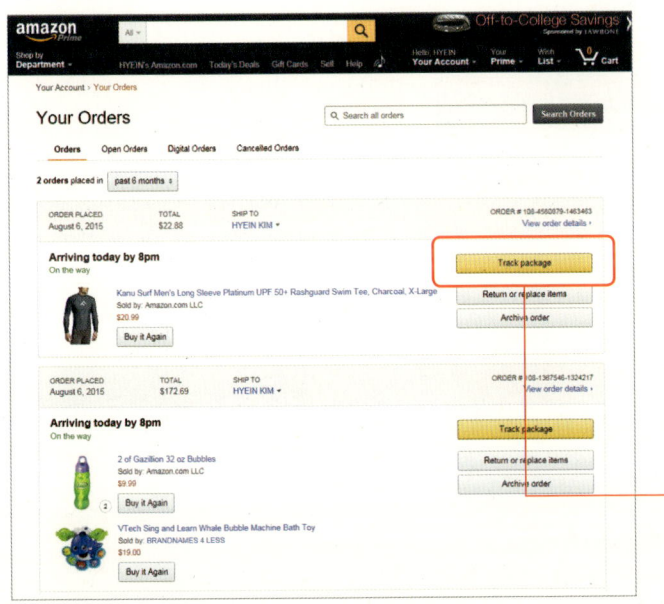

Track your package를 누르면 배송조회가 가능하고, 아직 배송 전이라면 Cancel item을 눌러 취소할 수 있습니다. 참고로 취소할 경우 대부분의 해외 사이트에선 취소버튼이 없습니다. 직접 이메일로 캔슬요청을 해야 하는데, 아마존은 취소버튼이 있어 이러한 면에서 편리합니다.

클릭

아마존 배송조회 화면에선 트래킹 넘버(Tracking Number)를 우측 하단에서 확인할 수 있습니다.

트래킹 넘버가 확인되면 배대지에 입고되기 전에 미리 알려줘야 합니다. 배대지 창고에 입고되었을 때 배대지 측에선 어느 고객의 것인지 구별할 수 있고 원활한 안내가 가능하며, 고객입장에선 도착여부를 안내받아 한국으로 배송신청을 할 수 있습니다.

Tracking number
(트래킹 넘버) :
미국 택배 운송장 번호

쉽고 빠른 해외직구 핵꿀팁 | 51

5. 아마존 주문 취소 방법

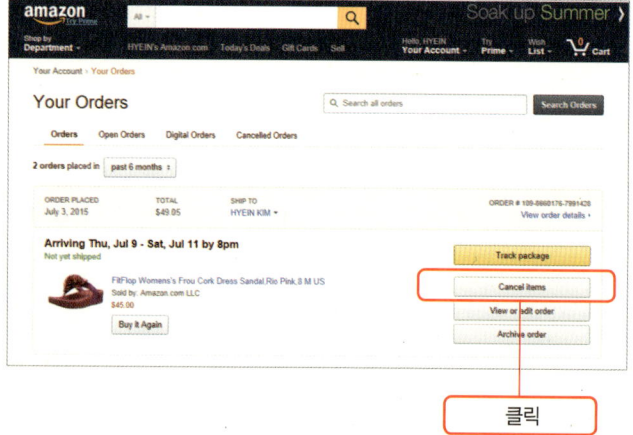

주문을 취소할 땐 우측 상단 Your Account에서 Your Orders를 통해 취소하려는 주문내역에 있는 Cancel items를 클릭합니다. 단, 배송이 이미 시작되었거나 판매자가 배송을 진행하려고 하는 단계라면 자동취소가 불가능하니 취소는 가급적 빨리 진행해야 합니다.

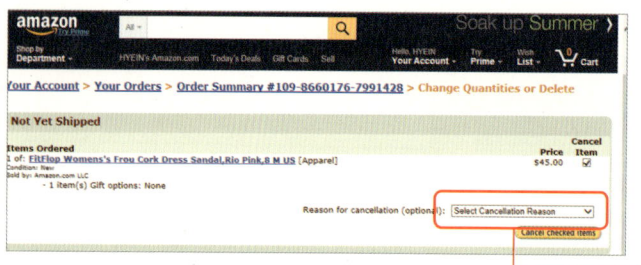

다음 단계에선 사유를 선택하는데, 어떤 사유든 크게 무관하나 특별한 이유가 없는 한 Order Creates by Mistake(주문실수)로 선택합니다.

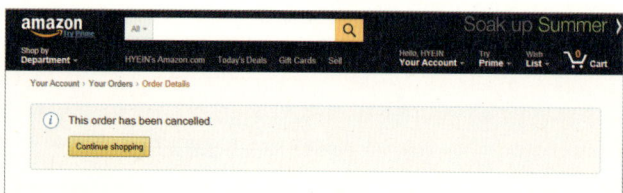

이런 화면이 표시된다면 취소가 완료된 것입니다.

해외직구 쇼퍼들을 위한
Special Tip

아마존 직배송이 가능한 상품 골라보기

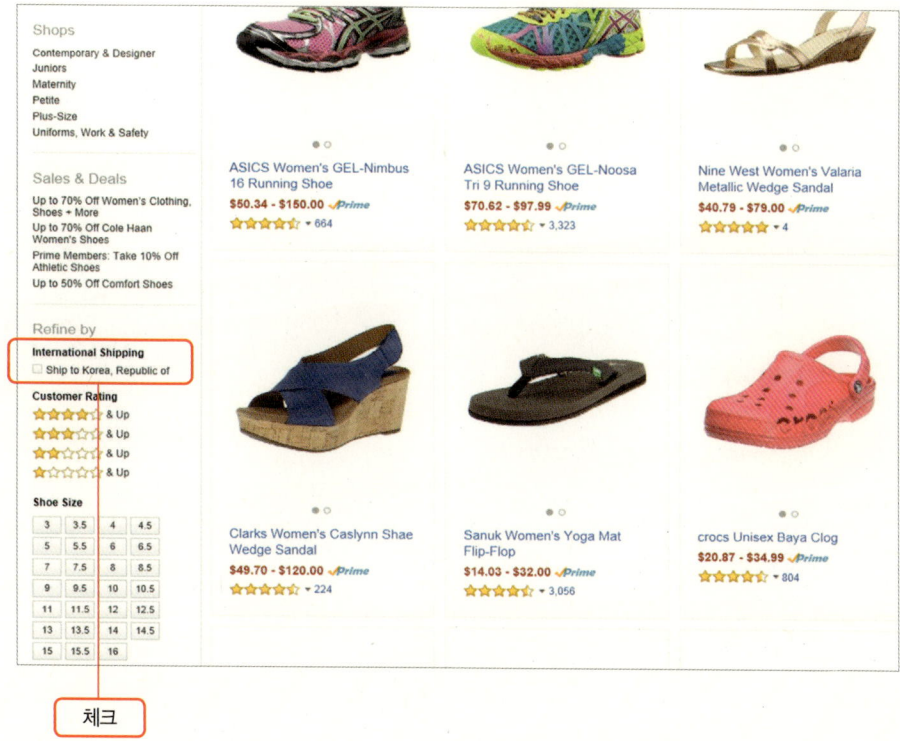

아마존은 접속하는 IP에 해당하는 국가를 분석하여 자동으로 해당국가의 화폐단위를 보여주고, 배송 가능한 상품만 볼 수 있게 필터를 제공합니다. 상품을 검색할 때 왼쪽에 있는 필터 중 International Shipping에 Ship to Korea, Republic, Of를 체크하면 한국으로 배송 가능한 상품만 추려 볼 수 있습니다.

Leval ① _해외직구 시작하기

Chapter ❻
대행도 기술이다!
배대지 200% 활용하기

1. 회원가입

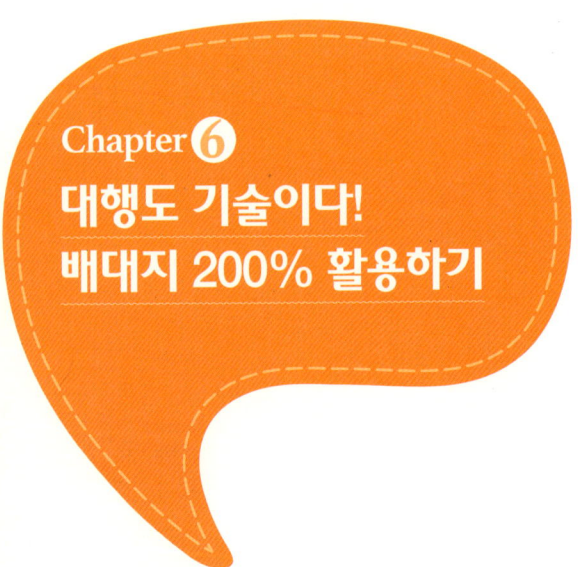

우선 구입하려는 쇼핑몰에 회원가입을 해야 합니다. 회원가입의 경우 주로 Sign in, Login, Register 등의 메뉴명으로 되어 있습니다.

이메일 주소와 패스워드, 영문이름 등의 정보만 등록하면 간단하게 회원가입을 할 수 있습니다.

일부 사이트는 주소나 미국 Zip code를 등록해야 하는 경우도 있지만, 우리나라에서처럼 본인인증이나 휴대폰 인증 등 복잡한 확인절차를 요구하진 않습니다.

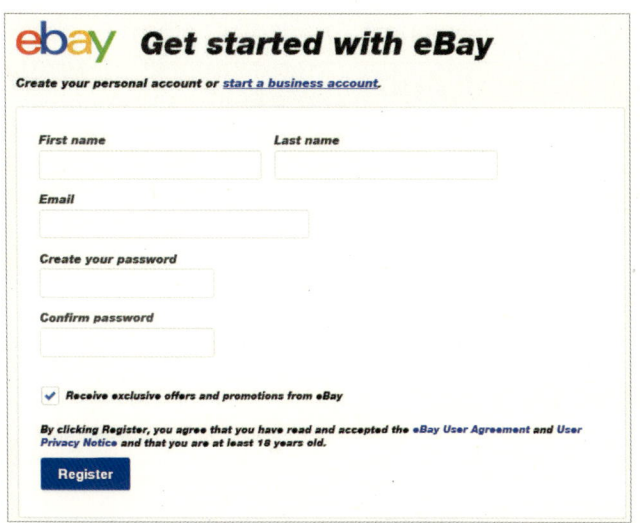

2. 배대지 주소 입력 공통방법

가입한 쇼핑몰에서 배대지로 배송받고자 할 때는 해당 배대지의 주소를 기입하면 됩니다.

First Name : 영문 이름 중 '이름'
  (홍길동이라면 Gildong)
Last Name : 영문 이름 중 '성'
  (홍길동이라면 Hong)
Full Name 일 경우 : 영문이름 전체
  (홍길동이라면 Gilgdong Hong, 이름과 성은 띄어쓰기)

Leval ① _해외직구 시작하기

• 세븐존 캘리포니아 배대지 예시

Address Line 1 (배대지 상세주소)	Addressl Line 2 (배대지 사서함 번호)	미국 '시' (City)	미국 '주' (State)	우편번호 (Zipcode)	전화번호 (Phone Number)
24418 S. Main St #401	SEVEN-mseven	Carson	CA	90745	6502250150

Address Line이 1줄 밖에 없는 사이트의 경우 배대지 상세주소와 사서함 번호를 한줄에 모두 작성하면 됩니다. Address Line이 3줄 이상 있는 경우엔 2줄까지 입력하고 나머진 생략합니다.

Zip code는 5자리이지만 간혹 5자리 외에 추가로 4자리가 자동으로 붙을 수도 있는데 추가로 붙는 4자리에 대해선 전혀 신경 쓰지 않아도 됩니다.

3. 직배송 주소 입력 공통방법

First Name : 영문 이름 중 '이름'
                (홍길동이라면 Gildong)

Last Name : 영문 이름 중 '성'
                (홍길동이라면 Hong)

Full Name 일 경우 : 영문이름 전체
                (홍길동이라면 Gilgdong Hong,
                이름과 성은 띄어쓰기)

• 서울의 주한 미국대사관 주소

Address Line 1 (도로명 상세주소)	Address Line2 (아파트, 빌라등의 '호')	City (한국 '시')	State (한국 '도')	Zipcode (한국 우편번호)	Phone Number (본인 휴대폰 번호)
188, Sejong-daero, Jongno-gu	없을 경우 생략	Seoul	특별시, 광역시는 생략	110710 하이픈(-) 제외한 숫자만	본인 휴대폰 번호 맨앞 0 대신 82, 하이픈(-) 제외한 숫자만

예를 들어 배송받을 한국 주소가 "서울시 종로구 세종대로 188 (우편번호 03141)"인 경우, 표와 같이 Address Line 1에 188, Sejong-daero, Jongno-gu를 입력하고, Address Line 2에는 아파트나 빌라 등 건물의 동과 호수를 입력합니다. City는 시 단위, State는 경기도, 경상남도 등 도민에 속할 경우에 도명을 영문으로 입력합니다(영문주소를 확인하려면 39쪽을 참고하세요). 우편번호와 전화번호에 하이픈(-)은 생략하고, 전화번호가 010-1234-5678인 경우 821012345678로 입력하면 됩니다. Customer ID Number를 요구할 땐 개인통관고유부호를 등록합니다(개인통관고유부호 발급방법은 34쪽을 참고하세요).

4. 배대지 입고신청

직배송인 경우엔 한국까지의 배송신청이 모두 포함되어 있기 때문에 세금대상이 되어 세금을 납부하라는 세관으로부터의 통보를 받는 경우를 제외하곤 상품을 수령할 때까지 기다리면 되지만 배대지를 통한 해외직구의 경우엔 반드시 배대지에 입고신청을 해야 합니다. 입고신청이란, 다시 말해 내 상품이 곧 창고에 입고될 예정이니 도착하면 나에게 알려달라는 일종의 상호간 약속과도 같습니다.

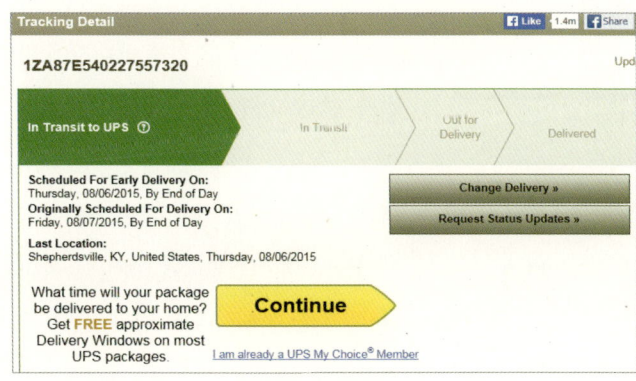

해외 사이트에서 주문 후 2~3일 정도 지나면 배송이 시작되는데, 이때 트래킹 넘버(Tracking number)를 전달받게 됩니다. 대부분의 해외 사이트에선 이메일로 트래킹 넘버 정보를 전달해주며, 사이트에서 직접 주문내역을 통해 확인할 수도 있습니다.

이 트래킹 넘버는 박스에 부여되는 번호입니다. 주민등록번호처럼 다른 이들과 중복되지 않기 때문에 하루에도 여러 개의 박스가 쏟아져 들어오는 배대지 창고의 특성상 주인을 원활하게 구별하는 유용한 정보가 됩니다.

• 미국 UPS의 Tracking Level

배대지는 상품이 입고되었을 때 박스 겉에 붙어 있는 택배라벨의 트래킹 넘버(Tracking Number)로 입고신청서를 검색해 상품 주인에게 상품 도착 안내와 국제 배송비 청구를 위한 박스의 무게를 통보합니다. 고객이 통보받은 무게에 맞게 국제 배송료를 결제하고 세관신고서 작성 및 국내 배송신청을 하면 한국으로 출고됩니다.

일부 사이트나 판매자의 경우 트래킹 넘버를 제대로 알려주지 않는 경우도 있는데, 그렇더라도 입고신청서는 작성해 두어야 합니다. 차후 배대지에 박스가 입고되었을 때 트래킹 넘버로는 입고신청서가 조회되지 않겠지만(고객이 기재하지 않았으니) 배대지에서 사용되는 고객 식별번호나 아이디, 사서함 번호를 통해서라도 입고신청서를 찾아 안내할 수 있기 때문입니다.

배대지 이용방법에 대해선 65쪽 Level 1. Chapter 7-2에 자세히 소개되어 있습니다.

5. 배대지에 도착한 이후 국내 배송신청

배대지에 상품이 도착하여 도착안내를 받으면 안내된 무게에 맞게 국제 배송료를 결제하고 세관신고서를 작성하며 국내 배송신청을 합니다. 국내 배송신청을 할 땐 수령인이나 배송주소는 원하는 대로 지정이 가능합니다.

배대지에서 출고되면, 국제 항공운송 1일, 국내 반입 후 통관 1일, 국내 배송 1일 정도가 소요됩니다. 세금 납부대상이나 수입신고 과정에서 문제가 발생해 통관이 지연되는 경우를 제외하면 평일 기준으로 대략 3~4일 정도 후에 상품을 최종 수령하게 됩니다.

배대지에서도 한국까지 어떻게 배송하느냐에 따라 배송비가 달리 책정될 수 있으니 꼼꼼하게 확인하고 신청하세요.

Leval ❶ _해외직구 시작하기

해외직구 필수 용어

- **묶음 배송** : 배대지에 도착한 여러 개의 박스를 1개의 박스로 합치는 것을 의미합니다. 이것은 여러 가지 상품을 구매하여 배대지에 2개 이상의 박스가 입고되었을 때 하나의 박스로 만들어 한꺼번에 받으면 배송비를 절약할 수 있습니다. 특히, 의류나 비타민, 생활용품, 유아용품 등은 한꺼번에 여러 개의 상품을 구매하는 경우가 많은데, 한꺼번에 결제했더라도 판매처에서 여러 박스에 나누어 보낼 수 있습니다. 이렇게 박스가 나누어 배송된 경우에도 배대지에 신청하면 한 박스로 만들어 받을 수 있습니다.

- **나눔배송** : 배대지에 입고된 1개의 박스를 여러 박스로 나누는 것을 의미합니다. 결론부터 말하면 이런 방법은 국내 세관에서 금지하고 있습니다. 나눔배송은 관세를 내지 않기 위해 악용할 수 있기 때문입니다.
예를 들어, 신발 120달러짜리 2켤레를 구매해 한 박스에 담겨 배송되었다면 국내 반입 시 240달러로 신고가 되어 관부가세 등의 세금을 납부해야 합니다. 그런데 이것을 각각 다른 박스에 담게 되면 1박스에 들어간 상품의 가치는 120달러가 될 테고 반입날짜를 다르게 하던지 수취인을 다르게 해서 반입시키면 세금이 면제됩니다.
충분히 고의적인 세금회피, 즉 언더밸류를 목적으로 악용했다고 판단할 수 있기 때문에 적발되면 가산금을 포함해 세금을 납부해야 할 뿐만 아니라 과태료까지 부과될 수 있습니다. 따라서 어떠한 경우에든 배대지에 나눔배송을 의뢰해서도 안 되고, 배대지에선 응해주선 안 됩니다.

- **반송** : 배대지에 입고된 상품을 한국으로 보내지 않고, 구입한 미국 쇼핑몰로 반품하는 서비스도 가능합니다. 반품할 땐 처음 배대지로 입고되었을 때도 미국 택배사에서 배송해준 것과 마찬가지로 돌려보낼 때 역시 미국 택배사를 이용해야 합니다. 그래서 미국 택배사에서 발행한 운송장 라벨이 필요합니다.
보통 해외 쇼핑몰은 특정 택배사와 계약되어 있기 때문에 구매한 사이트에 반품을 요청하면 라벨을 발급해줍니다. 이미지 파일이나 인터넷으로 확인할 수 있는 URL 등의 형식으로 전해주는데, 이를 배대지에 전달해주면 배대지에선 라벨을 출력하여 박스에 부착, 해당 미국 택배사를 통해 돌려보냅니다.
만약 구매한 사이트에서 라벨을 제공해주지 않아도 배대지에 반품대행 서비스를 신청할 수도 있습니다. 이 경우 배대지가 직접 미국 택배사에 신청하여 라벨을 발급받아 돌려보내게 되는데, 별도의 수수료가 발생됩니다.

- **검수** : 한국으로 배송받기 전에 상품의 상태가 어떠한지, 구매한 상품과 실제 배송된 상품이 일치하는지 등의 검수를 요청할 수 있습니다. 이 서비스에는 사진 촬영도 포함되어 있고 고가품일수록 미리 제대로 배송되었는지 파손은 없는지 등의 확인을 거치게 됩니다. 만약 문제가 발생했을 경우엔 배대지에서 반품하거나 교환받는 것이 한국에서 처리하는 것보다 훨씬 더 수월합니다.

해외직구 쇼퍼들을 위한
Special Tip

이중 환전수수료를 조심하자

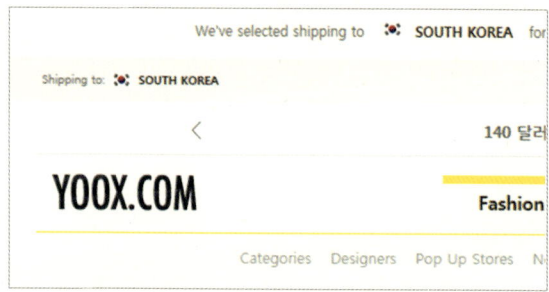

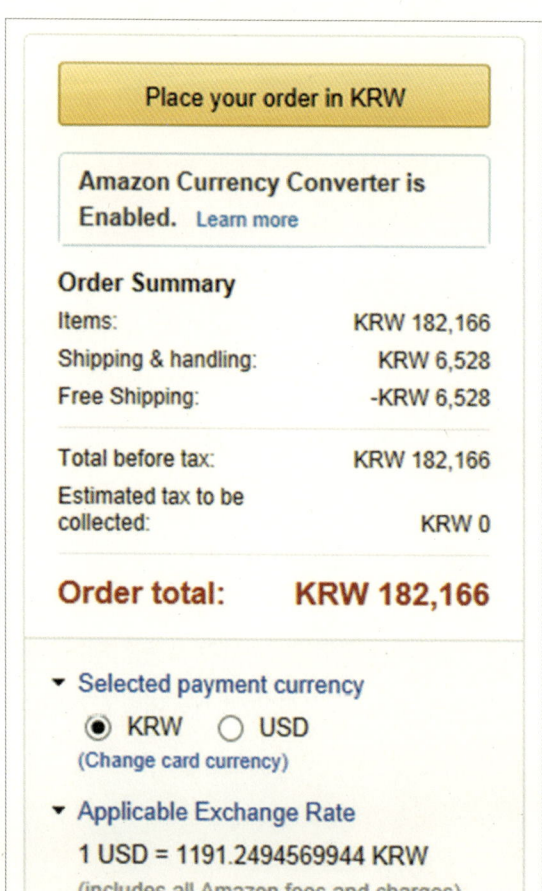

아마존을 비롯한 일부 해외 사이트의 경우 한국 IP를 자동으로 인식해서 고객에게 상품 가격을 원화 단위(KRW)로 자동으로 변환되어 보여주는 경우가 있습니다. 하지만 보기엔 편할지 몰라도 반드시 현지 화폐단위(미국은 USD)로 변경해서 결제해야 합니다.

원화로 변경되어 보일 때 자동으로 수수료가 붙은 가격으로 보여주기 때문입니다. 원화로 결제하더라도 어차피 해외 사이트엔 그 나라 화폐 단위로 다시 환전되어 지급되며, 이때 환전 수수료가 또 붙습니다. 현지 화폐단위로 결제하는 것이 불필요한 이중 환전수수료 나가는 것을 막을 수 있습니다.

미국 사이트 접속 시 한글과 KRW 단위로 보이거나, Shipping 옵션에 한국 국기가 보인다면 국기 모양을 클릭하여 미국으로 변경합니다.

아마존은 최종 결제 시 USD로 체크해서 결제하면 됩니다.

Leval ① _해외직구 시작하기

Chapter 7
꼭 알아야 할 배대지의 모든 것

1. 국내 배송대행업체 비교

1) 세븐존

2006년부터 배송대행 서비스를 제공한 국내 배송대행 원조기업입니다. 미국 첨단기술 연구단지인 실리콘밸리에 본사를 두고 있으며 부피무게가 면제되고 서부의 물류핵심지인 캘리포니아 배대지와, 의류와 신발직구 시 Sales Tax가 면제되는 동부 물류의 핵심 뉴저지, 그리고 모든 상품에 Sales Tax가 면제되는 서부의 오레곤 배대지를 갖고 있으며 독일 배송대행도 서비스 합니다.

2) 몰테일

미국과 독일, 일본, 중국 등 여러 나라의 배송대행 서비스를 진행하고 있고 고정배송비 혜택이 많아 특정상품을 직구할 때 저렴하게 이용할 수 있습니다.

테일리스트라고 하는 자체 구매대행 사이트를 운영하고 있어 해외직구를 몰라도 편리하게 상품을 구매할 수 있으며 네이버 카페인 몰테일스토리는 40만 명이 넘는 회원을 보유하고 있기 때문에 직구에 대한 다양한 정보를 교류할 수 있습니다.

3) 위메프 박스

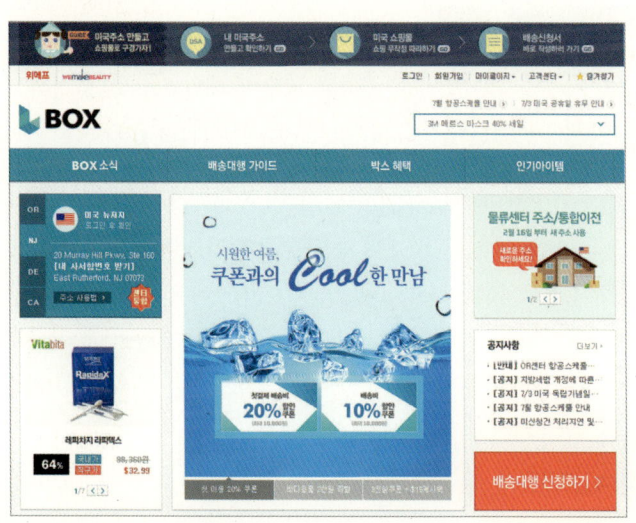

국내 소셜커머스인 위메프에서 만든 배송대행 서비스로 캘리포니아, 오레곤, 뉴저지, 델라웨어 등 총 4개의 물류센터를 보유하고 있습니다.

위메프 가입으로 위메프와 위메프박스를 같이 이용할 수 있으며, 중량안심 보상제와 무조건 보상제를 시행하여 배송에 문제가 생기더라도 보상제도를 통해 안심하고 맡길 수 있습니다.

4) 포스트베이

미국과 호주, 독일 배송대행 서비스를 제공하고 셀프 견적시스템이 있어 상품의 정보를 등록하면 대략적인 세금과 배송운임을 미리 파악할 수 있습니다. P캐시라는 포스트베이 캐시가 있어 미리 예치금을 적립시켜두고 현금처럼 사용가능하며, 예치금액이 클수록 보너스 포인트도 함께 적립해주는 제도가 있습니다.

5) 아이포터

미국과 일본, 중국 배송대행 서비스를 제공하고 있고 초보자들도 쉽게 직구할 수 있도록 PC 원격지원서비스를 제공하고 있으며 해외 사이트에 전하고자 하는 내용이 있다면 대신 라이브채팅도 해주고 있습니다. 주 6일 고객센터 운영과 당일 답변지연 보상제도를 통해 고객센터 문의 시 빠른 답변을 받을 수 있습니다.

2. 배대지 이용방법

해외사이트에서 주문이 완료된 후엔 배송대행업체에 입고신청을 해야 하는데 국내 배송대행업체 기업 중 세븐존을 예로 들어 설명드립니다. 세븐존 홈페이지에 보이는 입고신청을 클릭합니다.

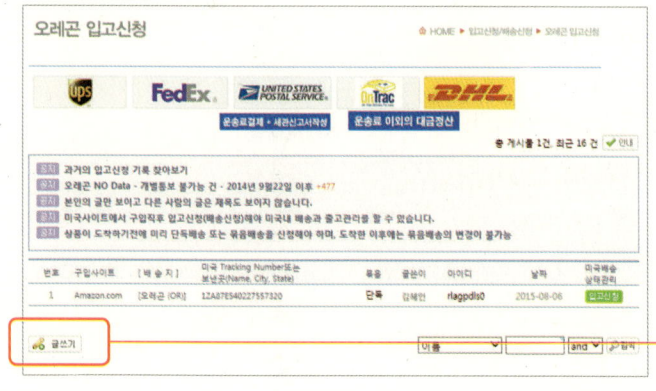

글쓰기 버튼을 눌러 새로운 입고신청서를 작성합니다.

Leval 1 _해외직구 시작하기

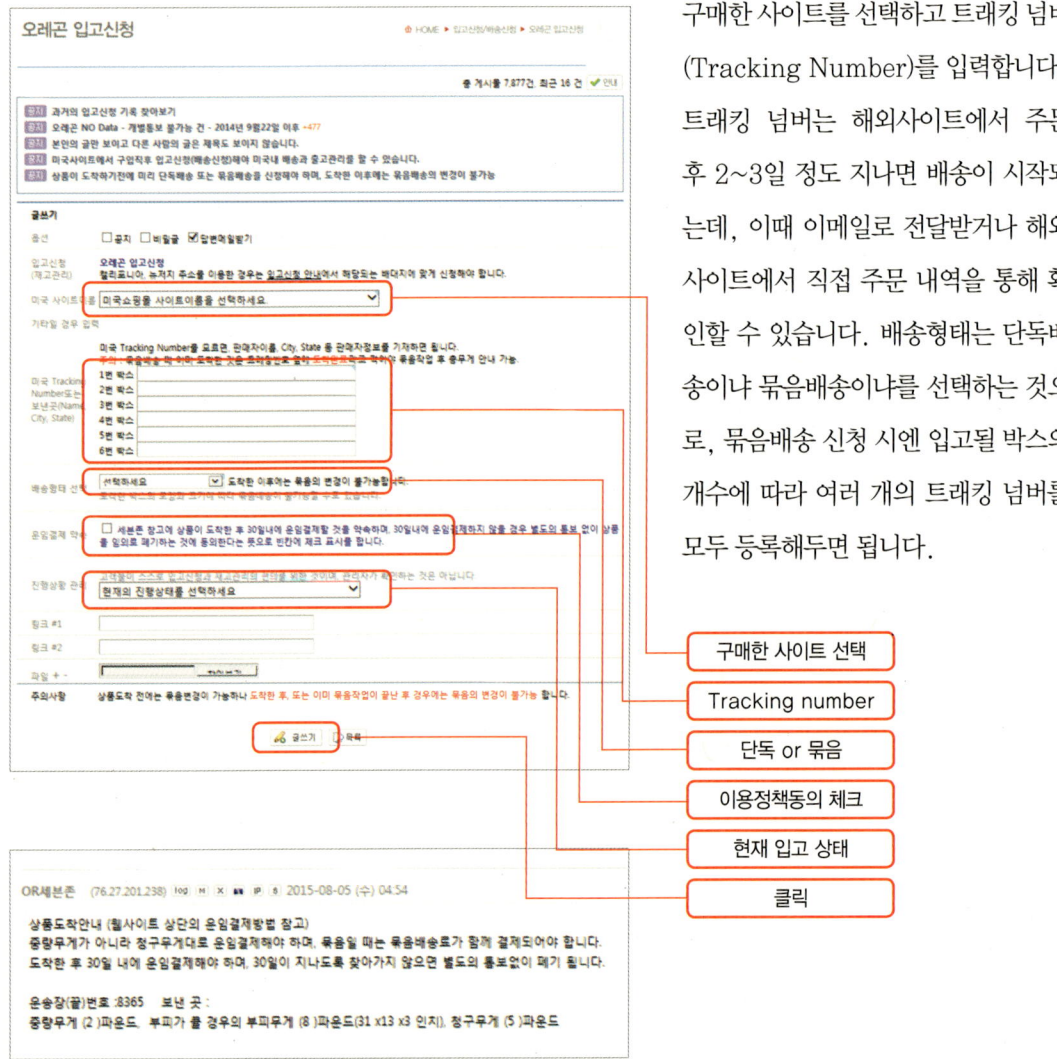

구매한 사이트를 선택하고 트래킹 넘버(Tracking Number)를 입력합니다. 트래킹 넘버는 해외사이트에서 주문 후 2~3일 정도 지나면 배송이 시작되는데, 이때 이메일로 전달받거나 해외사이트에서 직접 주문 내역을 통해 확인할 수 있습니다. 배송형태는 단독배송이냐 묶음배송이냐를 선택하는 것으로, 묶음배송 신청 시엔 입고될 박스의 개수에 따라 여러 개의 트래킹 넘버를 모두 등록해두면 됩니다.

차후 배대지인 세븐존에 상품이 입고되면 작성해놓은 입고신청서에 도착/무게 안내가 됩니다. 예시로 보여드리는 내역의 경우 박스의 중량무게는 2파운드, 부피가 8파운드이기 때문에 실제 결제해야 하는 건 8파운드입니다. 국제운송료는 중량무게와 부피무게 중 높은 쪽으로 결정되기 때문입니다. 세븐존을 포함한 여러 배송대행업체에선 부피무게 할인제도를 시행하고 있어 할인된 최종 청구무게인 5파운드대로 운임을 결제하면 됩니다(해외배송비를 계산하는 방법은 27~28쪽을 참고하세요).

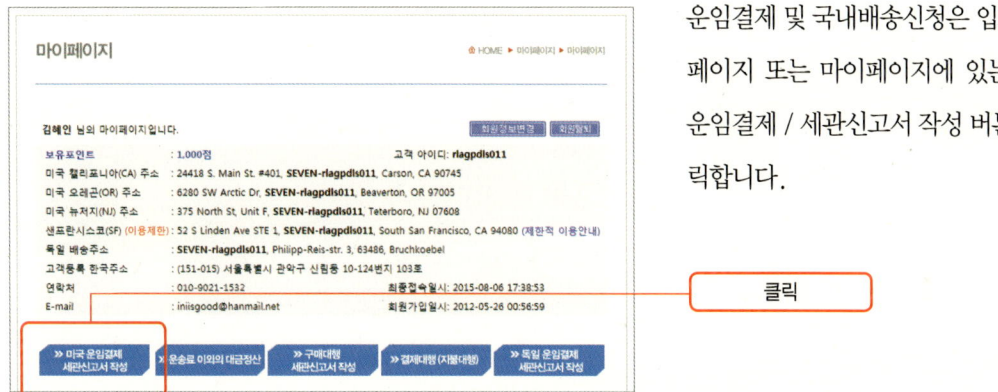

운임결제 및 국내배송신청은 입고신청 페이지 또는 마이페이지에 있는 미국 운임결제 / 세관신고서 작성 버튼을 클릭합니다.

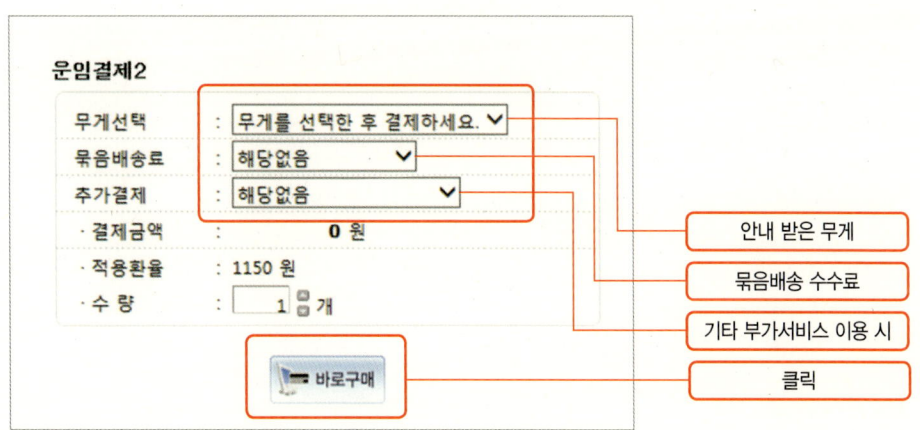

결제할 땐 안내 받은 무게를 선택합니다. 묶음배송을 신청했을 경우에만 묶음배송료를 선택하고, 추가결제는 상품검수, 사진촬영 등 기타의 부가서비스를 이용했을 경우에만 선택합니다. 선택이 완료되면 바로구매 버튼을 클릭합니다.

Level 1 _해외직구 시작하기

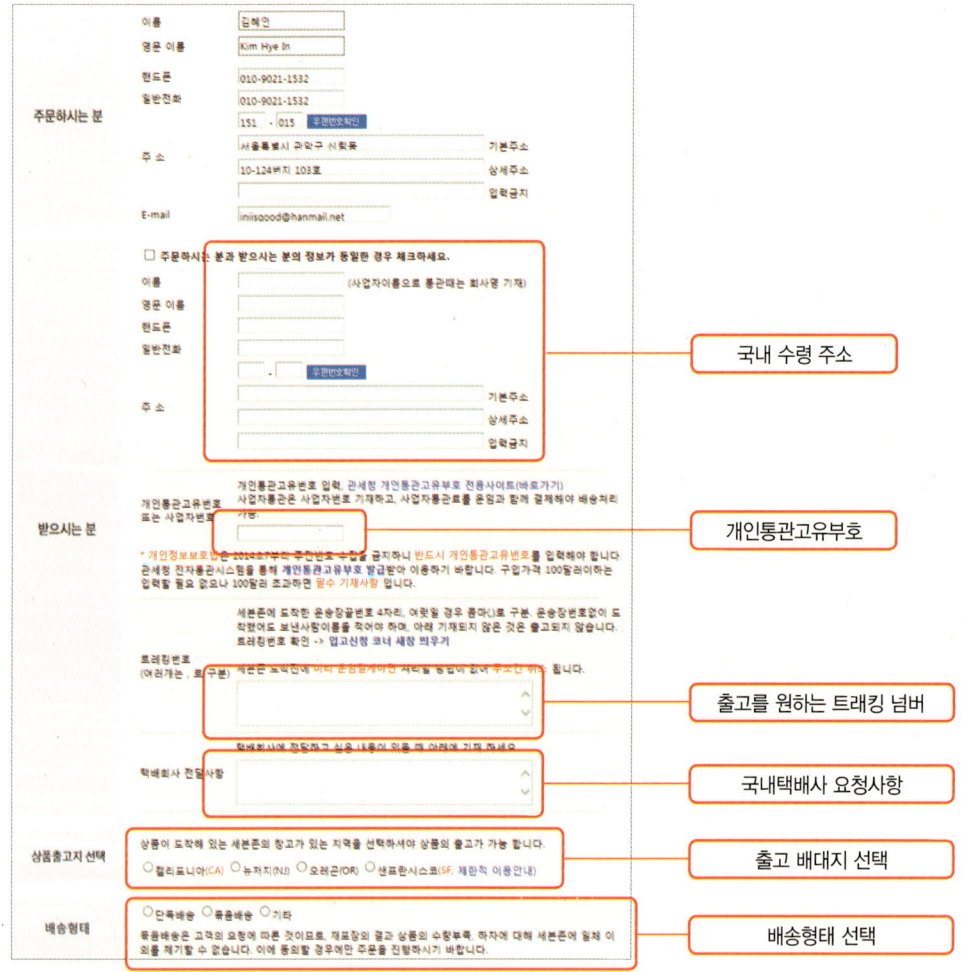

배송받을 한국 주소를 한글로 등록합니다. 가입 시 등록한 정보와 동일한 경우 '주문하시는 분과 받으시는 분의 정보가 동일한 경우 체크하세요'를 체크하면 자동으로 주소가 입력됩니다. 그 다음 개인통관고유부호를 등록하고 입고된 즉, 출고를 희망하는 트래킹 넘버를 입력합니다.

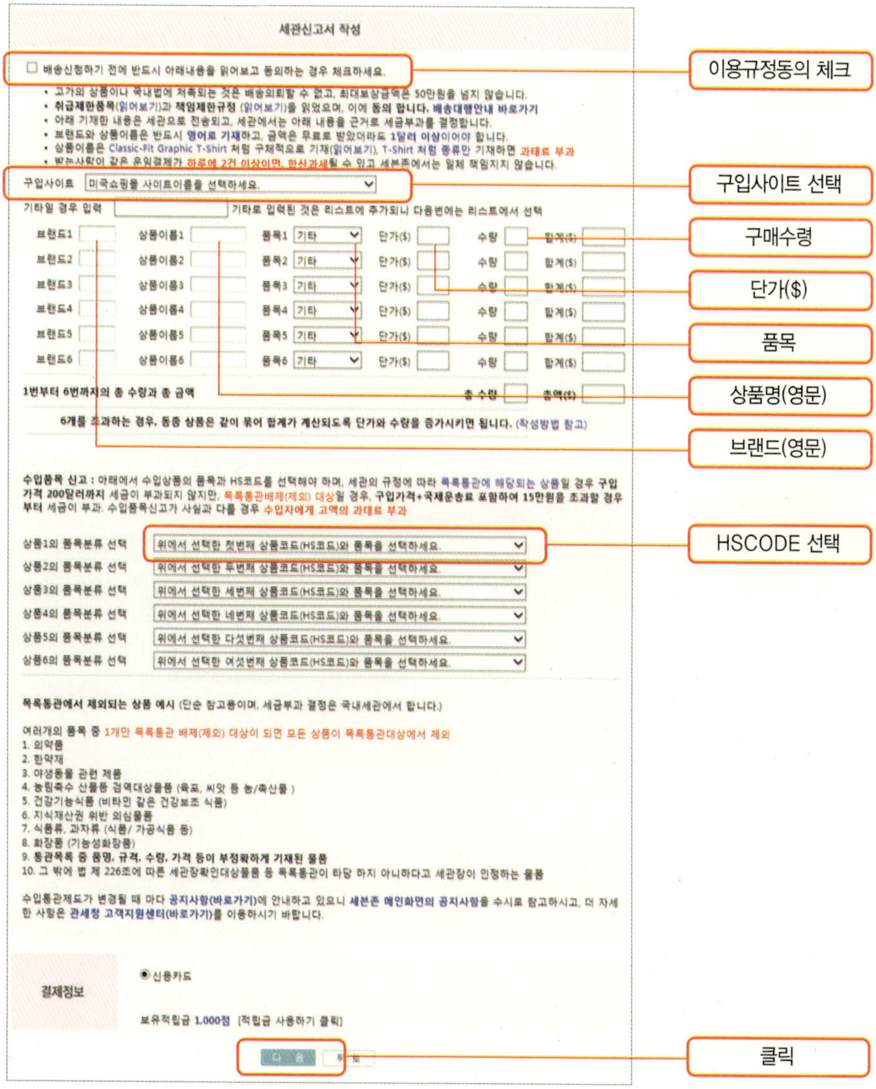

Chapter 7 _꼭 알아야 할 배대지의 모든 것

세관신고서 작성

- 이용규정동의 체크
- 구입사이트 선택
- 구매수령
- 단가($)
- 품목
- 상품명(영문)
- 브랜드(영문)
- HSCODE 선택
- 클릭

다음으로 세관신고서를 작성하는데, 반드시 영문으로 박스 안에 들어간 상품들의 내역을 모두 작성해야 합니다. 품목과 HSCODE는 상품의 특성에 맞게 선택하고, 만약 박스 안에 등 상품의 수량이 6개가 넘을 경우엔 동종상품을 같이 묶어 합계가 계산되도록 단가와 수량을 증가시키면 됩니다. 다음 페이지에서 결제할 카드정보를 등록하면 주문서 작성이 완료되고, 배대지에서는 이를 확인한 후 국내로 출고합니다.

Leval ❶ _해외직구 시작하기

Chapter ❽
나에게 딱 맞는
배대지 고르는 법

1. 배대지별 특징

국내에 배송대행업체는 무수히 많지만 그들이 보유한 미국 창고 즉 배대지는 특징에 따라 몇 가지 지역으로 한정되어 있습니다. 그래서 배대지를 기준으로 봤을 때 해당 배대지를 보유한 배송대행업체인지, 배송대행업체에서 보유하고 있는 배대지들이 너무 미국의 한쪽 지역에만 몰려 있지는 않은지 등을 기준으로 살펴보면 어떤 배송대행업체를 이용하는 것이 좋을지 판단이 수월해집니다.

	캘리포니아(CA)	뉴저지(NJ)	오리건(OR)	델라웨어(DE)
장점	• 미국 서부 물류의 최핵심지 • 미국 내 배송 빠르고 안정적 • 한국으로의 항공스케줄 주 5회 • CA에 배대지를 보유한 배송대행업체의 경우 부피무게 면제 혜택을 제공하는 곳이 많음 • 식료품에 대해 Sales Tax 면제	• 미국 동부 물류의 최핵심지로 미국내 배송이 빠르고 안정적 • 한국으로의 항공스케줄 주 5회 • 의류나 신발 또는 식료품에 대해 Sales Tax 면제	• 전 상품 Sales Tax 면제 • 서부물류 중심지 CA와 가까운 서부의 대표 노택스 지역	• 전상품 Sales Tax 면제 • 동부물류 중심지 NJ와 가까운 동부의 대표 노택스 지역
단점	• Sales Tax 요율이 비쌈(9.06%)	• CA 다음으로 Sales Tax 요율이 비쌈(7%)	• 한국으로의 항공 스케줄이 주 4~5회로 다소 불안정	• 한국으로의 직항노선이 없어 근처 다른 지역으로 이동시켜 한국으로 배송

2. Sales Tax를 면제받을까, 부피무게를 감면받을까?

배대지를 선택하는 기준은 Sales Tax를 면제받을 것인지, Sales Tax가 붙더라도 부피무게를 감면받을지, 바로 이 두 가지가 가장 큰 핵심입니다.

오로지 Sales Tax가 면제되는 것만을 고려했을 땐, Chapter 3의 '미국 주별 Sales Tax 요율 지도'를 확인해서 뉴저지나(의류와 신발의 경우) 오레곤, 델라웨어를 선택하면 됩니다. 하지만 이러한 배대지는 보통 부피무게대로 청구가 된다거나 부피무게의 감면 폭이 크지 않은 편입니다.

그래서 우선 Sales Tax가 면제되는 배대지를 고려하되, 부피가 큰 상품은 Sales Tax를 내더라도 부피무게가 면제, 혹은 일부 감면되는 배대지로 선택하는 것이 현명한 쇼핑 방법입니다.

조금 더 구체적인 예를 들어보겠습니다.

160달러짜리 캐리어를 해외직구한다고 하겠습니다. 캐리어의 평균 중량무게는 약 13파운드이지만 부피무게는 약 45파운드 정도입니다.

Sales Tax는 미국은 '주'마다 세율이 조금씩 다르지만 약 5~9% 정도입니다. Sales Tax가 붙는 배대지로 보내면 Sales Tax가 최대 약 16달러 추가되어 최종 결제금은 176달러가 될 것입니다.

부피무게가 면제되는 배대지로 보내면 Sales Tax가 붙더라도 중량무게인 13파운드에 해당하는 국제배송비를 지불하면 됩니다. 13파운드의 배송비는 34달러, 45파운드의 배송비는 98달러나 됩니다(배송대행업체마다 다를 수 있습니다). 결론적으로 Sales Tax를 내고 부피무게를 면제받을 경우 176달러, Sales Tax를 내지 않고 부피무게대로 배송비를 낼 경우 258달러를 내게 됩니다. Sales Tax를 아끼려고 부피무게로 국제배송비를 지불하면 안 되겠지요.

Sales Tax가 면제되는 주를 선택해서 Sales Tax 16달러를 아꼈다 하더라도, 부피무게를 배송비로 계산할 경우 상당히 손해를 보게 됩니다. 이 경우 13파운드가 아닌 45파운드의 부피무게를 배송비로 계산하는데, 그래서 16달러면 8파운드에 해당하는 차이라 볼 수 있습니다. 캐리어의 중량무게와 부피무게의 차이는 8파운드를 훨씬 넘어선 27파운드입니다.

그래서 27파운드의 배송비에 해당하는 60달러 정도가 더 나가게 되는 것입니다. 결국 40달러 이상 손해를 보게 되는 셈입니다.
이것을 표를 통해 다시 한 번 살펴보겠습니다.

• 간이 국제배송비 요금표

간이 국제 배송비 요금표			
1lb	$10	11lb	$30
2lb	$12	12lb	$32
3lb	$14	13lb	$34
4lb	$16		
5lb	$18	45lb	$98

	Sales Tax가 면제되나 부피무게대로 청구되는 배대지	Sales Tax가 붙으나 부피무게가 면제되는 배대지
상품가격	$160	$160
Sales Tax	$0	$16
청구무게	45lb	13lb
최종구매금액	$160 + $98	$176 + $34
합계	$258	$210

주의할 점은 배송대행업체별로 요금표가 서로 다르고, 부피무게대로 청구되는 지역이지만 고객의 부담을 덜어주기 위해 부피무게를 할인해주는 이벤트를 진행하는 배송대행업체도 많이 있습니다.

그럼에도 불구하고 이런 극단적인 예시를 보여드리는 것은 표면적으로 Sales Tax가 붙지 않는 게 더 저렴하게 구매하는 것이라 여길 오류를 범하지 않길 강조하기 위함입니다.
이렇게 부피무게가 중량보다 큰 상품들 중에서도 차이가 많이 나는 대표적인 상품들엔 캐리어, 유모차, 카시트, 유아용 완구, TV, 자동차 범퍼 등이 있습니다. 부피와 중량이 크게 차이가 나지 않는 제품, 또는 부피가 크지 않은 제품, 특히 고가이면서 부피가 작은 제품들(소형 명품, 고가 의류, 카메라나 노트북, 소형 전자제품 등)은 부피무게보다는 Sales Tax를 적게 낼 수 있는 배대지로 선택하는 것이 좋습니다.

3. 사이트에 따른 배대지 선택요령

오레곤이나 델라웨어는 어느 사이트에서 상품을 구매하더라도 Sales Tax가 면제되지만, 캘리포니아나 뉴저지라고 해서 Sales Tax가 무조건 붙는 것은 아닙니다.

Chapter 8 _ 나에게 딱 맞는 배대지 고르는 법

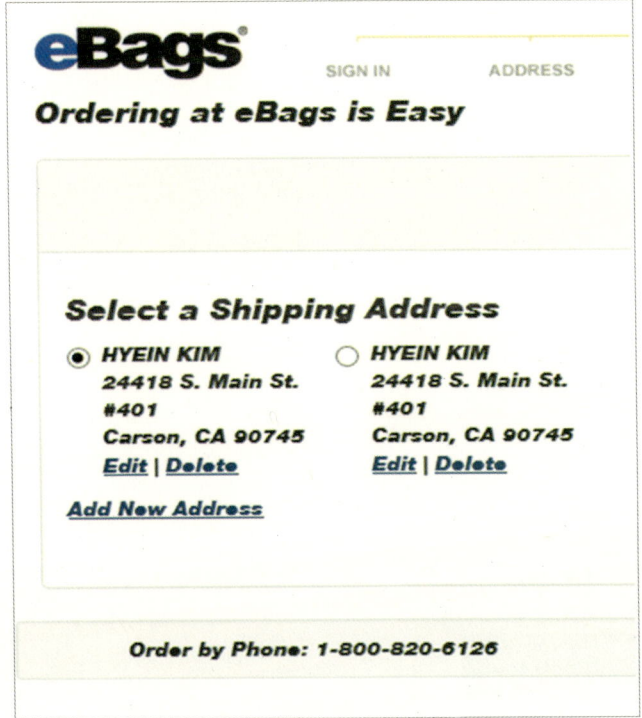

좌측의 예시는 eBags라는 미국의 가방 전문 쇼핑몰에서 샘소나이트 캐리어를 구매하고 캘리포니아 배대지로 보낸 것입니다. 그런데 캘리포니아로 배대지를 선택했음에도 불구하고 Sales Tax가 붙지 않았습니다.

캘리포니아(CA)는 Sales Tax 세율이 9.06%, 뉴저지(NJ)는 7%, 오레곤(OR)과 델라웨어(DE)는 면제이기 때문입니다. 이렇게 미국의 각 '주'마다 Sales Tax 세율이 정해져 있지만 그렇다고 해서 어느 사이트에서 구매하든지 무조건 그대로 적용되는 것은 아니라는 것을 알 수 있습니다.

이것은 Sales Tax를 적용하는 법적인 근거 넥서스(Nexus)에 의한 것입니다. 넥서스(Nexus)란 특정 '주'에 사이트 본사, 매장, 창고, 지역 사무실 등 사이트를 소유한 회사의 물리적인 실체가 존재하는 관계를 의미하며, 넥서스인 경우에 Sales Tax가 발생합니다.

eBags의 경우로 보자면 캘리포니아에 본사도, 창고도, 사무실도, 매장도 없다는 뜻입니다. 그래서 캘리포니아로 보내도 Sales Tax가 부과되지 않습니다.

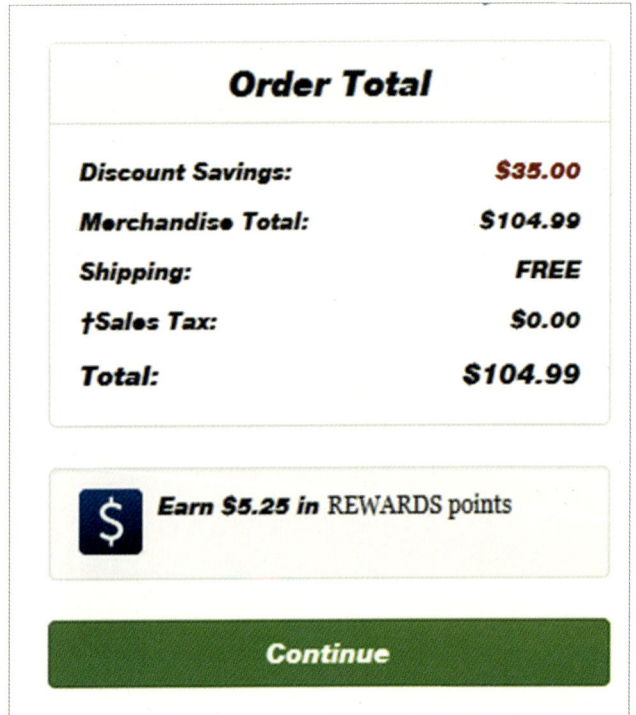

그런데 해당 '주'에 그 사이트의 물리적 실체가 존재하는지 인터넷으로 상품을 구매하는 소비자로서는 판단할 수도 그것을 알아낼 방법도 없습니다. 사이트에 본사 주소는 나와 있겠지만 그 상품을 실제로 배송하는 물류창고는 미국 여러 곳에 있을 수 있기 때문입니다.

그래서 이러한 개념을 모두 상세히 익혀야 필요는 없습니다. 단지 캘리포니아로 보냈을 때 No Tax인 사이트엔 어떤 것들이 있는지, 뉴저지로 보냈을 때 No Tax인 사이트가 어떤 게 있는지 몇 가지 리스트만 파악하는 것으로도 직구에 충분히 도움이 됩니다. 이러한 사이트들은 Level 2에서 상세히 소개해드리겠습니다.

1. 관세와 부가세

국내에 반입되는 상품의 경우 면세 한도를 초과하는 상품에 대해선 관세와 부가세가 발생합니다. 가장 일반적이며 직구족이 반드시 알아야 할 세금은 관세와 부가세입니다. 특별한 제품에만 붙는 개별소비세나, 농어촌특별세, 교육세 등도 있습니다.

1) 관세

관세는 해외로 수출되거나 수입하였을 때 부과되는 세금인데, 우리나라에선 현재 수입세만 있어서 흔히 수입세를 관세라고 합니다. 관세는 상품에 따라 약간씩 차이는 있으나 대략 8~13% 정도입니다.

2) 부가세

부가세의 사전적 의미는 생산 및 유통과정의 각 단계에서 창출되는 부가가치에 대하여 부과되는 조세입니다. 우리가 국내에서 소비하는 대부분의 상품가격에는 부가세가 이미 포함되어 있습니다. 그러나 직구하는 상품은 실제론 해외에서, 즉 그 나라 자국민들에게 소비되기 위한 상품이기 때문에 한국 세금이 포함되어 있지 않으니 국내에 반입되어 유통되는 과정상 별도로 붙게 되는 것입니다. 부가세는 10%입니다.

2. 주요 품목 관세와 부가세율표

카테고리	품목	관세	부가세	카테고리	품목	관세	부가세
건강보조식품	영양제류	8%	10%	유아용품	젖병류	8%	10%
건강보조식품	Vitamin류	8%	10%	유아용품	임산부/영아의류	13%	10%
레저/스포츠용품	텐트	8%	10%	유아용품	분유	40%	10%
레저/스포츠용품	기타 레저용품	8%	10%	의류/패션잡화	모자	8%	10%
레저/스포츠용품	스포츠용 글러브	13%	10%	의류/패션잡화	의류	13%	10%
레저/스포츠용품	스포츠용 신발	13%	10%	의류/패션잡화	신발	13%	10%
레저/스포츠용품	스포츠의류	13%	10%	의류/패션잡화	시계	8%	10%
바디/헤어케어용품	목욕용품	8%	10%	의류/패션잡화	가방/지갑	8%	10%
바디/헤어케어용품	샴푸류	5%	10%	인쇄/서적/CD	서적류/잡지류	0%	0%
바디/헤어케어용품	기초화장품	8%	10%	인쇄/서적/CD	게임CD	0%	0%
식품	초콜릿/캔디	8%	10%	전자제품	휴대폰	0%	10%
식품	소스/잼	8%	10%	전자제품	TV	8%	10%
영상/음향기기	디지털 카메라	8%	10%	주방용품	식기(도자제품)	8%	10%
영상/음향기기	일반 카메라	8%	10%	컴퓨터 관련용품	노트북	0%	10%
완구	기타 완구	8%	10%	컴퓨터 관련용품	태블릿PC	0%	10%

품목은 다양하지만 관세는 특수상품을 제외하곤 일반적으로 8% 상품이 가장 많고, 일부 13%로 나누어집니다. 모두 8%라 생각하고 특수 관세 부과 상품과 13% 상품에 어떤 것이 있는지만 대략적으로 알고 있으면 됩니다. 부가세는 대부분 10%입니다.

스마트폰이나 노트북 등 일부 전자제품의 경우엔 관세가 0%입니다. 또한 서적류 등은 관세와 부가세가 모두 0%인 상품도 있습니다. 이러한 상품들은 면제 한도를 넘어도 관세나 부가세가 면제됩니다.

3. 목록통관과 일반통관

관부가세 등의 세금이 면제되는 한도는 상품에 따라 두 가지로 나누어집니다.

1) 목록통관

국내에 반입되었을 때 국민 정서나 건강에 해가 되지 않는 상품들에 대하여 까다로운 통관절차를 생략하고 서류만으로 간단히 통관되는 상품들을 의미합니다. 한미 FTA 협정으로 인해 미국에서 발송되는 목록통관 허용상품일 경우 상품가액(제품가+미국 내 배송비+Sales tax) 200달러까지는 세금이 면제됩니다. 다른 국가인 경우 100달러 이하일 때만 세금이 면제됩니다.

2) 일반통관

먹거리, 의약품, 화장품 등 인체와 직접적으로 관련이 있는, 또는 유해한 성분이 포함될 가능성이 있는 상품들은 일반통관이며, 이를 제외한 대부분의 상품은 모두 목록통관이 됩니다.

쉽게 말해 상식선에서 '이건 검사가 필요하겠는데?'라고 생각이 들 만한 상품들은 일반통관입니다.

일반통관은 상품가액 + 선편요금(국가에서 정한 무게 별 기준배송비)이 15만 원 미만이어야 세금 면제입니다. **2016년부터는 상품가액이 15만 원 미만이기만 하면 세금이 면제됩니다.**

선편요금은 189쪽의 Level 3. Chapaer 3-1. 고시환율과 선편요금의 이해 부분을 참고하세요.

현재 우리나라는 미국을 제외한 모든 나라에서 수입되는 것은 일반통관이며, 목록통관상품은 미국직구 시에 목록통관 허용상품에 한해서만 상품가액 200달러까지 세금을 면제해주고 있습니다.

• 목록통관 배제대상 물품 예시

번호	구분	예시(빈번 반입품)
1	의약품	파스, 반창고, 거즈·붕대, 항생물질 의약품, 아스피린제제, 소화제, 두통약, 해열제, 감기약, 임신테스터기, 발모제 등
2	한약재	인삼, 홍삼 등
3	야생동물 관련 제품	'멸종 위기에 처한 야생 동·식물의 국제거래에 관한 협약 (CITES)'에 따라 국제거래가 규제된 물품 (예) 상아제품, 악어가죽 제품, 뱀피 제품 등
4	농림축수산물 등 검역대상물품	커피(원두 등), 차, 견과류, 씨앗, 원목, 조제분유, 고양이·개 사료, 햄류, 치즈류 등
5	건강기능식품	비타민 제품, 오메가3 제품, 프로폴리스 제품, 글루코사민 제품, 엽산 제품, 로열젤리 등
6	지식재산권 위반 의심물품	짝퉁 가방·신발·의류·악세사리 등
7	식품류·과자류	비스킷·베이커리, 조제커피·차, 조제과실·견과류, 설탕과자, 초콜릿식품, 소스·혼합조미료 등
8	화장품 (기능성화장품: 미백·주름개선·자외선 차단, 태반화장품, 스테로이드제 함유 화장품 및 성분 미상 등 유해화장품에 한함)	
9	통관목록 중 품명·규격·수량·가격 등이 부정확하게 기재된 물품	
10	기타 세관장 확인대상물품	총포·도검·화약류, 마약류 등

4. 세금 계산 방법

목록통관 상품인데 200달러가 넘어가거나, 일반통관 상품인데 제품가격 + 선편요금합계 15만 원이 넘어가면 세금이 붙게 됩니다. 계산방식은 아래와 같습니다.

1) 관세 : (해외 사이트 실 결제금액 + 선편요금) × 환율 × 관세율
2) 부가세 : [{(해외 사이트 실 결제금액 + 선편요금) × 환율} + 관세] × 부가세율

환율은 고시환율이라고 하여 반입되는 날짜에 속한 환율이 기준이 되는데, 상품을 받아보기 전엔 사실상 선편요금이나 환율을 미리 예측하기가 쉽지 않습니다. 따라서 간단한 방법으로 대략적인 세금을 미리 알 수 있습니다. 관세율이 8%인 상품은 상품가격을 당일 환율로 변환한 뒤 약 20%가 대략적인 총 세금이 됩니다. 관세율이 13%인 상품은 최종 25%가 대략적인 총 세금이 됩니다.

Quiz. 의류 300달러를 구매했을 때 환율 1달러당 1,000원이라면 총 세금은?

- 의류는 관세 13%이기 때문에 환율 계산했을 때 30만 원이니 25%인 7만 5천 원 정도가 총 세금입니다.

Quiz. 가방 300달러를 구매했을 때 환율 1달러당 1,000원이라면 총 세금은?

- 가방은 관세 8%이기 때문에 30만 원의 20%인 6만 원 정도가 총 세금이라 예상할 수 있습니다.

Quiz. 비타민 150달러를 구매했을 때 환율 1달러당 1,000원이라면 총 세금은?

- 비타민은 일반통관이므로 상품이 150달러면 우선 세금대상이 되는 것이 맞습니다. 그리고 관세는 8%이므로 총 세금은 15만 원의 20%인 3만 원 정도가 됩니다.

5. HSCODE

HSCODE는 국가 간에 상품을 교류할 때 국제적으로 상품분류를 위해 부여하는 코드입니다. 수천수만 가지의 상품을 품목에 따라 분류하여 어떤 종류의 상품인지 쉽게 파악하기 위한 것입니다. 관세청에서 만든 '세계 HS 정보 시스템' 홈페이지를 통해 인터넷에서 직접 조회할 수 있으며, 대부분 배대지에선 수입신고서 작성을 용이하게 하도록 상품별 HSCODE를 제공하고 있습니다.

• 세계 HS 정보 시스템 홈페이지
 (http://www.customs.go.kr/kcshome/wtm_index.po)

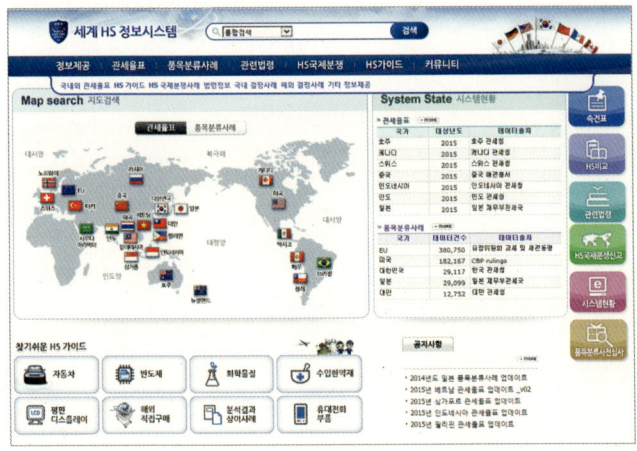

6. 수입 신고 주의사항

수입신고서는 일반적으로 개인통관고유부호, 구매한 사이트, 브랜드명, 상품명, 상품가격, 수량, 품목(HSCODE)을 기재합니다. 국내 반입되는 상품에 대한 검열은 굉장히 중요하고, 5년간 보관하기 때문에 수입신고서를 제대로 작성하지 않으면 5년 이내에 언제든 과태료가 부과될 수 있습니다. 심지어 해당 수입자 명의로는 수입이 불가능해질 수도 있는 결과를 초래하게 되므로 반드시 신중하게 작성해야 합니다. 몇 가지만 지켜도 문제가 없으니 반드시 숙지하는 것이 좋습니다.

Leval ❶ _ 해외직구 시작하기

1) 브랜드와 상품명 등은 반드시 영어로 기재해야 합니다.

2) 상품명은 구입처에서 표기한 상품이름(영문)을 그대로 기재해야 합니다.

3) 샘플이나 기프트(선물), 중고라고 해도 상품의 '가치'로 따지기 때문에 0달러로 신고해선 안 되고 최소한 1달러 이상으로 기재해야 합니다.

4) 세금을 안 내기 위해 수입신고 금액을 허위 기재하면 당연히 과태료가 부과됩니다.

※ 품명 오류 예시 (아래는 실제 과태료가 부과된 신고서들의 오류사항들입니다)

1. 한글 입력 : 완구, 뉴발란스 신발 등등(상품 이름은 절대 한글은 안 되니 반드시 영어로 기재)
2. 상품명에 숫자만 입력 : 124 / 000000 / 854302
3. 특수문자 입력 : ! @ # $ % & * ? ^ (특수문자 반드시 제외)
4. 모델명(영어+숫자)만 입력 : MJ-247(모델명, PART NUMBER)
5. 판단 불가능한 단어 : SAMPLE, GIFT, ACCESSORY, PART, ASSEMBLY, PRODUCT, GOODS 등
6. 무의미한 단어 : Other, Whole, Unit, Type, Spare, Cargo, Merchandise, Material, Element
7. 형용사 : FRESH, INTEGRATED, INTERNAL, ACTIVATED, FROZEN 등
8. 상품명 없이 브랜드명만 입력 : NIKE, AMORE, SAMSUNG, SEIKO, CHANEL, ADIDAS, PRADA 등

개인당 청구되는 과태료는 10만 원에서 100만 원 사이입니다. 만약 납부하지 않을 경우 1차 독촉 때 5% 가산금, 2차 독촉 때 12% 가산금이 붙으며, 이후에는 국가의 세금체납부서(처분대상자의 주소지를 관할하는 지방법원에 통보)로 이관됩니다.

7. 이건 수입하면 안 되요!

해외직구에는 수입하면 안 되는 상품들이 있습니다. 총기, 마약류 등 불법소지를 금지하는 품목을 제외하고 두 가지로 구분할 수 있습니다.

1. 통관은 가능하나 항공사에서 적재가 불가능하여 항공운송이 아닌 해상운송으로 수입해야 하는 상품

　　1) 폭발성 물질(화약, 탄약, 불꽃놀이 재료 등)
　　2) 가스류, 고압스프레이(부탄, 프로판, 아세틸렌 등)
　　3) 인화성 액체(가솔린, 페인트, 알코올 등)
　　4) 가연성 고체(마그네슘, 나트륨, 리튬 등)
　　5) 산화성 물질(암모니아질산비료, 연소산염 등)
　　6) 독성전염성 물질(비소, 청산가리, 농약 등)
　　7) 방사성 물질(토리움, 코발트 라돈 등)
　　8) 부식성 물질(수산화물, 소듐, 수은 등)
　　9) 기타 유해성 물질(리튬배터리, 드라이아이스, 자성물질 등)

위 상품들은 항공기에 적재가 불가능해 해상운송으로 반입해야 합니다. 해상운송은 기본적으로 수반되는 부대비용이 있어 최저 1cbm(1㎥, 가로×세로×높이가 각각 1m) 이상의 화물일 경우에만 항공운송에 비해 저렴합니다.

2. 통관이 불가능한 상품

　　1) 국가, 공안, 풍속을 저해하는 서적/사진/비디오테이프/필름/LD/CD/CD-ROM 등
　　2) 정부의 기밀을 누설하거나 첩보에 공하는 물품
　　3) 위조·변조·모조의 화폐·지폐·은행권·채권 기타 유가증권

반입금지물품을 휴대 반입할 경우 무조건 몰수되며, 세관의 정밀검사 및 조사를 받은 후 범죄혐의가 있을 경우에는 관세법 위반으로 처벌받을 수 있습니다.

해외직구 쇼퍼들을 위한 Special Tip

직구 추천사이트! 꼭 필요한 해외직구 **필수 아이템별 정리**

• 가방/캐리어

대표 사이트 : www.ebags.com	
www.luggageonline.com	캐리어를 비롯한 종합 가방 전문 할인사이트. 특히 리모와 캐리어를 저렴하게 구매할 수 있습니다.
shop.samsonite.com	샘소나이트 미국 공식 홈페이지. 세일상품을 저렴하게 구매, 할인코드도 자주 나오는 편입니다.
www.toryburch.com	토리버치 미국 공식 홈페이지. 세일 이벤트를 종종 진행하며 저렴하게 구매할 수 있습니다.
www.tumi.com	투미 미국 공식 홈페이지. 상시로 세일을 진행하여 캐리어 등을 저렴하게 구매할 수 있습니다.

▶ 캘리포니아 NoTax와 겹치는 사이트 : www.luggageonline.com

• 건강/다이어트/비타민

대표 사이트 : www.drugstore.com	
www.gnc.com	1+1, 1개 구매시 추가 1개 50% 등 여러 개 구매시 할인되는 이벤트가 많이 진행됩니다.
www.iherb.com	건강식품, 비타민, 생활용품, 유아용품 할인사이트로 한국까지 무료 직배송됩니다.
www.luckyvitamin.com	건강식품, 비타민, 바디케어 종합 사이트. 할인율이 매우 좋아 가격이 저렴합니다.
www.swansonvitamin.com	건강식품, 비타민, 바디케어 종합 사이트. 스완슨 자체브랜드 상품 품질이 우수하고 가격도 저렴합니다.
www.vitacost.com	건강식품, 비타민, 바디케어 종합 사이트. 바디케어용품의 종류가 다양하고 저렴합니다.
www.vitaminshoppe.com	건강식품, 비타민, 바디케어 종합사이트. 오프라인 매장도 진출해 있는 신뢰도 높은 사이트입니다.

▶ 캘리포니아 NoTax와 겹치는 사이트 : www.vitacost.com

• 가방/캐리어 대표 사이트 **eBags**

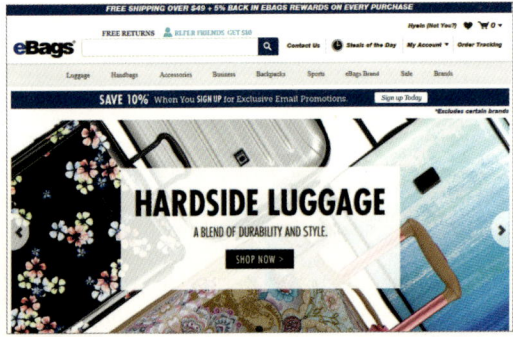

• 건강/다이어트/비타민 대표 사이트 **Drugstore**

• 화장품/미용

대표 사이트 : www.benefit.com

www.bathandbodyworks.com	바디케어 전문 브랜드이지만 주로 워시용품이 인기가 많고 세상의 모든 향을 다 담았다고 할만큼 방대한 향의 바디용품 종류를 자랑합니다.
www.beauty.com	뷰티, 스킨케어 종합사이트이며 드럭스토어와 같은 회사라 한 아이디로 동시에 장바구니에 담아 결제 및 배송받을 수 있는 장점이 있습니다.
www.biotherm.com	비오템 미국 홈페이지며 25~30% 세일을 자주 진행합니다. 상품 구매 시 다양한 샘플도 제공해 주지만 한국카드를 잘 받아주지 않지만 페이팔을 통해 직구할 수 있습니다.
www.bobbibrowncosmetics.com	바비브라운 미국 홈페이지로 사람마다 제각각인 피부색에 맞게 다양한 톤의 제품을 제공하여 자연스러운 피부 톤을 구현하게 합니다.
www.esteelauder.com	에스티로더 미국 홈페이지 입니다. 국내 시중가보다 더 저렴한 가격에 구매할 수 있습니다.
www.sephora.com	화장품 전문 할인사이트이며 일정 금액 이상 구매 시 한국까지 저렴한 배송비로 직배송을 해주지만 모든 상품이 가능한 것은 아니기 때문에 배대지를 통한 직구가 더 편리합니다.
www.skinstore.com	스킨케어 제품 전문 할인사이트로 특히 피부에 도움되는 전문용 성분들로만 제품을 만들기로 유명한 필로소피 브랜드 제품을 저렴하게 구매할 수 있습니다.
www.stilacosmetics.com	연예인들이 메이크업으로 많이 사용하는 것으로 유명해진 색조화장품 전문브랜드 스틸라의 미국 홈페이지입니다.

▶ 캘리포니아 NoTax와 겹치는 사이트 : www.ruelala.com, www.ideeli.com, www.zulily.com, www.ssense.com

• 화장품/미용 대표 사이트 Benefit

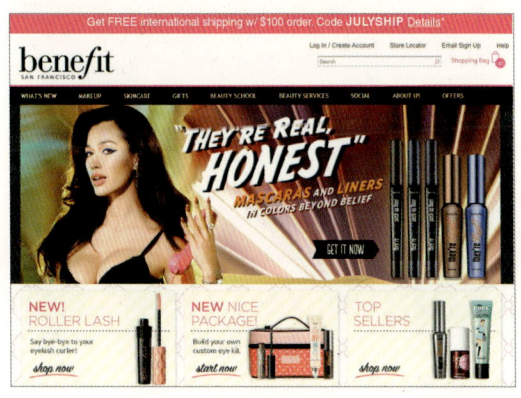

• Bobbi Brown

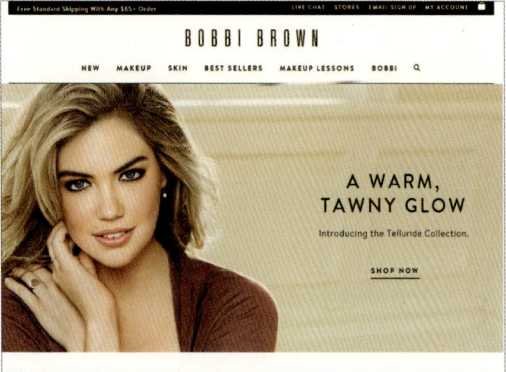

• 백화점/아울렛

대표 사이트 : www.nordstrom.com

www.bergdorfgoodman.com	미국 최상위급 백화점 명품을 비롯, 국내 진출하지 않은 디자이너 명품 브랜드를 볼 수 있습니다.
www.neimanmarcus.com	미국 백화점 니만마커스의 온라인 버전, 일정 금액 이상 구매하면 무료 직배송을 지원합니다.
www.saks.com	가장 대중적인 백화점으로, 명품부터 캐주얼 등 가격대와 브랜드가 다양합니다.
www.lordandtaylor.com	미국 백화점 로드앤테일러 온라인 버전으로 다른 백화점보다 할인폭이 큰 편입니다.
www.c21stores.com	이월상품 위주의 패션아울렛입니다. 종류가 카테고리별로 많진 않지만 가격대가 많이 저렴합니다.
www.macys.com	배대지를 통한 직구는 캔슬이 잘 되는 편이고 까다롭지만 인기 패션브랜드 상품을 저렴하게 판매합니다.

▶ 캘리포니아 NoTax와 겹치는 사이트 : www.c21stores.com

• 스포츠/골프/레저

대표 사이트 : www.eastbay.com

www.golfsmith.com	골프용품 전문사이트로 미국 골프 관련 사이트중엔 가장 할인폭이 좋고 신뢰도 우수합니다.
www.newbalance.com	뉴발란스 미국 홈페이지로 일반 상품보단 직접 신발을 원하는대로 커스터마이징할 수 있다는 장점이 있습니다.
www.oakelyvolt.com	스포츠용품 브랜드 오클리의 아울렛 버전, 선글라스 고글 등을 저렴하게 구매할 수 있습니다.
www.underamour.com	언더아머 미국 공식 홈페이지입니다. 아울렛 코너가 별도로 있어 항시 저렴하게 언더아머 제품을 구매할 수 있습니다.

• 백화점/아울렛 대표 사이트 **Nordstrom**

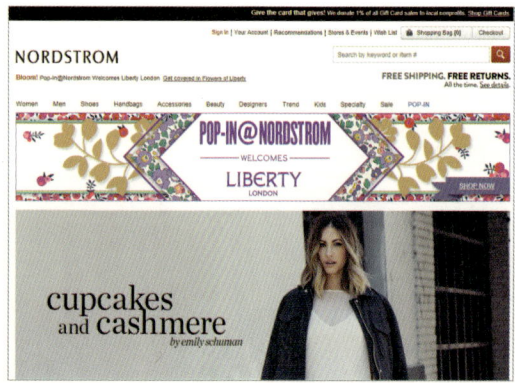

• 스포츠/골프/레저 대표 사이트 **Eastbay**

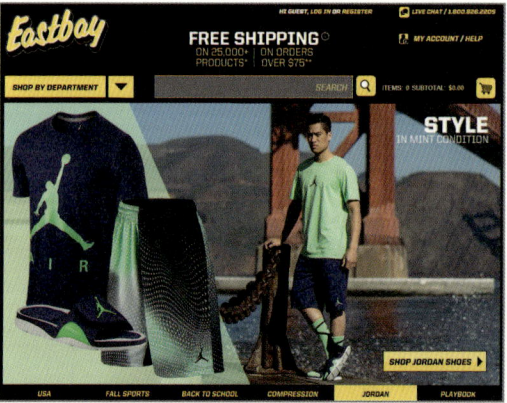

• 명품/선글라스/디자이너의류 및 신발

대표 사이트 : www.gilt.com

www.ruelala.com	프라이빗 명품 핫딜 사이트이며 여성 위주 카테고리에 좀 더 특화되어 있습니다.
www.myhabit.com	아마존에서 만든 프라이빗 명품 핫딜 사이트로 아마존 계정이 있으면 회원가입 없이 이용 가능합니다.
www.ideeli.com	편집샵에 가까운 핫딜 사이트로 상품의 종류와 가격대가 다양하고 디자이너 브랜드 상품이 많아 스타일링 참고하기에 좋습니다.
www.lastcall.com	미국 명품 백화점 니만마커스의 아울렛사이트로 상품 회전이 빠른 편이라 핫딜 사이트에 가깝습니다.
www.zulily.com	유아 제품과 미시제품을 저렴하게 구매할 수 있는 미시 특화 핫딜 사이트입니다.
www.shopbop.com	일정 금액 이상 구매 시 한국으로 무료 직배송을 지원! 가장 많이 알려진 패션 편집샵 직구사이트입니다.
www.bluefly.com	명품 및 디자이너 브랜드 제품 전문 할인사이트입니다. 특정상품의 할인율이 매우 큰편이며 대중적인 브랜드를 많이 취급합니다.
www.ssense.com	명품 및 디자이너 브랜드 제품 전문 할인사이트이며 유니크한 디자이너브랜드 제품이 많아서 패셔니스트들이 즐겨 이용하는 사이트입니다.
www.yoox.com	한국어와 원화(KRW)를 지원하는 명품 편집샵이며, 같은 상품도 한국어 사이트로 접속했을 때와 미국 사이트의 가격이 달라서 비교해보고 구매하는 것이 좋습니다.

▶ 캘리포니아 NoTax와 겹치는 사이트 : www.ruelala.com, www.ideeli.com, www.zulily.com, www.ssense.com

• 명품/잡화 대표 사이트 Gift

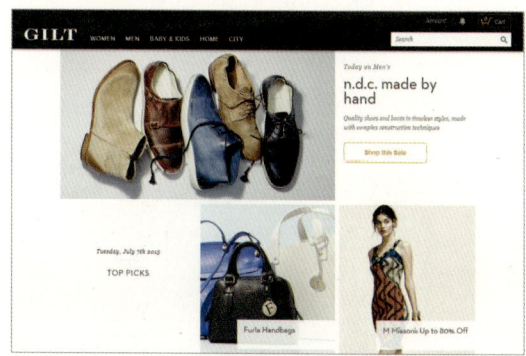

• Shopbop

• 시계

대표 사이트 : www.jomashop.com

www.ashford.com	상품의 종류가 다른 사이트보다 많진 않지만 한국까지 저렴하게 국제 배송을 해주고 한국어도 지원하고 있습니다.
www.worldofwatches.com	시계 할인 전문사이트로 특정 상품의 핫딜 할인율이 좋은 편입니다.
www.areatrend.com	시계의 종류가 다양하고 시계뿐만 아니라 선글라스도 저렴하게 구매할 수 있습니다.

▶ 캘리포니아 NoTax와 겹치는 사이트 : www.ashford.com, www.areatrend.com

• 브랜드 의류

대표 사이트 : www.ralphlauren.com

www.gap.com	갭 미국 홈페이지이며 365일 중 360일은 세일한다고 봐도 무방할 정도로 거의 매일 25~40% 세일을 진행하며, 주로 할인코드를 통해 할인받는 형태의 프로모션을 진행합니다.
www.lacoste.com/us	라코스테 미국 홈페이지로 라코스테는 국내에도 진출해 있어 평소엔 크게 메리트가 없으나 가끔 50% 이상의 세일 이벤트를 진행하는데, 이때 직구하면 저렴하게 구매할 수 있습니다.
www.theory.com	띠어리 미국 홈페이지이며 할인율이 높아 띠어리 제품을 좋아하는 분들에겐 매우 유용합니다.
www.clubmonaco.com	클럽모나코 미국 홈페이지, 할인율이 높아 클럽모나코를 좋아하는 분들에겐 매우 유용합니다.
www.victoriassecret.com	빅토리아 시크릿 미국 홈페이지로 다양한 세일 이벤트를 진행하며 속옷도 많이 구매하지만, 연예인들이 빅토리아 시크릿의 바디용품을 애용하는 게 알려지면서 직구하는 분들이 급증했습니다.

• 시계 대표 사이트 Jamashop

• 브랜드 의류 대표 사이트 Ralph Lauren

• 신발

대표 사이트 : www.6pm.com

www.joesnewbalanceoutlet.com	뉴발란스 이월상품 할인사이트로 특히 데일리딜이라고 하여 신발, 의류 등 매일 한 상품씩 초특가에 판매합니다.
www.finishline.com	나이키 신발 직구할 때 유용한 사이트로 매월 일정 금액 이상 구매시 할인되는 할인코드가 발급됩니다.
www.footlocker.com	나이키, 조던 신발 할인사이트이며 오프라인 매장도 진출해있는 국내에도 친숙한 멀티샵 브랜드 입니다. 매월 일정 금액 이상 구매시 할인되는 할인코드가 발급됩니다.
www.shoemetro.com	운동화, 캐주얼화, 구두 등 다양한 신발 브랜드 제품을 할인판매하며 특히 코치 제품을 저렴하게 직구할 수 있는 사이트입니다.
www.jimmyjazz.com	나이키, 조던 신발, 아디다스, 뉴에라 등 스트릿패션 신발이나 의류 등의 아이템을 할인판매합니다. 젊은 층을 겨냥한 유니크한 아이템이 많이 있습니다.
www.uggaustralia.com	어그 전문 할인사이트로. 신상품부터 이월상품까지 다양한 어그 제품을 저렴하게 구매할 수 있습니다.

▶ 캘리포니아 NoTax와 겹치는 사이트 : www.jimmyjazz.com

• 신발 대표 사이트 6pm

• Foot Locker

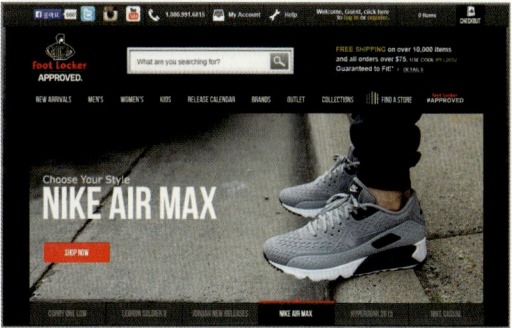

• Shoemetro

• Jimmy Jazz

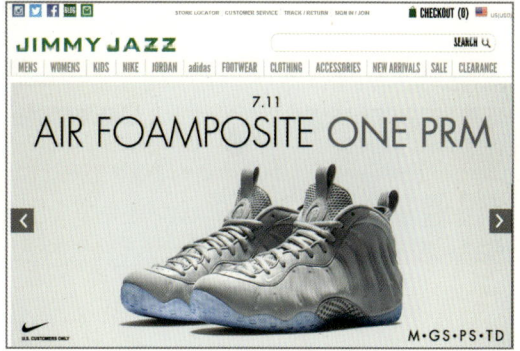

• 아웃도어/캠핑

대표 사이트 : www.backcountry.com

www.moosejaw.com	아웃도어용품 전문 사이트로 캐나다 구스와 소렐 등 특히 겨울용 방한 제품을 저렴하게 판매합니다.
www.sunnysports.com	아웃도어용품 전문 사이트이며 특히 세일 이벤트를 거의 하지 않는 곳으로 유명한데, 그만큼 기본 판매가격이 상당히 저렴합니다.
www.sierratradingpost.com	원화(KRW) 보기를 지원하며 한국까지 유료 직배송도 가능한 아웃도어 전문 할인사이트입니다.
www.rei.com	아웃도어용품 할인 사이트이며 특히 자전거 및 자전거용품 직구 시 많이 찾는 사이트입니다.
www.basspro.com	낚시용품 전문 사이트이며 낚시용품뿐만 아니라 다양한 아웃도어, 캠핑용품을 저렴하게 구매할 수 있습니다. 전문가용 제품들이 많습니다.

▶ 캘리포니아 NoTax와 겹치는 사이트 : www.moosejaw.com

• 아웃도어용품 대표 사이트 Backcountry

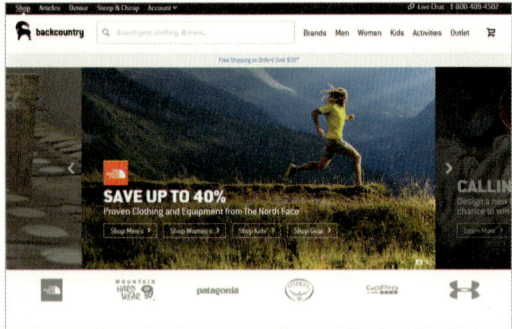

• Moosejaw

• Sunnysports

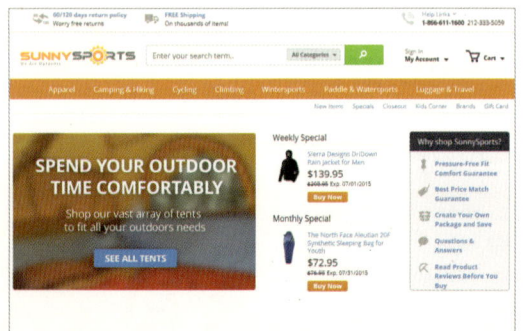

• Sierra

유아

대표 사이트 : www.diapers.com

www.gymboree.com	글로벌 육아 교육 전문프로그램 짐보리에서 만든 의류브랜드로 명성만큼 우수한 품질과 저렴한 가격을 자랑합니다.
www.carters.com	유아 의류 전문 브랜드이며 신생아부터 영유아 의류 및 신발을 저렴하게 판매합니다.
www.toysrus.com	장난감 전문 기업 토이저러스의 온라인샵이며 그야말로 장난감 천국과도 같은 곳입니다.
www.disneystore.com	디즈니상품 전용 온라인 사이트로 다양한 디즈니의 애니메이션 캐릭터나 마블 캐릭터 상품을 저렴하게 구매할 수 있습니다.
www.lego.com/en-us	레고 온라인샵으로 국내 판매가보다 더 저렴한 가격에 구매할 수 있습니다.

• 유아용품 대표 사이트 Diapers

• Gimboree

• Carters

• Toysrus

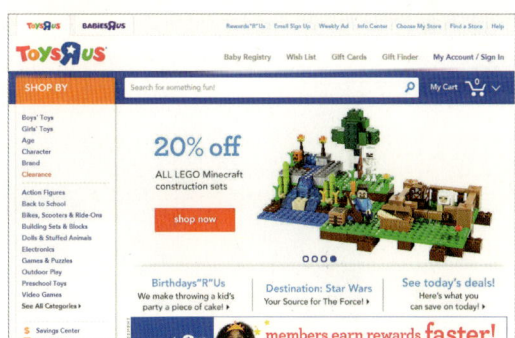

• TV / 전자제품

대표 사이트 : www.bestbuy.com

www.dell.com/us	델 온라인 지원센터로 델 상품보다 삼성이나 LG TV를 저렴하게 직구할 수 있는 것으로 더 유명합니다.
www.adorama.com	전자제품 할인 사이트로 대부분의 전자제품을 취급하지만 특히 카메라, 캠코더 등 영상 전문 제품에 특화되어 있는 쇼핑몰입니다.
www.macmall.com	애플 전문 리셀러 사이트입니다. 신상품뿐만 아니라 애플 공식 홈페이지에서 판매하지 않는 지난 상품을 저렴하게 구매할 수 있습니다.
www.newegg.com	전자제품 전문 사이트로 대부분의 제품을 취급하지만 특히 PC 관련 부품이나 액세서리에 특화되어 있습니다.

• 종합

대표 사이트 : www.amazon.com

www.ebay.com	경매 형태의 중고거래 사이트였으나 현재는 아마존과 같이 수많은 판매자들이 새 상품을 판매하는 오픈 마켓의 형태로 운영되고 있습니다. 기본 포맷인 경매나 중고거래 역시 활발합니다.
www.smartbargains.com	종합사이트이긴 하지만 패션 관련 제품이나 홈데코 상품 위주이며 핸드백이나 시계, 선글라스 등 패션잡화 상품을 저렴하게 구매할 수 있습니다.
www.overstock.com	모든 제품을 직접 관리하고 배송하는 종합사이트로 특히 타미제품을 저렴하게 구매할 수 있습니다.
www.rakuten.com	라쿠텐의 미국 버전입니다. 라쿠텐의 명성에 걸맞게 상품의 종류가 방대하고 가격이 저렴한 편입니다.

▶ 캘리포니아 NoTax와 겹치는 사이트 : www.overstock.com

• 가전제품 대표 사이트 Bestbuy

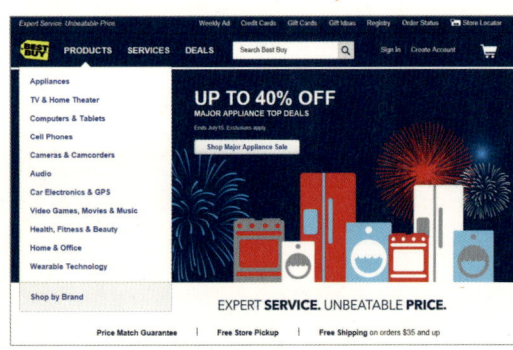

• 종합쇼핑몰 대표 사이트 amazon

기타

대표 사이트 : www.villeroy-boch.com

www.pandoramoa.com	판도라 미국 홈페이지이며 국내 백화점이나 시중판매가 가격이 더 저렴합니다.
www.swarovski.com/Web_US	스와로브스키 미국 홈페이지입니다. 국내 백화점이나 시중 판매가보다 가격이 더 저렴합니다.
www.thinkgeek.com	어른들의 놀이터라 불리는 어덜트용 장난감이나 독특한 놀이용 아이템을 판매하는 사이트입니다.
www.visiondirect.com	아큐브, 바슈롬 등 렌즈를 저렴하게 구매할 수 있는 사이트로 한국으로 직배송만 가능합니다.
www.woodwick.com	자작나무 심지로 유명한 아로마향초 브랜드 우드윅의 미국 공식 홈페이지입니다. 우드윅캔들을 저렴하게 구매할 수 있습니다.
http://shop.illy.com	커피브랜드 일리 미국 홈페이지로 까사프로그램을 이용하면 커피를 저렴하게 구매할 수 있고 에스프레소잔 등을 선물로 받을 수 있습니다.
www.godiva.com	벨기에산 명품 초콜릿 고디바의 미국 홈페이지입니다. 할인코드나 세일기간을 이용하면 저렴하게 고디바 초콜릿을 맛볼 수 있습니다.

▶ 캘리포니아 NoTax와 겹치는 사이트 : www.thinkgeek.com, www.woodwick.com

• Billeroy & Boch

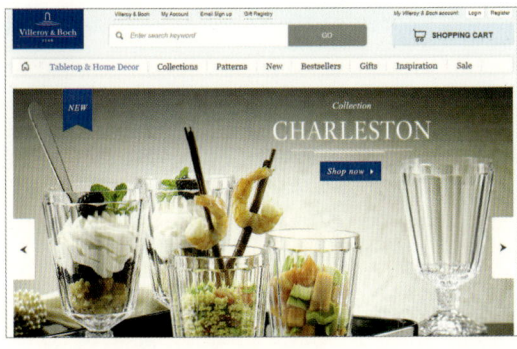

• Pandoramoa

• Swarovski

• Godiva

쫌~ 해본 사람만 아는 해외직구 노하우
할인부터 반품까지 똑똑하고 더 알차게 활용하자!

Level 02

해외직구 제대로 즐기기

Chapter 1_ 나에게 딱 맞는 US 사이즈는 뭘까?
Chapter 2_ 내가 산 상품은 어디에? 배송과정 추적하기
Chapter 3_ 어떤 사이트가 믿을 수 있을까?
Chapter 4_ 해외직구 베테랑 업그레이드 노하우
Chapter 5_ 쇼핑하면 진짜 돈 되는 캐시백의 세계
Chapter 6_ 취소와 반품이 진짜 실력이다
Chapter 7_ 아마존에서 쇼핑 200% 즐기기

Level 2 _해외직구 제대로 즐기기

Chapter I
나에게 딱 맞는 US 사이즈는 뭘까?

1. 신발 사이즈

• 미국 신발 사이즈 (성인용)

한국(mm)	미국(US)		유럽(EU)		영국(UK)	
	Men	Women	Men	Women	Men	Women
220	–	5	–	35	–	2.5
225	–	5.5	–	35.5	–	3
230	–	6	–	36	–	3.5
235	–	6.5	–	36.5	–	4
240	–	7	–	37	–	4.5
245	6.5	7.5	40	37.5	5.5	5
250	7	8	40.5	38	6	5.5
255	7.5	8.5	41	38.5	6.5	6
260	8	9	41.5	39	7	6.5
265	8.5	9.5	42	39.5	7.5	7
270	9	10	42.5	40	8	7.5
275	9.5	10.5	43	40.5	8.5	8
280	10	–	43.5	–	9	–
285	10.5	–	44	–	9.5	–
290	11	–	44.5	–	10	–
295	11.5	–	45	–	10.5	–
300	12	–	45.6	–	11	–

나이키, 조던, 뉴발란스, 아디다스 등 러닝화 또는 일반 캐주얼 신발에 적합한 사이즈표입니다. 구두나 가죽신발 혹은 등산화처럼 특징이 서로 다른 신발들은 사이즈가 조금씩 달라질 수 있는데 그 이유는 신발의 소재와 내부 쿠셔닝 때문입니다. 운동화는 내부의 쿠셔닝과 소재 때문에 더 안쪽으로 두꺼워지지만, 구두는 얇은 가죽으로만 이루어지다 보니 운동화에 비해 구두를 살 때는 한 치수 또는 반 치수 작은 사이즈로 사는 것을 추천합니다.

흔히 5 또는 0.5 단위를 반 사이즈라고 하는데 어떤 브랜드는 반 사이즈가 없는 경우도 있습니다.

예를 들어, 260mm 사이즈인 남성이 운동화를 살 땐 US 사이즈로는 8이지만, 구두를 살 땐 US 7.5, 반 사이즈가 없는 브랜드일 경우엔 US 7을 선택하면 됩니다.

유럽 브랜드도 아마존이나 6pm 등의 미국 사이트에서 저렴하게 직구가 가능합니다. 이런 브랜드들은 US 사이즈가 아닌 EU, UK로 표기되어 있기도 합니다. 위의 표에서 유럽, 영국 사이즈를 참고하세요.

• 미국 신발 사이즈 (GS)

한국(mm)	미국(US) GS	유럽(EU) GS	영국(UK) GS
220	3.5Y	35.5	3
225	4Y	36	3.5
230	4.5Y	36.5	4
235	5Y	37.5	4.5
240	5.5Y	38	5
245	6Y	38.5	5.5
250	6.5Y	39	6
255	7Y	40	6

이것은 초등학생에서 중학생 정도 (Grade School)가 신는 GS 사이즈 표입니다. 흔히 조던이나 나이키 신발을 직구할 때 참고하는 사이즈이며, 대게 발이 작은 남성이나 일반 여성들이 GS 사이즈로 선택합니다.

• 미국 신발 사이즈 (PS)

한국(mm)	미국(US) PS	유럽(EU) PS	영국(UK) PS
165	10.5Y	27.5	10
170	11Y	28	10.5
175	11.5Y	28.5	11
180	12Y	29.5	11.5
185	12.5Y	30	12
190	13Y	31	12.5
195	13.5Y	31.5	13
200	1Y	32	13.5
205	1.5Y	33	1
210	2Y	33.5	1.5
215	2.5Y	34	2
220	3Y	35	2.5

이것은 미취학 아동(Pre School)이 신는 PS 사이즈표입니다. 220mm 이하의 발이 작은 성인 여성분들에게도 해당됩니다. 한 가지 참고할 사항은 조던 신발의 경우 PS 이하는 성인용과 모양도 다르고 기능도 많이 빠져 있습니다.

Level 2 _해외직구 제대로 즐기기

• 미국 신발 사이즈 (TD)

한국(mm)	미국(US) TD	유럽(EU) TD	영국(UK) TD
80	2	17	1.5
85	2.5	18	2
90	3	18.5	2.5
95	3.5	19	3
100	4	19.5	3.5
105	4.5	20	4
110	5	21	4.5
115	5.5	21.5	5
120	6	22	5.5
125	6.5	22.5	6
130	7	23.5	6.5
135	7.5	24	7
140	8	25	7.5
145	8.5	25.5	8
150	9	26	8.5
155	9.5	26.5	9
160	10	27	9.5

걸음마를 배우는 유아용(Toddler) TD 사이즈표입니다.

2. 남녀 의류 사이즈

• 남성 의류 사이즈

한국	미국(US)	유럽(EU)	영국(UK)
90~95	S	46	1
95~100	M	48	2
100~105	L	50	3
105~110	XL	52	4
110~	XXL	54	5

• 여성 의류 사이즈

한국		미국(US)		유럽(EU)	영국(UK)
44	85	0	XS	34	4~6
55	90	2~4	S	36	8~10
66	95	6~8	M	38	10~12
77	100	10~12	L	40	14~16
88	105	14~16	XL	42	18~20

의류의 경우엔 브랜드, 종류, 핏에 따라 다양하게 나누어지기 때문에 위 표는 단순 참고용으로만 활용하시는 것이 좋습니다. 해당 브랜드에서 제공하는 사이즈표 또는 제품 스펙에서 알려주는 길이 등을 통해 직접 본인에게 어울리는 사이즈로 구매하길 권합니다.

3. 폴로/타미 카라티 사이즈

• 폴로 여성 폴로셔츠 사이즈

한국	미국(US)	CHEST(가슴둘레)		WAIST(허리)		LOW-RISE-WAIST(골반)		HIP(엉덩이)	
		인치(in)	센티(cm)	인치(in)	센티(cm)	인치(in)	센티(cm)	인치(in)	센티(cm)
SX	0	32″	81.28	25″	63.5	28 1/2″	72.39	34 1/2″	87.63
	2	33″	83.82	26″	66.04	29 1/2″	74.93	35 1/2″	90.17
S	4	34″	86.36	27″	68.58	30 1/2″	77.47	36 1/2″	92.71
	6	35″	88.9	28″	71.12	31 1/2″	80.01	37 1/2″	95.25
M	8	36″	91.44	29″	73.66	32 1/2″	82.55	38 1/2″	97.79
	10	37″	93.98	30″	76.2	33 1/2″	85.09	39 1/2″	100.33
L	12	38.5″	97.79	21 1/2″	80.01	35″	88.9	41″	104.14
	14	40″	101.6	33″	83.82	36 1/2″	92.71	42 1/2″	107.95
XL	16″	42″	106.68	35″	88.9	38 1/2″	97.79	44 1/2″	113.03
	18″	44″	111.76	37″	93.98	40 1/2″	102.87	46 1/2″	118.11

• 폴로 남성 폴로셔츠 사이즈

한국	미국(US)	CHEST(가슴둘레)		NECK(목)		SLEEVE(소매)		WAIST(허리)	
		인치(in)	센티(cm)	인치(in)	센티(cm)	인치(in)	센티(cm)	인치(in)	센티(cm)
S	S	34~36″	86.4~91.4	14~14 1/2″	35.6~36.8	32~33″	81.3~83.8	28~30″	71.12~76.2
M	M	38~40″	96.5~101.6	15~15 1/2″	38.1~39.4	33~34″	83.8~86.4	31~34″	78.7~86.4
L	L	42~44″	106.7~111.8	16~16 1/2″	40.6~41.9	34~45″	86.4~89	35~38″	89~96.5
XL	XL	46~48″	116.8~121.9	17~17 1/2″	43.2~44.5	35~36″	89~91.4	40~42″	101.6~106.7
XXL	XXL	50~52″	127~132.1	18~18 1/2″	45.7~47	36~37″	91.4~94	43~45″	109.2~114.3

남성 폴로 카라티의 경우엔 세 가지 종류가 있습니다.

정통 아메리칸 스타일이 클래시핏과, 조금 슬림하면서 한국인의 체형에 적당한 커스텀핏, 그리고 슬림핏까지. 그런데 클래식핏은 한국인의 평균적인 체형과는 사실 거의 맞지 않습니다. 아무래도 미국 브랜드인 폴로는 미국인들의 체형에 맞게 나왔기 때문에 기본적으로 '통'이 넓은 편이니 클래식핏 기준으로 한 치수 낮은 커스텀핏과 슬림핏으로 구매하면 가장 무난하게 입을 수 있습니다.

위는 폴로 공식홈페이지에서 발췌한 카라티 사이즈 팁으로써 클래식핏을 기준으로 소매와 하단, 허리 등이 커스텀핏과 슬림핏으로 갈수록 어느 정도 줄어드는지 알려주는 자료입니다.

우선 소매 길이는 커스텀이 클래식보다 1과 1/2만큼 더 짧은데 cm로 따지면 약 4cm 정도입니다.

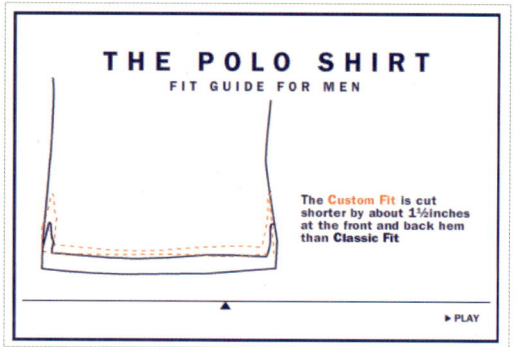 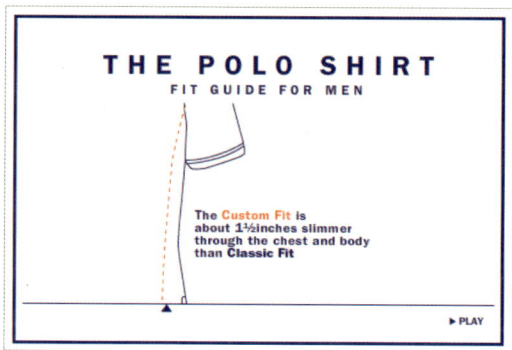

하단길이와 허리라인 역시 커스텀이 클래식보다 1과 1/2만큼 더 줄어듭니다.

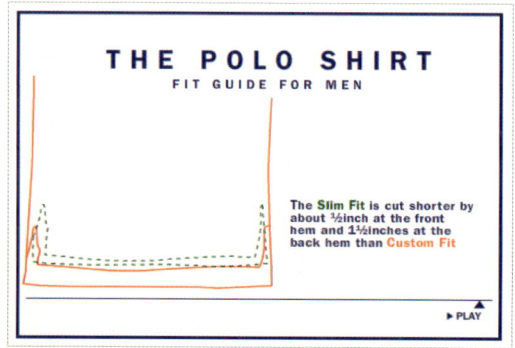 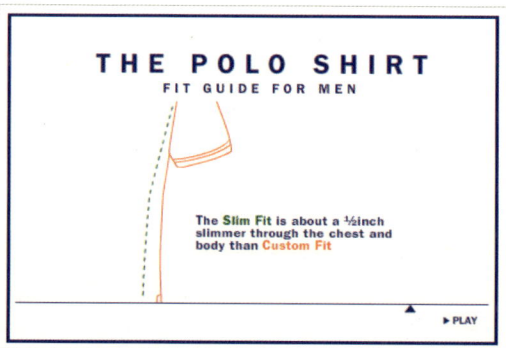

슬림핏은 커스텀에 비해 1과 1/2만큼 각각 하단과 허리라인이 줄어듭니다.

4. 빅시 속옷사이즈 측정방법

• 빅토리아시크릿 브라 사이즈

밑가슴둘레(Inch)	가슴둘레(Inch)	한국	미국(US)
65	70~73	65A	30AA
	74~76	65B	30A
	77~79	65C	30B
	79~81	65D	30C
	81~83	65DD	30D
70	79~81	70A	32AA
	82~84	70B	32A
	84~86	70C	32B
	86~88	70D	32C
	89~91	70DD	32D
75	83~86	75A	34AA
	87~89	75B	34A
	89~91	75C	34B
	91~93	75D	34C
	93~95	75DD	34D
80	89~91	80A	36AA
	92~94	80B	36A
	94~96	80C	36B
	96~98	80D	36C
	98~100	80DD	36D
85	94~96	85A	38AA
	97~99	85B	38A
	99~101	85C	38B
	101~103	85D	38C
	103~105	85DD	38D
90	99~101	90A	40AA
	102~104	90B	40A
	104~106	90C	40B
	106~108	90D	40C
	108~110	90DD	40D

빅토리아시크릿 브랜드를 줄여서 흔히 '빅시'라고 부릅니다. 일반 브라는 위 표를 참고하시고, 스포츠 브라나 푸쉬업 브라는 컵사이즈 기준으로 한 치수 크게 구매하는 것을 추천합니다.

• 빅토리아시크릿 팬티 사이즈

밑가슴둘레(Inch)	미국(US)	WAIS(허리)	HIP(엉덩이)
90	XS	24~25	34.5~35.5
95	S	26~27	36.5~37.5
100	M	28~29.5	38.5~40
105	L	31~32.5	41.5~43
110	XL	34.5	45

속옷 하의는 한국 사이즈와 거의 동일합니다.

5. 유아의류 사이즈 보는 법

• 유아 의류 사이즈

나이	신장(cm)	몸무게(kg)	유아복 사이즈	아동복 사이즈	미국 사이즈
신생아	~55cm	3~9kg	60	-	0~3M
3~6month	55~65cm	6~8kg	70	-	3~6M
6~9month	65~70cm	8~9kg	70	-	6~9M
9~12month	70~75cm	9~10kg	80	-	9~12M
12~18month	75~80cm	10~12kg	90	3	12~18M
18~24month	80~85cm	10~12kg	100	3	18~24M
2~3세	85~90cm	12~13kg	100	3	2T
3~4세	90~100cm	13~15kg	110	5	3T
4~5세	100~105cm	14~17kg	120	7	4T
5~6세	105~112cm	17~20kg	130	9	5T
6~7세	112~118cm	20~22kg	140	11	6T
7~8세	118~122cm	22~25kg	150	13	7T
8~10세	122~133cm	25~28kg	160	13~15	8T

유아 의류의 경우엔 미국 아기가 한국 아기의 체형보다 오히려 작은 편이라 해외직구 시엔 한 치수 크게 구입하는 것이 좋습니다. 예를 들어 미국 사이즈 2T는 한국 사이즈로는 18~24개월 정도의 사이즈라고 생각하면 됩니다.

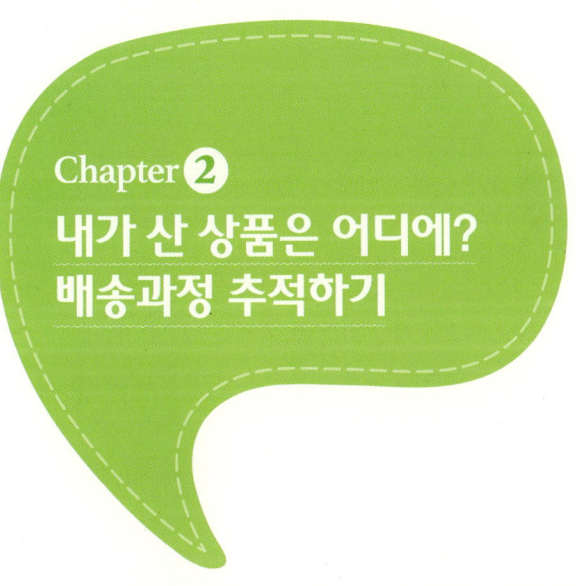

Chapter 2
내가 산 상품은 어디에? 배송과정 추적하기

1. 미국 택배사 조회방법(해외사이트에서 배대지까지)

대부분의 해외사이트에선 배송이 시작되면 이메일로 배송이 시작되었음을 알리는 메일을 보내주고 메일 내용 안에는 트래킹 넘버 정보도 포함되어 있는데 해당 사이트의 오더 내역 메뉴를 통해서도 트래킹 넘버 정보를 확인할 수 있습니다.

또한 아마존을 비롯한 일부 해외 쇼핑몰에선 사이트 자체적으로 택배 조회 시스템까지 제공하고 있습니다. 쇼핑몰에서 제공해주는 택배 조회 화면은 택배사에서 제공하는 정보를 그대로 가져오는 것이다 보니 업데이트가 늦기도 하고 정보를 보여주는 정도가 제한적일 수밖에 없습니다.

따라서 택배를 담당하는 해당 택배사 홈페이지에서 직접 조회하는 것이 가장 정확합니다.

미국 직구의 경우 해외사이트에서 가장 많이 사용하는 택배사는 UPS, FEDEX, USPS입니다.

1) UPS(www.ups.com)

미국 우정공사인 USPS를 제외하고 미국에서 가장 많이 이용되는 배송업체입니다. '1Z'로 시작하는 트래킹 넘버는 모두 UPS 택배이며 배송상태, 도착예정일, 이동경로 등을 확인할 수 있습니다.

2) FEDEX(www.fedex.com)

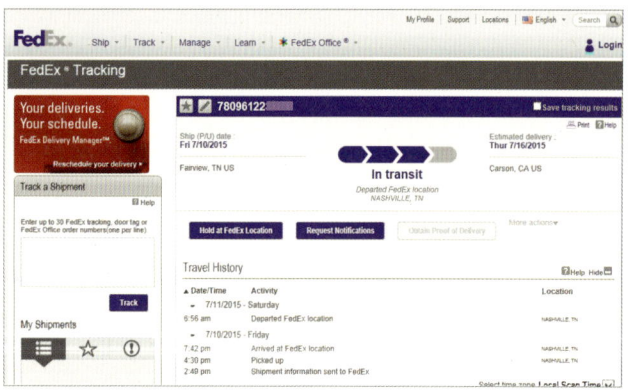

국제 택배기업으로 항공운송에 있어선 UPS보다 선두인 기업입니다.
10자리, 12자리, 15자리의 번호형식이며 홈페이지를 통해 배송상태, 예상배송일, 이동경로 등을 확인할 수 있습니다.

3) USPS(www.usps.com)

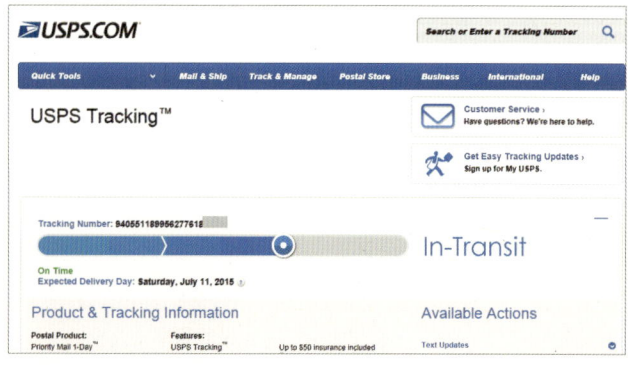

미국 우정공사로 한국의 우체국과 같은 역할을 합니다. 배송비가 저렴해서 아마존이나 이베이의 많은 개별 판매자들이 사용하고 있고 20자리 이상의 번호형식을 가지고 있습니다. 배송비가 저렴한 반면에 배송이 오래 걸리고 UPS나 FEDEX에 비해 상대적으로 택배사고도 자주 발생하는 편입니다.

4) DHL(www.dhl.com)

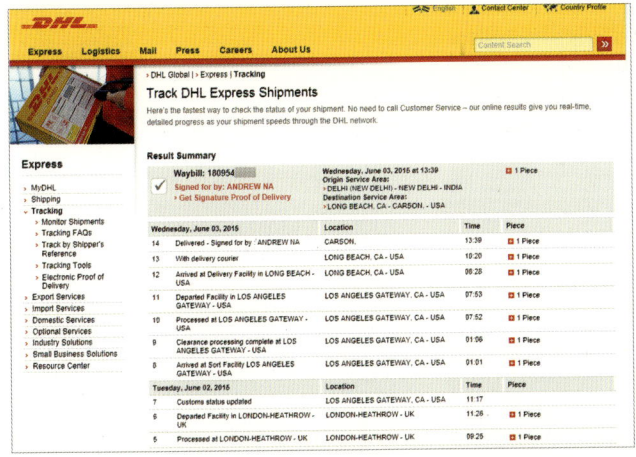

미국 내 택배로는 거의 이용되지 않고 한국으로 직배송이 가능한 사이트들에서 많이 사용합니다. 9자리, 10자리 번호형식을 갖고 있습니다. 직배송의 경우엔 택배사에서 수령인의 주민등록번호나 개인통관고유부호 등을 요구하기도 하는데 이메일 또는 전화 등으로 연락이 오면 반드시 알려주어야 배송 및 통관이 가능합니다.

5) Packagetrackr(www.packagetrackr.com)

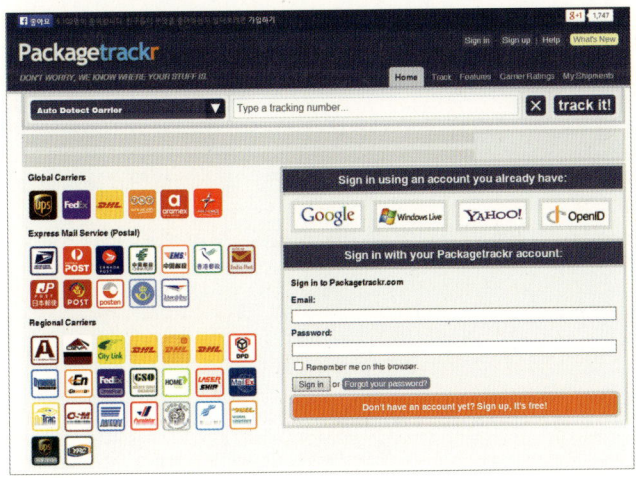

가장 많은 운송사가 등록되어 있는 배송통합 조회사이트입니다.
상단에 트래킹 넘버만 입력하고 **Track it**을 클릭하면 간편하게 조회가 되고, 트래킹 넘버에 해당하는 택배사가 어디인지도 알 수 있습니다.

6) 17TRACK(www.17track.net)

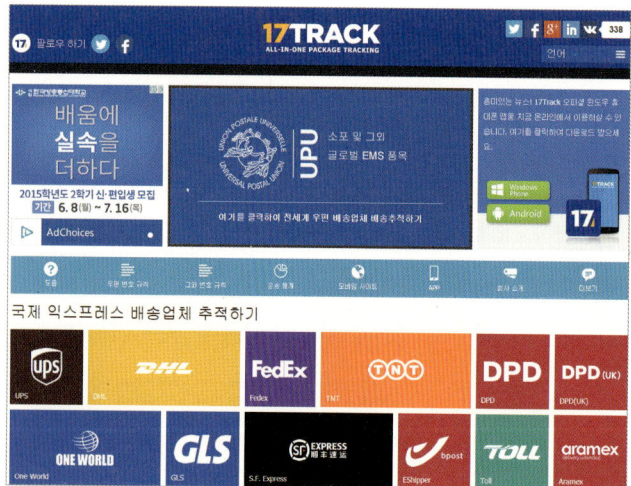

위의 Packagetrackr와 같은 배송통합 조회사이트입니다.

특히 해외 각지에서 배송되는 글로벌 EMS 품목에 대해 간단하게 조회할 수 있고, 각 택배사의 번호 형식이 어떻게 되는지 파악할 수 있습니다.

2. CJ 국제 특송 조회(배대지에서 통관까지)

미국 배송대행업체에서 CJ택배를 이용하는 경우라면 배대지 출고시점부터 한국에 들어오기까지의 과정을 조회할 수 있습니다. 이것은 CJ가 미국에 진출해 있기 때문에 가능한 것이며, 배송대행업체에서 우체국 택배를 이용할 경우 배대지에서 출고가 되어도 국내에 반입되어 통관이 완료된 후 우체국 택배에서 수거를 해야만 조회가 가능합니다.

• CJ 국제 특송 조회 홈페이지
(https://www.doortodoor.co.kr/international/in_003.jsp)

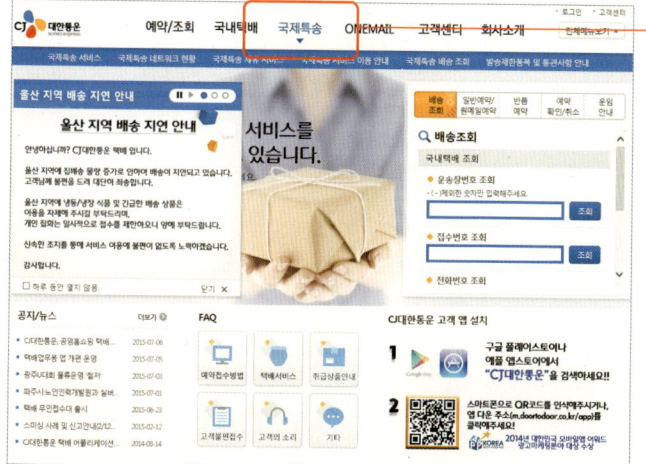

CJ택배를 이용하는 배송대행업체에서 출고가 진행되어 국내 운송장번호를 업데이트 해주면 CJ대한통운 홈페이지로 접속한 후 국제특송 – 국제특송 배송조회 메뉴에서 확인할 수 있습니다.

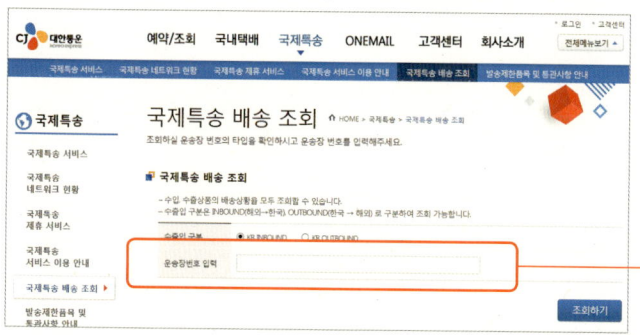

KR INBOUND에 체크되어 있는 상태에서 국내 택배번호를 입력한 후 조회하기 버튼을 누르면 배대지 출고에서부터 흐름을 확인할 수 있습니다.

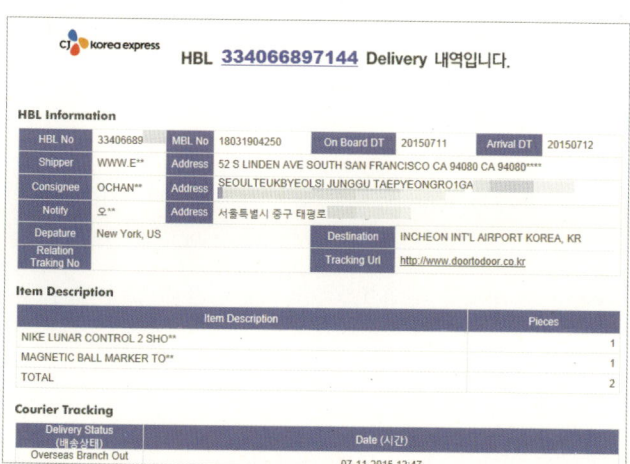

3. 유니패스 조회(통관 과정 조회)

유니패스는 관세청에서 만든 전자통관시스템입니다. 해외직구한 상품이 국내 반입된 이후부터 통관이 완료되어 국내 택배사에 수거되기 직전까지의 과정을 확인할 수 있습니다.

다시 말해 유니패스를 통한 통관과정은 국내 반입이 된 후부터 조회가 가능합니다. 배대지에서 출고된 직후엔 아직 한국에 반입되기 전이니 항공운송의 시간을 고려해서 출고된 다음 날 정도에 조회해야 하고, 직배송 시에는 스스로 국제배송 과정을 확인한 후 국내 반입된 시점에서부터 조회할 수 있습니다.

• **관세청 전자통관 시스템 유니패스**
(http://portal.customs.go.kr/main.html)

유니패스 홈페이지에 접속한 후 조회서비스 - 수입화물통관진행 메뉴로 들어갑니다.

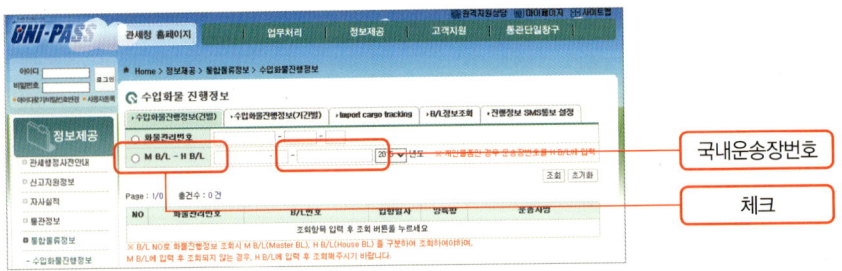

M B/L - H B/L 에 체크하고 2개의 입력칸 중 두 번째에 국내운송장번호를 입력한 후 조회버튼을 누릅니다.

Chapter 2 _ 내가 산 상품은 어디에? 배송과정 추적하기

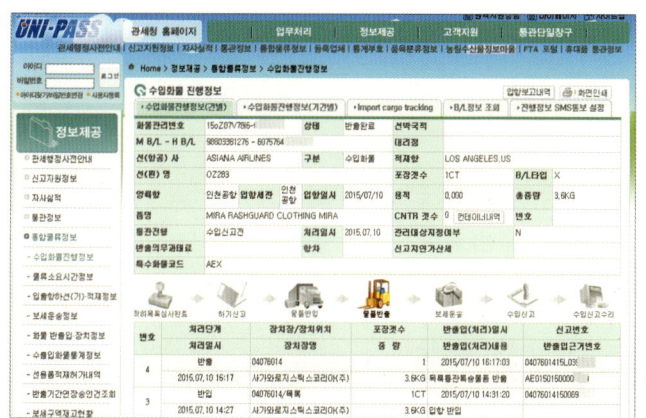

현재 통관 진행상황을 확인할 수 있습니다.

해외직구 필수 용어

- **적하목록심사** : 국내 반입되기 전에 관세사에서 세관에 제출하는 것으로, 어떤 물건들이 비행기에 적재되어 있는지 목록을 신고하는 과정입니다. '적하목록 심사완료'라는 것은 수입이 가능한 품목으로 확인되었다는 의미입니다.
- **하기신고** : 국내에 도착하여 물건을 내리는 과정입니다.
- **수입신고** : 물건을 내리는 것과 동시에 관세사에서 세관에 제출하는 것으로 적하목록 심사에서 불합격된 상품을 제외하고 실제 반입되는 목록으로 신고하는 것을 말합니다.
수입신고는 배송대행업체에 고객이 작성했던 수입신고서가 그대로 제출되며 바로 이 단계에서 세금대상은 고객에게 통보합니다. 즉 수입신고 과정이 실질적인 통관을 진행하는 단계라고 볼 수 있습니다.
세금 대상인 경우엔 수취인에게 통보되고 주민등록번호 또는 통관고유부호가 오류이거나, 수입신고서에 문제가 있을 경우 이 단계에서 정정신고를 진행합니다. 200달러 미만의 목록통관 허용상품이고 수입신고서에 특별한 문제가 없는 한 이 수입신고 단계가 없습니다.
- **반입** : 세관에서 지정한 창고(특송장)에 쌓이는 과정으로 반출되기 직전까지 보관됩니다.
- **반출** : 통관이 완료되면 국내 택배사에서 수거하는 과정으로, 반출 이후에 국내 택배 조회가 가능합니다.

4. 국내 택배 조회(국내 택배사와 화물배송)

모든 택배사는 취급 가능한 규격이 정해져 있습니다.

국내 택배사는 동일한 규격으로 적용되어 있는데 60파운드 미만의 중량화물, 가로×세로×높이의 합이 63인치 이하, 가장 긴 쪽이 40인치 이하여야만 국내 택배로 배송이 가능합니다.

통관이 완료되어 반출되면 최초 국내 택배사에서 수거를 하지만 위의 규격을 초과할 경우엔 '택배' 배송이 아닌 '화물'로 분류되어 지정된 화물 배송사에서 배송을 진행합니다. 화물 배송은 최종 수령 지역의 거리에 따라 실비 정산을 하며, 거리에 따라 다르지만 대략 5천 원에서부터 5만 원 정도의 요금이 추가됩니다.

화물 배송으로 이관될 경우엔 택배번호가 달라질 수 있는 데 본인의 물건이 위 규격을 초과한다고 판단되거나, 통관이 완료되었는데도 택배조회가 되지 않을 땐 유니패스 조회시 확인되는 담당 관세사로 연락하면 화물배송 이관여부와 새로 부여된 택배번호를 확인할 수 있습니다.

Chapter 3
어떤 사이트가 믿을 수 있을까?

1. 해외사이트 검증

이미 알려져 있거나 해외직구족이 자주 이용하는 사이트가 아닌 생소한 사이트인 경우에는 반드시 믿을 수 있는 사이트인지를 확인해봐야 합니다. 아래에 소개하는 2가지 사이트는 해외 쇼핑몰의 신뢰도를 파악할 수 있는 사이트입니다. 100% 신뢰할 순 없지만 그래도 해외직구를 하고 싶은 상품이 있고 그 상품을 판매하는 사이트가 평소에 잘 보지 못한 생소한 해외 사이트라면 한 번쯤 참고할 만한 가치는 분명히 있습니다.

1) 스캠어드바이저(www.scamadviser.com)

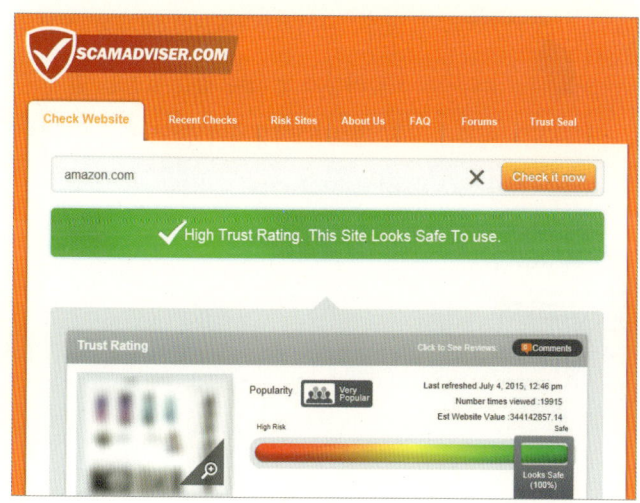

믿을 만한 곳인 경우

쇼핑몰의 설립연도, 회사의 위치, 서버 위치, 도메인을 구입한 이후 사용된 기간 등을 파악할 수 있으며 상단에 쇼핑몰 URL을 입력하면 간단히 조회할 수 있습니다.

오른쪽(녹색)으로 갈수록 안전하며, 반대로 왼쪽(빨간색)으로 갈수록 신뢰도가 떨어진다는 의미입니다.

Leval ❷ _해외직구 제대로 즐기기

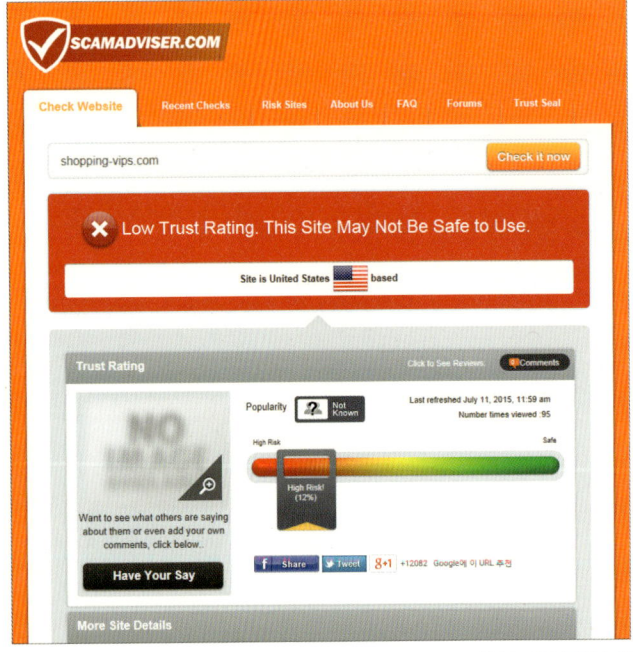

의심스러운 곳인 경우

2) 트러스트파일럿(www.Trustpilot.com)

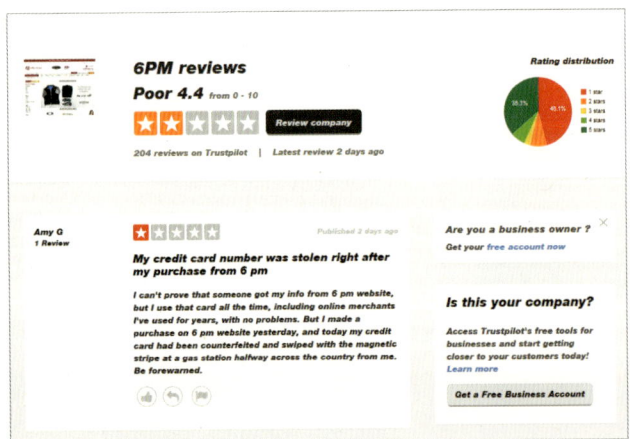

사용자의 리뷰를 토대로 평점이 부여되는 방식으로 단순히 평점의 수치보단 리뷰가 얼마나 있는지 등을 함께 검토해보면 이용자가 많고 적음을 파악할 수 있습니다.

2. 아마존 판매자 검증 방법

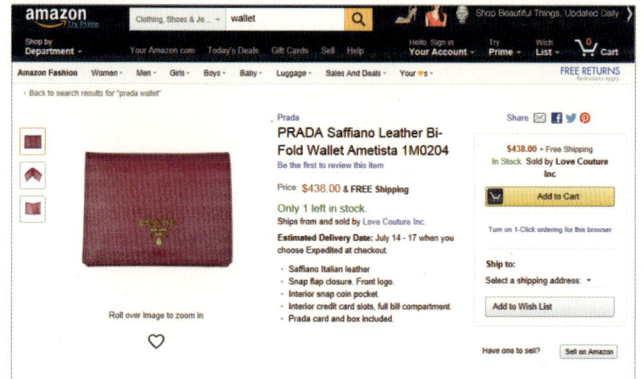

아마존은 아마존이 자체 관리하고 배송하는 상품들도 있지만 수많은 판매자가 활동하는 오픈마켓이기 때문에 판매자가 믿을 수 있고 정품을 판매하는지, 배송사고가 잦지는 않은지 등을 체크해보는 것이 좋습니다.

상품 상세페이지에 sold by 뒤의 파란색 글씨가 바로 판매자이며, 이것을 클릭하면 판매자의 정보를 확인할 수 있습니다.

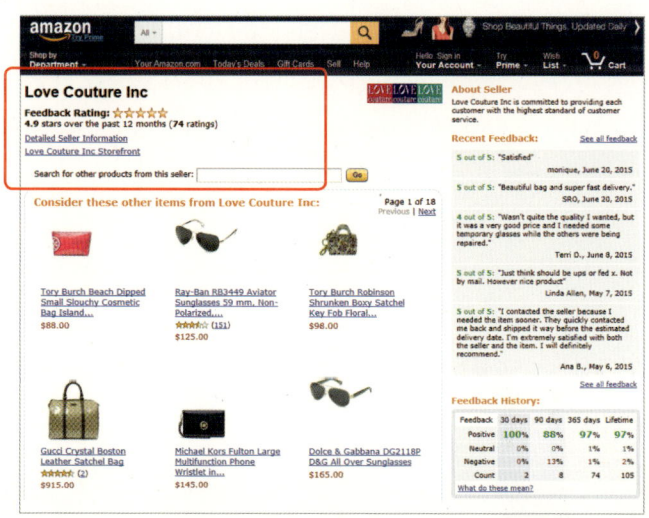

위 상품의 판매자를 예로 들면 최근 1년간 74개의 평점이 있었고, 5점 만점 중 4.9점을 받았으며 최근 리뷰의 내용이 좋은 편으로 종합적으로 판단했을 때 믿을 수 있는 판매자임을 알 수 있습니다.

3. 이베이 판매자 검증 방법

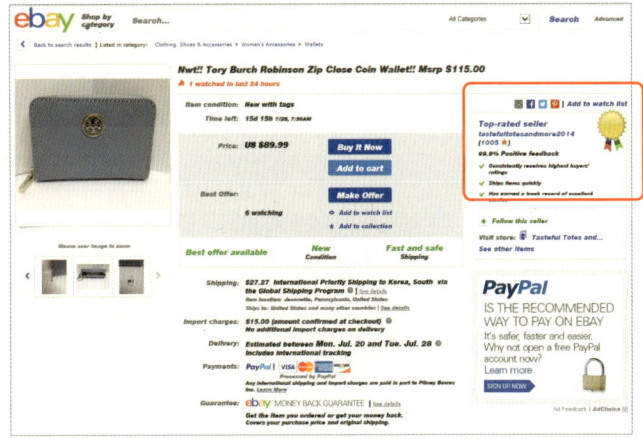

이베이는 다양한 쇼핑몰 판매자뿐만 아니라 개인 셀러가 자신의 매물을 판매하기도 하고 중고제품도 거래하는 곳입니다. 단순히 판매자의 수로만 따진다면 아마존보다 더 많기 때문에 판매자의 검증이 반드시 필요합니다.

상세페이지의 오른쪽엔 판매자의 정보가 제공되는데 우수한 판매자 에겐 Top-rated seller라는 배지표시가 붙어 있어 별도의 확인을 하지 않아도 Top-rated seller라면 믿을 수 있는 판매자라고 볼 수 있습니다.

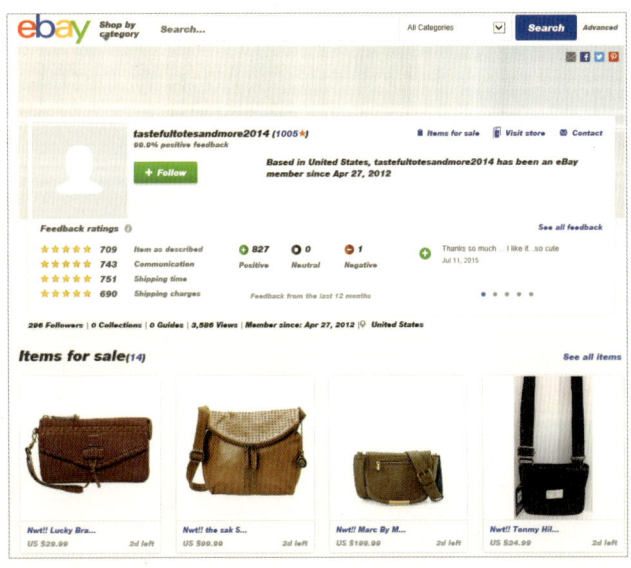

그 외 셀러의 경우엔 판매자명을 클릭하면 이베이에서 판매자 활동을 한 기간과 최근 받은 피드백, 해당 셀러가 판매하는 다른 상품 등을 확인할 수 있습니다.

해외직구 쇼퍼들을 위한
Special Tip

사기사이트의 유형

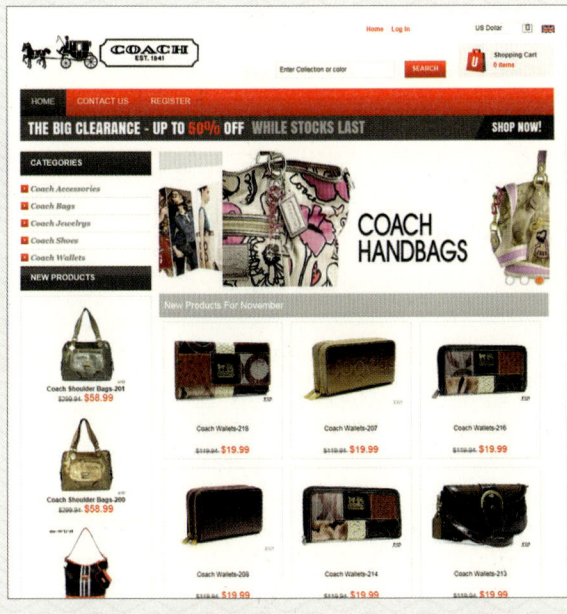

왼쪽은 전형적인 사기 사이트로 현재는 폐쇄되었습니다. 이러한 사이트엔 몇 가지 공통점이 있습니다.

1) 유명 명품이나 인기 브랜드 중 하나를 골라 단일 브랜드만 취급합니다(캐나다구스, 코치, 레이벤 등).
2) 상품의 가격이 품목별로 거의 동일합니다.
3) 사이트 고유의 로고나 이름이 없고 브랜드명이나 로고를 그대로 가져와 사용합니다.
4) 스캠어드바이저로 확인하면 모두 안전하지 못하거나 평가가 전혀 없으며 소유 국가와 서버가 서로 다른 경우가 많습니다.
5) 블랙프라이데이나 추수감사절, 인디펜던스데이 등 미국의 주요 기념일 전후로 많이 생기고 해당기념일이 지나면 폐쇄되거나 접속이 되지 않습니다.

시중가에 비해 지나치게 저렴하거나 검증이 되지 않는 이러한 사이트는 가급적 구매를 자제해야 합니다.

Leval ❷ _해외직구 제대로 즐기기

Chapter ❹
해외직구 베테랑 업그레이드 노하우

1. 나만 아는 미국 핫딜 사이트

하루에 단 한 개, 혹은 몇 가지만 초특가로 판매하는 핫딜 사이트를 Daily Deals 사이트라고 부릅니다. 이런 사이트 몇 곳을 익혀두고 매일 접속해서 오늘은 무슨 상품이 핫딜로 올라왔나 둘러보다 보면, 다른 쇼핑몰에선 상상도 하지 못할 초특가로 제품을 구매할 수 있습니다.

1) 우트(www.woot.com)

아마존에서 인수한 1day 핫딜 사이트입니다. 아마존 아이디로 로그인이 가능합니다. 매일 핫딜 상품이 달라지고 카테고리가 다양하며 상품의 종류가 많습니다.

2) 메(www.meh.com)

woot를 만든 창업자가 아마존에 woot를 매각한 뒤 아마존에서 퇴사해 만든 사이트입니다. 하루에 딱 한 개 품목만 핫딜로 판매합니다. '메'는 염소 울음 소리라고 하네요.

3) 원세일(www.1sale.com)

1day 핫딜 사이트로, 다른 사이트와 제휴를 통해 해당 사이트에서 진행하는 핫딜을 대신 광고해주는 형태로 운영되고 있습니다. 매일 상품이 달라지며 직접 관리하는 상품들도 있습니다.

4) 스팁앤칩(www.steepandcheap.com)

아웃도어용품 전문 쇼핑몰인 백컨트리에서 운영하는 아웃도어 1day 핫딜 사이트입니다. 파타고니아, 노스페이스 등 유명 아웃도어 브랜드 제품을 초특가로 구매할 수 있습니다.

5) 위스키밀리티아(www.whiskeymilitia.com)

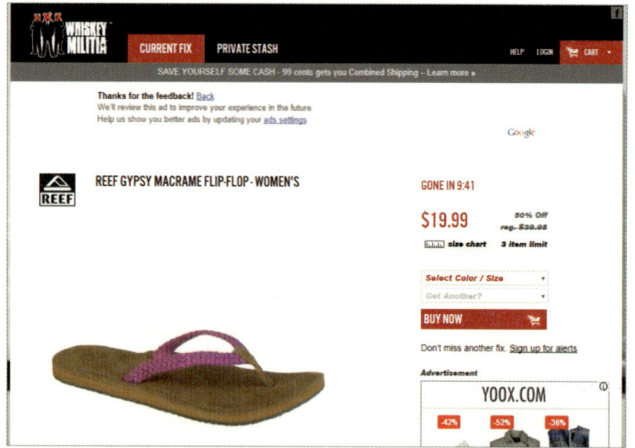

역시 백컨트리에서 운영하며 스트리트패션 아이템을 핫딜로 판매합니다. 다른 1day 사이트와는 달리 한 상품에 대해 1분에서 20분까지만 노출되고 해당시간이 지나면 곧바로 다른 상품으로 변경됩니다.

6) 육스터(www.yugster.com)

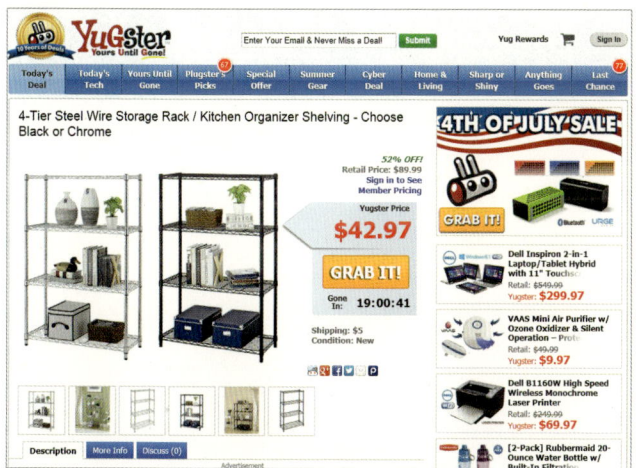

전자제품 위주의 1day 핫딜 사이트입니다. 딜을 진행하는 상품의 종류가 많진 않지만 핫딜 가격이 매우 좋은 편입니다.

2. 캘리포니아 No Tax 사이트

1) 아웃도어

백컨트리(Backcountry) www.backcountry.com	국내 아웃도어 직구족이 가장 많이 이용하는 해외직구 사이트 중 하나입니다.
무스조(Moosejaw) www.moosejaw.com	노스페이스 등의 아웃도어 용품을 저렴하게 직구할 수 있습니다.
유에스아웃도어(U.S. Outdoor) www.usoutdoor.com	국내 직구족에겐 생소하지만 미국에선 인지도가 높은 사이트입니다.
이스턴마운틴스포츠 (Eastern Mountain Sports, EMS) www.ems.com	아웃도어 할인 사이트입니다.
파타고니아(Patagonia) www.patagonia.com	국내에서도 인기가 높은 파타고니아 브랜드의 공식 홈페이지입니다.

2) 육아/미시

스와들디자인(Swaddle Designs) www.swaddledesigns.com	스타일리시 육아 브랜드로 잘 알려져 있습니다. 스와들디자인 블랭킷은 엄마들이 꼭 갖고 싶어 하는 아이템 중 하나입니다.
우미슈즈(Umi Shoes) www.umishoes.com	명품 유아 수제화 브랜드 우미슈즈 미국 홈페이지입니다.
보덴USA(Boden USA) www.bodenusa.com	오래 입어도 변치 않는 품질을 유지하는 고급 유아동복 브랜드입니다.
쥴리(Zulily) www.zulily.com	미시맘들에게 특화된 소셜커머스 형식의 핫딜 사이트입니다.

3) 핫딜

길트(Gilt) www.gilt.com	명품 프라이빗 핫딜사이트 중 국내 직구족들이 가장 많이 애용하는 사이트입니다.
루랄라(Ruelala) www.ruelala.com	길트와 거의 흡사하나 좀더 여성에 특화되어 있습니다.
아이딜(Ideel) www.ideeli.com	역시 길트, 루랄라와 비슷하지만 명품을 많이 취급합니다. 아이딜리(Ideeli)에서 이름이 바뀌었습니다.
비욘드더랙(Beyond the Rack) www.beyondtherack.com	길트, 루랄라 등이 중고가라면 비욘드더랙은 중저가 위주의 핫딜 사이트입니다.

4) 스포츠

이스트베이(Eastbay) www.eastbay.com	스포츠용품 전문 사이트로 나이키나 조던 신발 직구 시 유용합니다.
팀 익스프레스(Team Express) www.teamexpress.com	축구, 야구, 농구 등 팀스포츠용품 전문 쇼핑몰입니다.
테니스익스프레스(Tennis Express) www.tennisexpress.com	테니스용품이 메인이지만 스포츠용품을 전반적으로 판매합니다.
케이넷골프(Knetgolf) www.knetgolf.com	골프용품 전문 할인 쇼핑몰입니다.
액티브웨어 USA(ActivewearUSA) www.activewearusa.com	여성 피트니스복 전문 쇼핑몰입니다.

5) 신발/스트릿/익스트림 소품 및 패션

지미재즈(Jimmyjazz) www.jimmyjazz.com	나이키, 조던, 아디다스 등 스포츠브랜드의 스트릿 패션 아이템들을 취급합니다.
KITH(Kithnyc) www.kithnyc.com	스트리트 패션화 전문 사이트로 국내에선 구하기 어려운 유니크한 신발들을 구매할 수 있습니다.
택틱스(Tactics) www.tactics.com	서핑, 스케이트, 보드 등 익스트림 스포츠용품 전문 사이트입니다.
카마룹(Karmaloop) www.karmaloop.com	스트릿 패션 아이템 전문 할인 사이트 입니다.
풋조이(Footjoy) DNA www.dna.com	풋조이(Footjoy)의 D.N.A. 골프화 미국 공식 사이트입니다.

6) 가방/캐리어

이백스(Ebags) www.ebags.com	샘소나이트, 투미 캐리어를 저렴하게 직구할수 있는 미국의 대표 가방 멀티샵입니다. 한국에서는 우회 접속 프로그램을 사용해야 합니다.
러기지 온라인(Luggage Online) www.luggageonline.com	캐리어를 위주로 판매하는 사이트로, 투미, 샘소나이트, 리모와, 델시 등을 저렴하게 판매합니다.

7) 식품

고디바(Godiva) www.godiva.com	세계 3대 초콜릿 중 하나인 명품 초콜릿브랜드입니다.
씨즈캔디(Seees) www.seees.com	악마의 캔디, 악마의 초콜릿이라 불리는 초콜릿 브랜드입니다.
젤리벨리(Jelly Belly) www.jellybelly.com	'해리 포터'에도 등장했던 미국의 유명 젤리 브랜드입니다.

8) 시계

애쉬포드(Ashford) www.ashford.com	명품시계를 저렴하게 직구할 수 있는 대표 시계 멀티샵입니다.
에어리어트렌드(Area Trend) www.areatrend.com	애쉬포드보다 캐주얼 시계 브랜드가 더 많이 입점되어 있습니다.

Level 2 _해외직구 제대로 즐기기

9) 명품/잡화/백화점

바니스뉴욕(Barneys New York) www.barneys.com	미국 백화점 바니스뉴욕의 온라인 버전입니다.
센츄리21(Century 21) www.c21stores.com	이월상품 위주로 카테고리별 상품종류가 많진 않지만 가격이 저렴합니다.
오버스탁(Overstock) www.overstock.com	아마존과 비슷한 종합쇼핑몰이나 전 상품을 오버스탁이 직접 관리하고 배송합니다.
쎈스(Ssense) www.ssense.com	고가의 패션 디자이너 브랜드 제품을 저렴하게 판매하는 할인쇼핑몰 입니다.

10) 기타

우드윅(woodwick) www.woodwick.com	아로마 양초 우드윅의 공식 홈페이지입니다.
월마트(Walmart) www.walmart.com	월마트의 공식 홈페이지로 특히 중요한 미국 기념일 때 놀라운 할인율을 자랑합니다.
씽크긱(ThinkGeek) www.thinkgeek.com	어른들의 놀이터라 불릴 만큼 아이디어 넘치는 상품이 가득한 완구류 사이트 입니다.
비타코스트(Vitacost) www.vitacost.com	건강식품, 비타민, 바디케어 종합 사이트입니다.
타이거다이렉트(TigerDirect) www.tigerdirect.com	전자제품 전문 쇼핑몰입니다.

3. 우회접속? 이거면 한방이다

타미힐피거나 아베크롬비 등 일부 해외 사이트의 경우엔 한국 IP를 의도적으로 차단해서 미국에서 접속하는 것과는 다른 사이트로 접속됩니다. 그래서 온라인으로는 쇼핑이 불가능하거나 가격이 비싼 글로벌 사이트로 접속이 되는데, 이런 사이트들은 마치 미국에서 접속하는 것처럼 미국 IP로 바꾸어주는 프로그램이나 별도의 사이트를 경유해서 접속해야 합니다. 이런 접속방식을 우회접속이라고 합니다.

우회접속이 가능한 방법은 여러 가지가 있지만 구글 크롬의 젠메이트를 활용하면 간단하게 그리고 안정적으로 IP를 변경할 수 있습니다.

구글 크롬의 장점은 마치 스마트폰에 앱을 설치하는 것처럼 같이 브라우저에 다양한 앱을 구글 앱스토어를 통해 간단하게 설치하여 사용이 가능합니다. 젠메이트 역시 그러한 앱 중 하나로 크롬에 설치만 하면 창 한구석에 버튼이 생기며 해당 버튼을 통해 편리하게 On/Off 형식으로 IP를 변경할 수 있습니다.

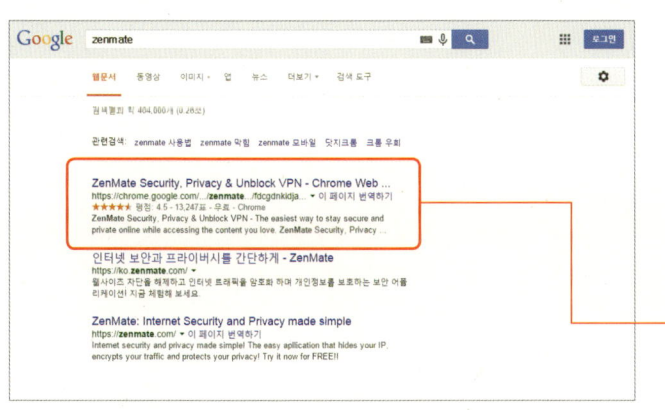

먼저 크롬으로 구글에 접속하고 나서 zenmate를 입력하여 검색합니다. 상단 첫 번째에 곧바로 앱 설치 화면으로 이동하는 링크가 나타나니 이를 클릭합니다.

클릭

이것이 Zenmate 앱 설치 화면이며 오른쪽 상단에 있는 크롬 추가 버튼을 클릭합니다.

클릭

Activate Zenmate를 클릭합니다.

클릭

주소 창 입력 줄 오른쪽에 Zenmate 로고가 생성된 것이 확인되면 정상적으로 설치가 완료된 것입니다.

클릭

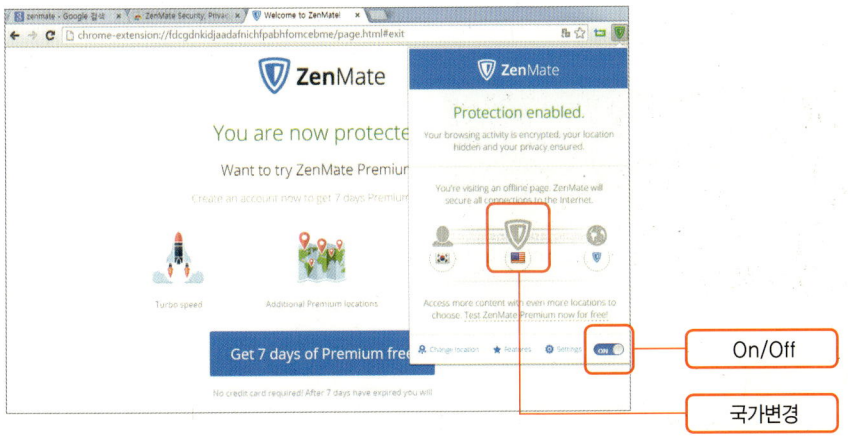

버튼을 누르면 현재 한국에서 어떤 나라 IP를 통해 해당사이트에 접속 중인지 표시되는데, 국가를 클릭하면 미국 이외 독일, 홍콩, 프랑스 등 원하는 나라로 선택이 가능합니다. 하단에 있는 On 버튼을 누르면 Off가 되며 Zenmate가 종료됩니다.

그럼 실제 Zenmate를 On 했을 때와 Off 했을 때 어떻게 다른지 살펴보겠습니다.

타미힐피거는 우회접속 해야만 미국 쇼핑몰에 접속할 수 있는 대표적인 사이트입니다. 현재는 Zenmate를 꺼둔 상태입니다. 즉, 한국 IP 그대로 타미힐피커 홈페이지에 접속하면 글로벌 홈페이지가 나타나고, 이 중 USA Shop을 클릭해도 미국 쇼핑몰로 이동하지 않습니다.

Leval ❷ _해외직구 제대로 즐기기

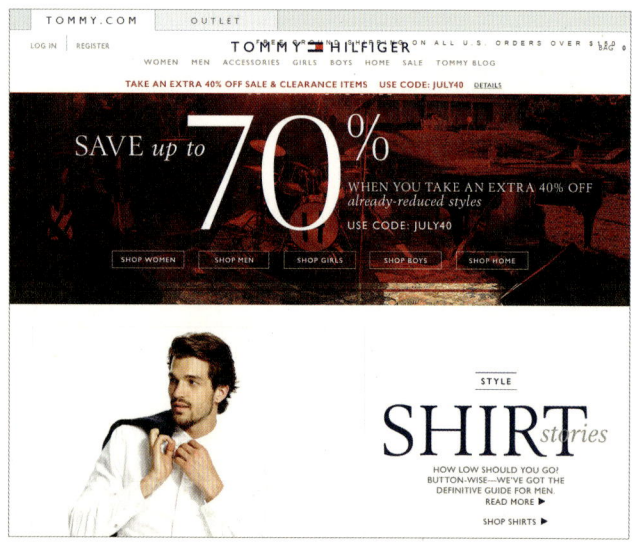

이번에는 Zenmate를 켜고 접속해볼까요? 곧바로 미국 쇼핑몰 사이트로 접속됩니다.

이처럼 우회접속을 하면 국내가보다 훨씬 더 저렴하게 구매할 수 있는 미국 사이트가 있습니다. 이에 대해서는 다음 장에 자세히 소개해드리겠습니다.

4. 우회접속으로 직구 가능한 사이트(양키캔들, 슈프림, 타미, 아베크롬비, 캠퍼)

해외 사이트 중 우회접속을 했을 때 저렴하게 구매할 수 있는 대표적 사이트를 소개합니다.

1) 양키캔들(www.yankeecandle.com)

왼쪽 화면은 우회하지 않았을 때입니다.

우회접속했을 때에만 홈페이지에 접속이 가능합니다.

2) 캠퍼(www.camper)

우회하지 않았을 땐 한국 홈페이지로 접속되고 가격이 비쌉니다.

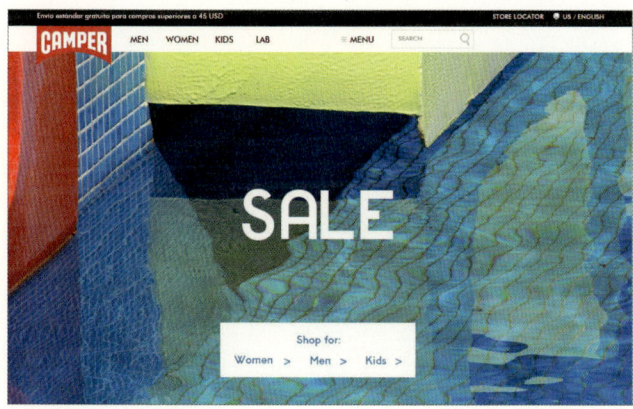

우회하여 미국 홈페이지로 접속하면 가격이 저렴합니다.

3) 아베크롬비(www.abercrombie.com)

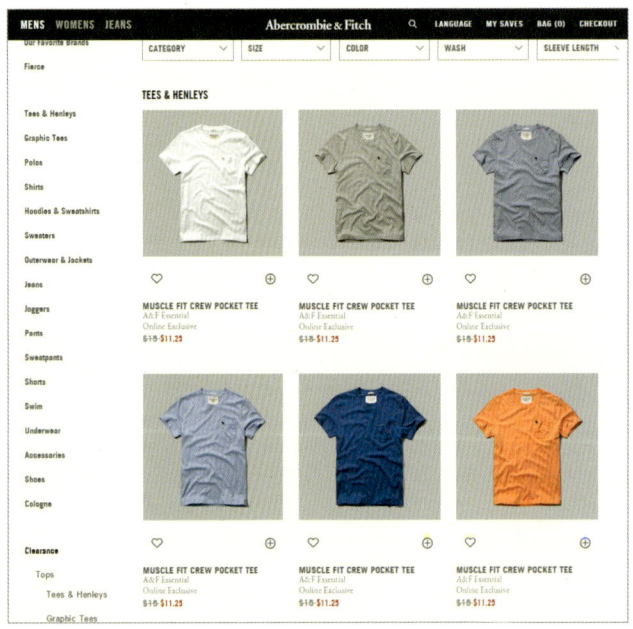

우회하지 않았을 땐 아베크롬비 월드 버전 쇼핑몰로 접속됩니다.

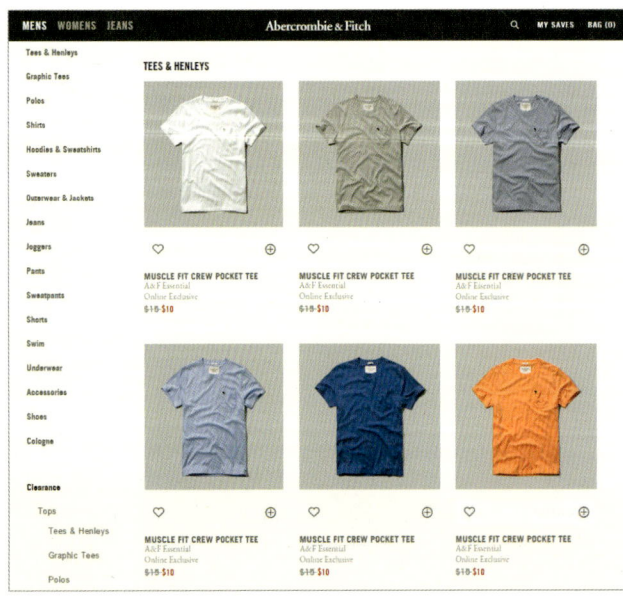

우회하면 미국 버전 아베크롬비로 접속되며 월드버전에 비해 가격이 더 저렴합니다.

4) 슈프림뉴욕(www.supreme.com)

우회하지 않았을 땐 일본 홈페이지로 접속됩니다.

우회할 경우 미국 홈페이지 접속되며 미국 직구 가능합니다. 일본 홈페이지보다 가격이 더 저렴합니다.

5. 할인코드 안내 전용사이트

미국은 한국과는 달리 할인코드나 핫딜 프로모션 문화가 매우 발달되어 있습니다.

아마존을 비롯해서 여러 사이트들이 정기적으로 또는 이벤트성으로 핫딜 행사를 진행하거나 할인코드를 배포하는데, 각 쇼핑몰마다 언제, 세일을 할지, 어떤 할인코드가 나올지 매일 그 사이트를 둘러보며 찾아내기란 쉽지가 않습니다.

편리하게도 이런 할인정보만 모아서 제공해주는 사이트가 있습니다.
이러한 할인정보 모음 제공 사이트를 자주 들여다보는 습관을 들이면 남들보다 좀 더 빨리 할인된 가격에 좋은 상품을 직구할 수 있습니다.

1) 리테일미낫(www.retailmenot.com)

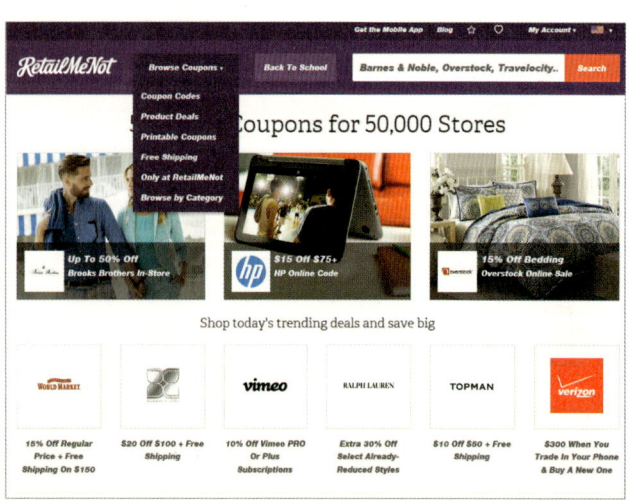

대표적인 미국쇼핑몰 할인정보 제공 사이트입니다. 등록되어 있는 쇼핑몰이 많아 대부분 직구 사이트의 할인정보를 확인할 수 있습니다. 쿠폰코드를 제공하는 사이트와 세일 중인 사이트, 상품별 딜 등으로 구분해서 볼 수 있고, 검색창에 직구하려는 사이트명으로 검색해도 됩니다.

세일을 많이 하는 미국 주요 기념일 기간엔 블랙프라이데이나 혹은 독립기념일 등 기념일별로 검색하면 해당 기념일에 대한 프로모션을 진행 중인 사이트 리스트를 확인할 수 있습니다.

2) 딜플러스(www.dealplus.com)

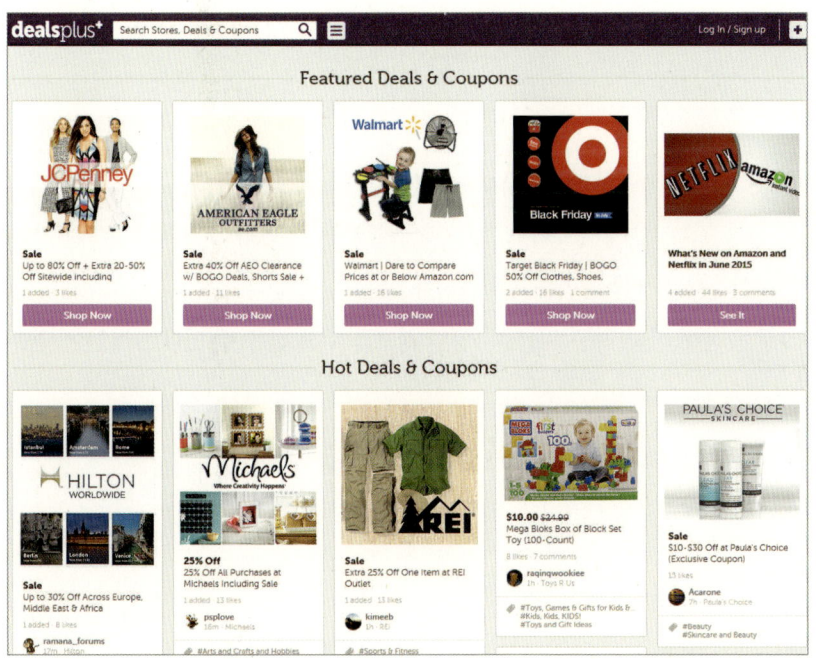

리테일미낫과 비슷하며 일반 쇼핑몰처럼 상품 카테고리별로 구분해서 볼 수 있습니다.

예를 들어 신발 카테고리를 선택하면 신발에 대해 할인코드를 제공하거나 세일하는 사이트들을 확인할 수 있습니다.

3) 미씨쿠폰(www.missycoupons.com)

국내 사이트로 해외직구족을 위한 할인정보를 알려주고 있습니다.

제품 리뷰나 후기, 커뮤니티 등을 통해 한국 직구족들의 다양한 정보를 주고 받을 수 있다는 장점이 있습니다.

Chapter 5
쇼핑하면 진짜 돈 되는 캐시백의 세계

해외 사이트에서 상품을 구매하면 사이트마다 적게는 1%, 많게는 10% 이상을 돌려받을 수 있습니다. 이를 테면 마일리지와도 같습니다. 알뜰하게 쇼핑하는 직구족이라면 반드시 알아야 하겠지요.
적립이 가능한 해외 쇼핑몰을 한데 모아 소개를 해주는 대표적인 캐시백 사이트로 이베이츠와 미스터리 베이츠가 있습니다.

캐시백 사이트의 이용방법은 거의 동일합니다. 먼저 캐시백 사이트에 접속하여 직구를 하려는 해외 쇼핑몰이 있는지 검색한 후 캐시백사이트에서 제공해주는 쇼핑몰 바로가기 버튼을 클릭하여 이동한 뒤 구매하면 구매금액의 일정금액이 캐시백 사이트로 적립됩니다.
즉, 캐시백 사이트를 반드시 경유해야 적립을 받을 수 있으니 이 점을 명심해야 합니다. 귀찮더라도 직구를 하다 보면 어느새 적지 않은 금액이 쌓여있을 테니 반드시 캐시백사이트를 경유하는 습관을 들여놓는 것이 좋습니다.

캐시백 사이트 이용방법과, 적립 받은 금액을 어떻게 내 은행계좌로 송금받는지에 대한 방법을 알아보겠습니다.

Leval ❷ _해외직구 제대로 즐기기

1. 페이팔 가입방법

페이팔은 해외 사이트 직구 시 사이트마다 카드 정보를 제공해야 하는 불편함과 보안에 대한 의심스러움을 날려버릴 수 있는 결제 대행시스템입니다. 페이팔에 가입하고 카드정보를 등록해 놓으면 해외 사이트 구매 시 페이팔 결제를 선택하여 해당 사이트에 카드정보를 제공하지 않고도 간단히 결제가 가능합니다. 페이팔의 또 다른 장점은 한국카드를 받아주지 않는 사이트일 경우 페이팔로 결제하면 성공하기도 하고, 무엇보다 직구족이 미국 캐시백 사이트에서 쌓인 적립금을 돌려받는 유일한 수단이기도 합니다.

- www.paypal.com

페이팔 계정을 만들어보겠습니다. 현재 페이팔은 한국어를 지원해주고 있어 좀 더 쉽게 가입이 가능합니다. 우측 상단 회원가입을 클릭합니다.

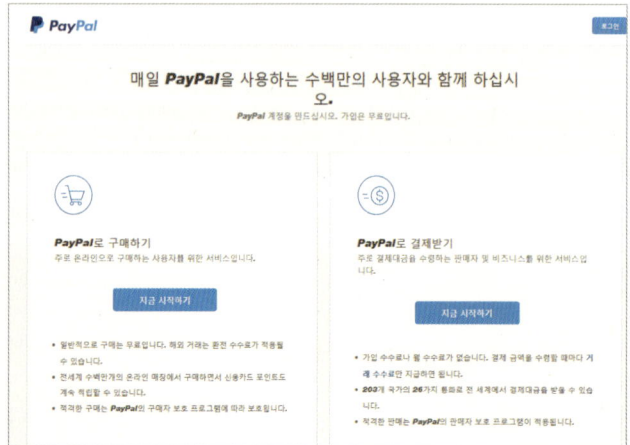

페이팔을 이용하여 결제하는 개인고객 회원가입이니 왼쪽 지금 시작하기 버튼을 클릭합니다.

Chapter 5 _쇼핑하면 진짜 돈 되는 캐시백의 세계

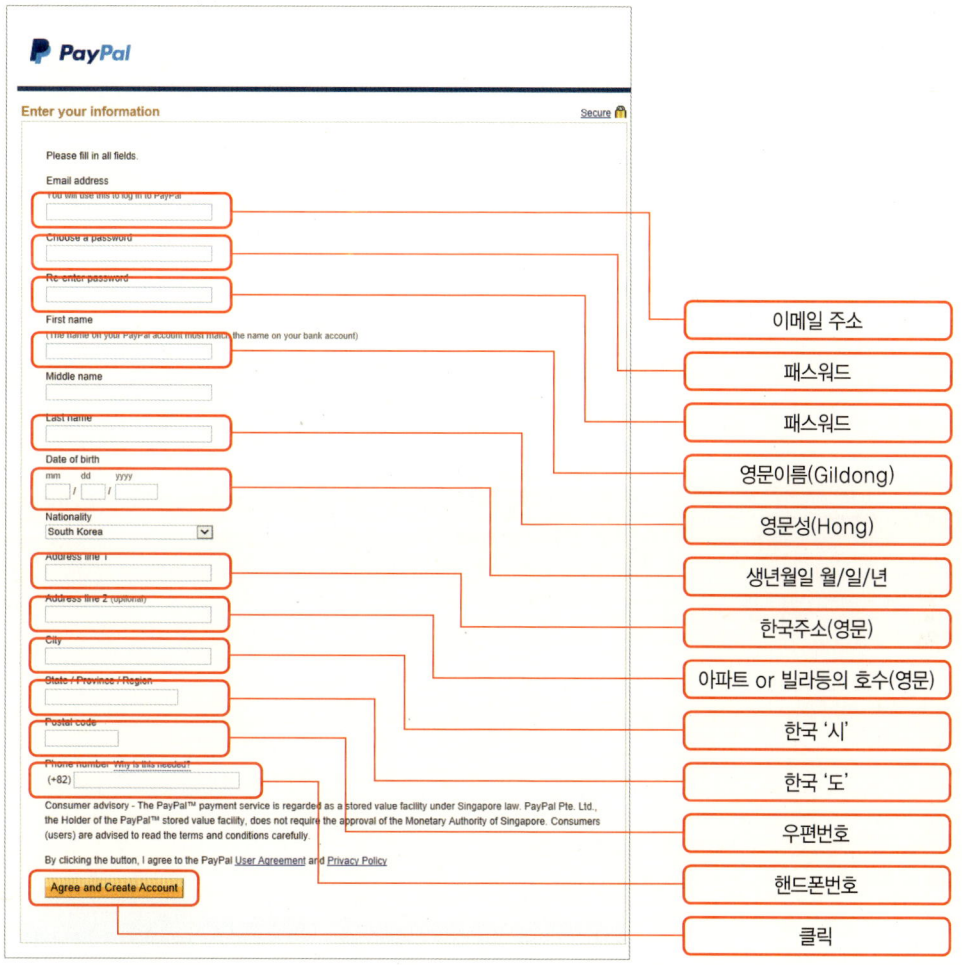

계정으로 사용할 이메일 주소와 패스워드를 설정하고 이름, 생일 등의 부가정보를 비롯해 본인의 한국 주소를 영문으로 등록합니다. 전화번호는 휴대폰번호 맨 앞 0을 제외한 나머지 숫자를 입력하면 됩니다. 모든 항목을 기입하면 Agree and Create Account를 클릭합니다.

Leval ❷ _해외직구 제대로 즐기기

화면에 보이는 자동가입 방지 문자를 입력한 뒤 **Continue**를 클릭합니다.

보이는 글자 그대로 입력

클릭

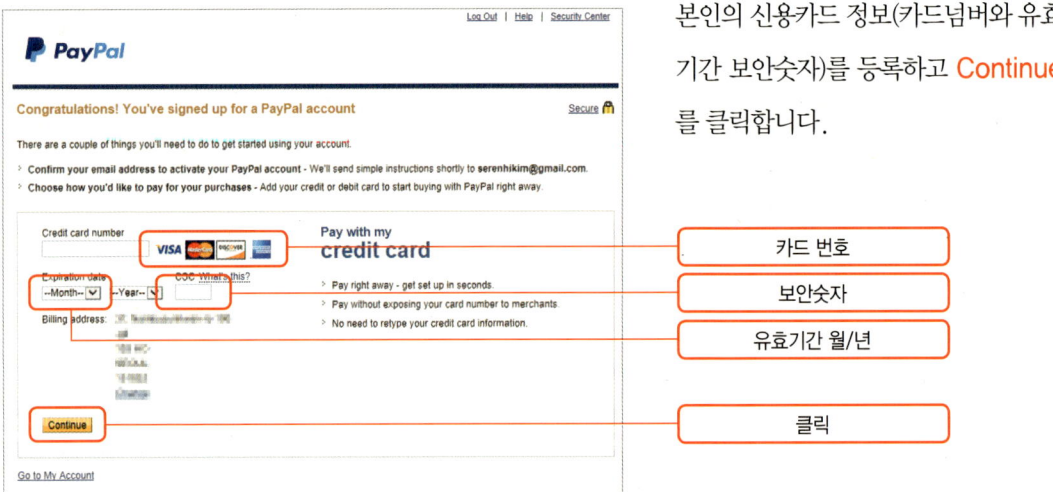

본인의 신용카드 정보(카드넘버와 유효기간 보안숫자)를 등록하고 **Continue**를 클릭합니다.

카드 번호

보안숫자

유효기간 월/년

클릭

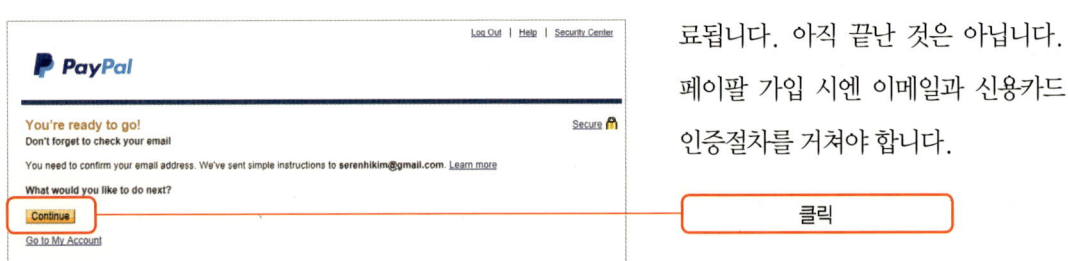

Continue를 클릭하면 회원가입이 완료됩니다. 아직 끝난 것은 아닙니다. 페이팔 가입 시엔 이메일과 신용카드 인증절차를 거쳐야 합니다.

클릭

Chapter 5 _쇼핑하면 진짜 돈 되는 캐시백의 세계

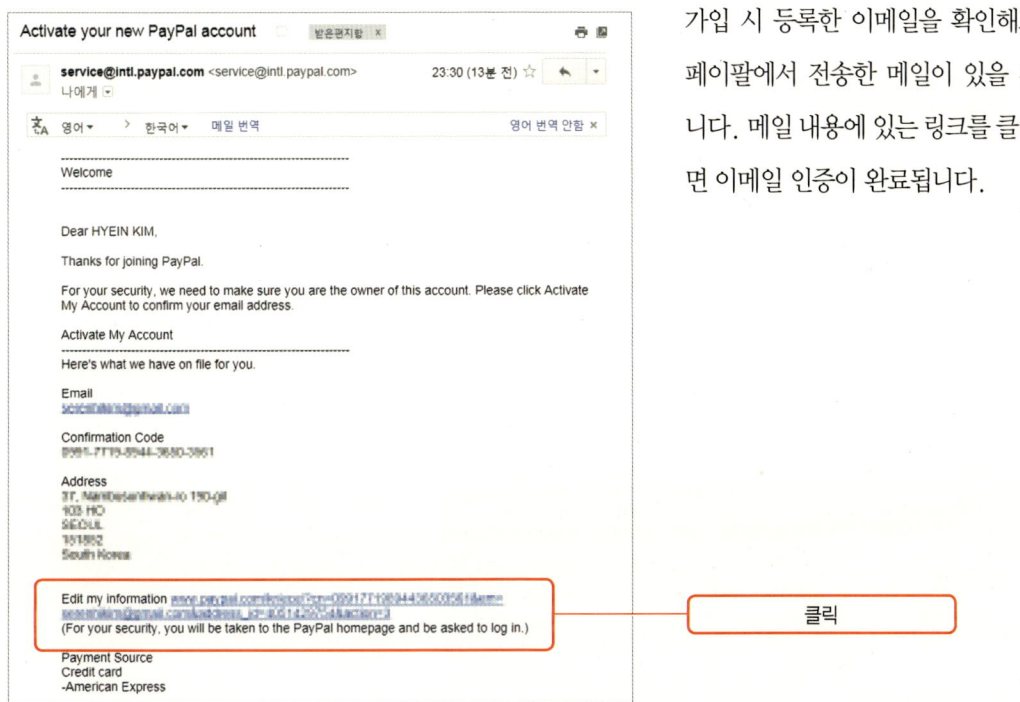

가입 시 등록한 이메일을 확인해보면 페이팔에서 전송한 메일이 있을 것입니다. 메일 내용에 있는 링크를 클릭하면 이메일 인증이 완료됩니다.

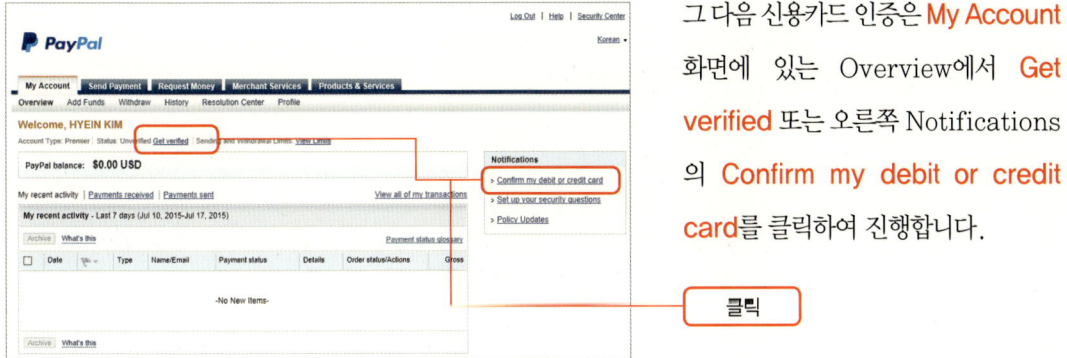

그 다음 신용카드 인증은 **My Account** 화면에 있는 Overview에서 **Get verified** 또는 오른쪽 Notifications의 **Confirm my debit or credit card**를 클릭하여 진행합니다.

쉽고 빠른 해외직구 핵꿀팁 | 135

Leval ❷ _해외직구 제대로 즐기기

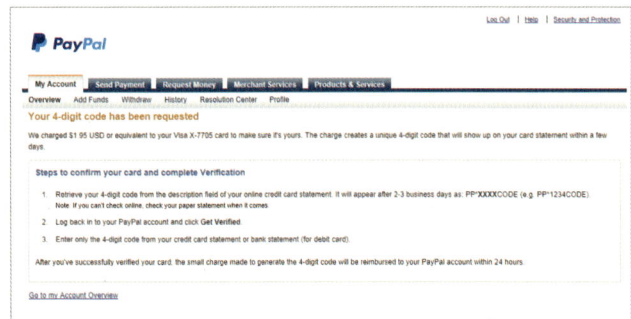

Continue를 클릭하면 페이팔에서 1.95달러가 실제로 승인되며 카드사의 문자서비스를 이용하는 분들은 승인문자를 전달받게 되는데 문자 신청을 하지 않았다면 카드사 홈페이지에서 해외승인내역을 통해 확인할 수 있습니다.

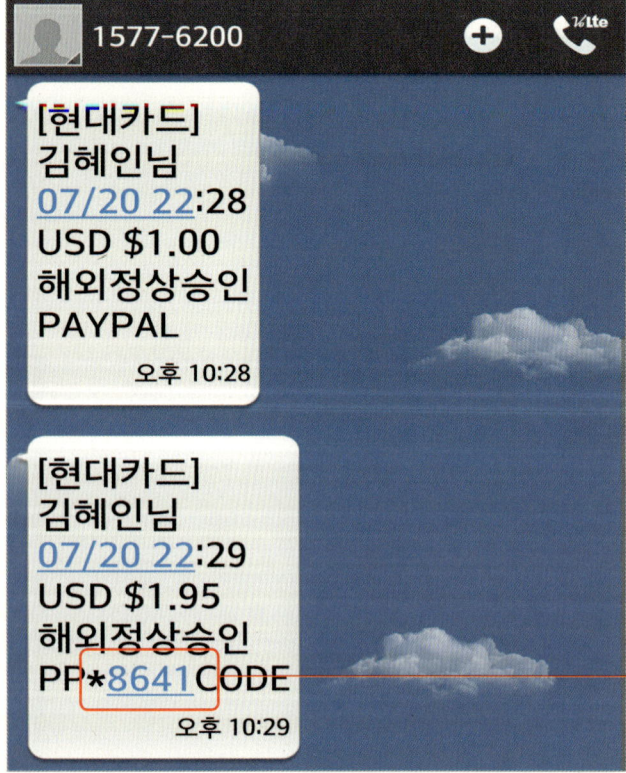

1.95 달러 승인 문자에는 PP*××××CODE 형태의 4자리 숫자로 이루어진 코드가 포함되어 있습니다.

Chapter 5 _쇼핑하면 진짜 돈 되는 캐시백의 세계

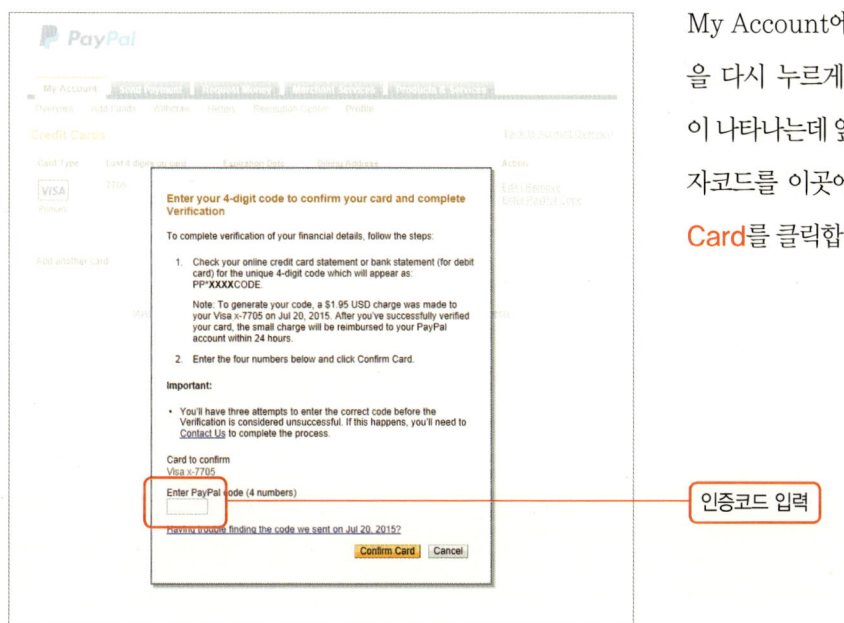

My Account에서 **Get verified** 버튼을 다시 누르게 되면 위와 같은 화면이 나타나는데 앞서 전달받은 4자리 숫자코드를 이곳에 등록한 뒤 **Confirm Card**를 클릭합니다.

인증코드 입력

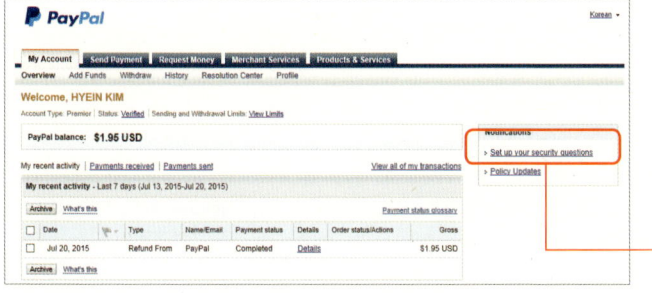

카드인증이 모두 완료되었습니다. 이번에는 보안강화를 위해 오른쪽에 있는 Notifications의 **Set up your security questions**을 클릭합니다.

클릭

비밀번호 힌트가 될 만한 항목을 선택하고 적당한 답변을 입력하되 1번과 2번은 각각 다르게 선택 및 작성합니다.

클릭

쉽고 빠른 해외직구 핵꿀팁 | 137

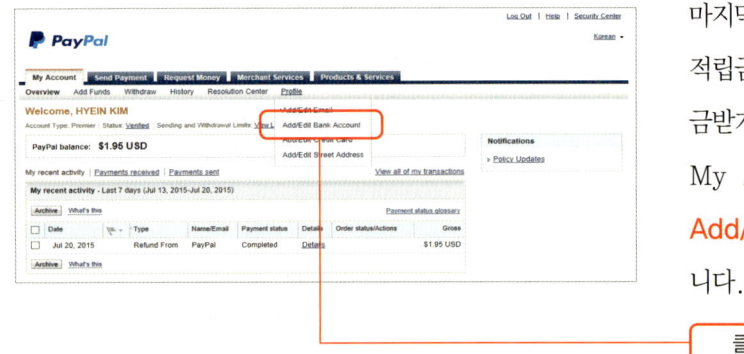

마지막으로 페이팔로 환불을 받거나 적립금을 받았을 때 한국은행으로 송금받기 위한 은행정보를 입력합니다. My Account에서 Profile에 있는 Add/Edit Bank Account를 클릭합니다.

클릭

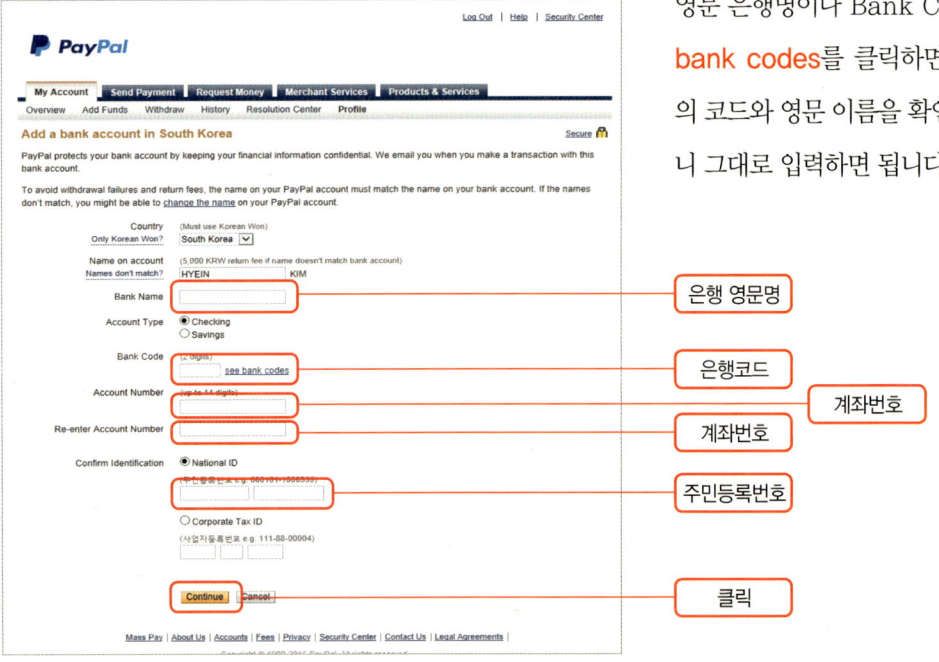

영문 은행명이나 Bank Code는 See bank codes를 클릭하면 국내 은행의 코드와 영문 이름을 확인할 수 있으니 그대로 입력하면 됩니다.

은행 영문명
은행코드
계좌번호
계좌번호
주민등록번호
클릭

Chapter 5 _쇼핑하면 진짜 돈 되는 캐시백의 세계

PayPal
Bank Codes for Korean Banks

Bank Code	Name of Bank
39	KYONGNAM BANK
34	KWANGJU BANK
04	KOOKMIN BANK
03	INDUSTRIAL BANK OF KOREA
12	AGRICULTURAL COOPERATION UNIT
11	NATIONAL AGRICULTURAL COOPERATIVE FEDERATION
31	DAEGU BANK
55	DEUTSCH BANK AG SEOUL BRANCH
59	BANK OF TOKYO-MITSUBISHI SEOUL BRANCH
58	MIZUHO CORPORATE BANK SEOUL BRANCH
60	BANK OF AMERICA N.A. SEOUL BRANCH
32	PUSAN BANK
50	KOREA FEDERATION OF SAVINGS BANK
45	KOREAN FEDERATION OF COMMUNITY CREDIT COOPERATIVES
25	SEOUL BANK
08	EXPORT-IMPORT BANK OF KOREA
07	NATIONAL FEDERATION OF FISHERIES COOPERATIVES
53	CITIBANK N.A., SEOUL BRANCH
48	NATIONAL CREDIT UNION FEDERATION OF KOREA
26	SHINHAN BANK
56	ABN AMRO BANK
05	KOREA EXCHANGE BANK
20	WOORI BANK
71	KOREA POST OFFICE
37	JEONBUK BANK
23	KOREA FIRST BANK
35	CHEJU BANK
21	CHO HUNG BANK
81	HANA BANK
02	KOREA DEVELOPMENT BANK
01	BANK OF KOREA
27	KORAM BANK
54	HONGKONG AND SHANGHAI BANKING CORP
57	UFJ BANK LTD SEOUL BRANCH

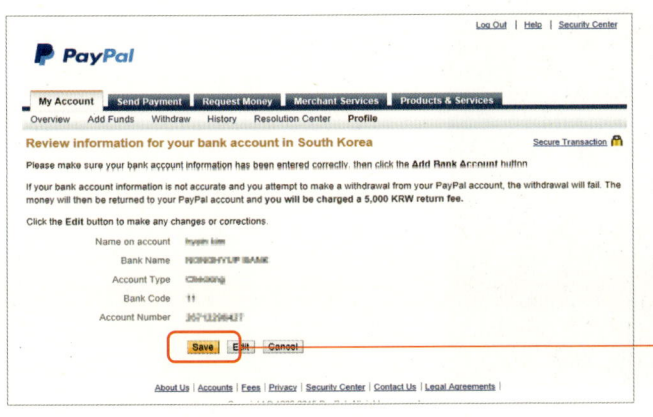

등록한 정보를 확인한 뒤 Save를 클릭하면 계좌등록까지 모두 완료됩니다.

쉽고 빠른 해외직구 핵꿀팁 | 139

2. 이베이츠 가입 및 사용방법

이베이츠는 가장 많이 알려진 미국의 대표적인 캐시백 사이트이며 한국에도 이베이츠 코리아로 진출해 있습니다. 참고로 이베이츠 코리아와 미국 이베이츠는 사이트마다 적립율이 서로 달라 2곳 모두 가입한 뒤 직구하려는 사이트가 있는지, 적립률은 얼마나 되는지를 비교해보는 것이 좋습니다.

또한 미국 이베이츠는 페이팔을 통해 적립금을 지급받아야 하지만 한국 이베이츠 코리아는 사용하는 신용카드와 연결된 계좌로 송금을 받을 수 있다는 장점이 있습니다.

• 이베이트(www.ebates.com)

먼저 회원가입을 진행하기 위해 우측 상단에 있는 Join Now를 클릭합니다.

클릭

이메일 주소를 입력하는데, 기왕이면 해외직구 할 때 주로 이용하는 이메일 주소로 사용하는 것을 권합니다. 이베이츠는 이메일 주소와 패스워드만 등록하면 간단히 회원가입이 완료됩니다.

입력

클릭

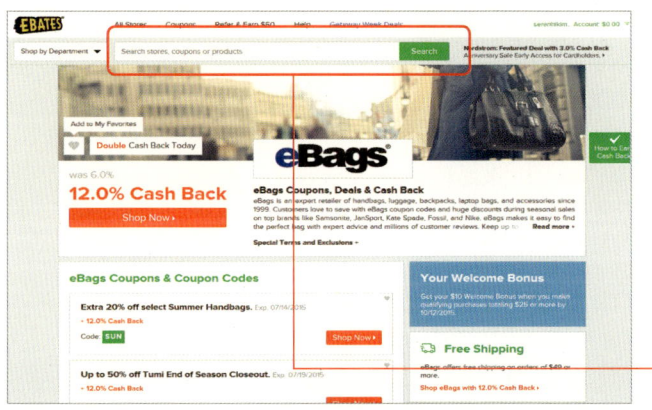

이제 상단 검색창에서 직구하려는 쇼핑몰을 직접 검색하거나, 메인화면에 소개된 다양한 적립 가능한 쇼핑몰 리스트를 보고 Shop Now 버튼을 클릭하면 이베이츠를 경유하여 해당 쇼핑몰로 이동합니다.

엽력

이동할 때 위와 같은 화면이 약 2~3초간 보이다 해당 쇼핑몰로 접속되면 정상적으로 이베이츠를 경유하여 접속한 것입니다. 쇼핑몰에서 상품을 구매하면 약 3일 정도 후에 구매금액에 대해 적립율만큼의 금액이 이베이츠에 적립됩니다.

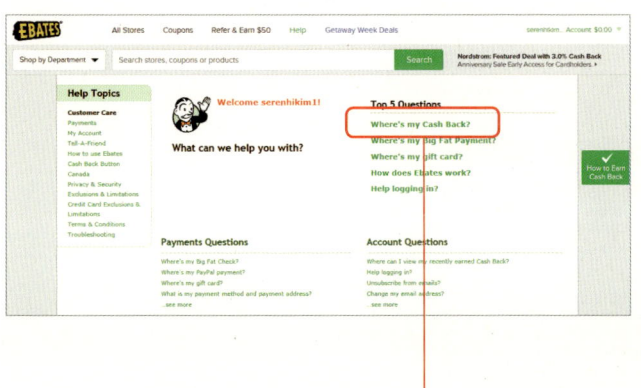

간혹 정상적으로 경유한 뒤 구매를 했음에도 불구하고 적립이 되지 않는 오류가 발생하기도 하는데 이럴 땐 사후 적립 기능을 활용하면 됩니다. 우선 상단에 있는 Help 메뉴에서 Top 5 Questios에 있는 Where's my Cash Back?을 클릭합니다.

클릭

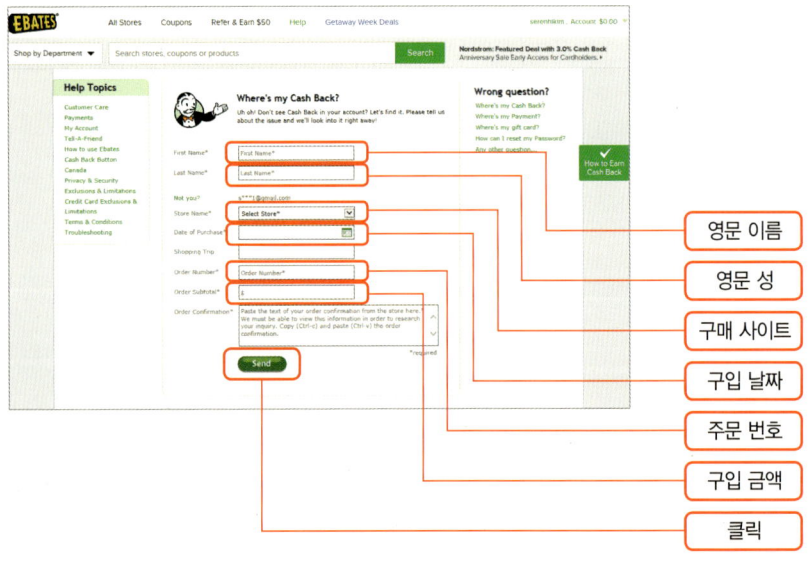

항목에 따라 입력을 하는데 영문이름을 먼저 입력하고 구매한 쇼핑몰 리스트를 선택, 구매한 날짜와 주문번호, 결제금액 등을 입력하고 Send 버튼을 누르면 이메일을 통해 결과를 통보받을 수 있습니다.

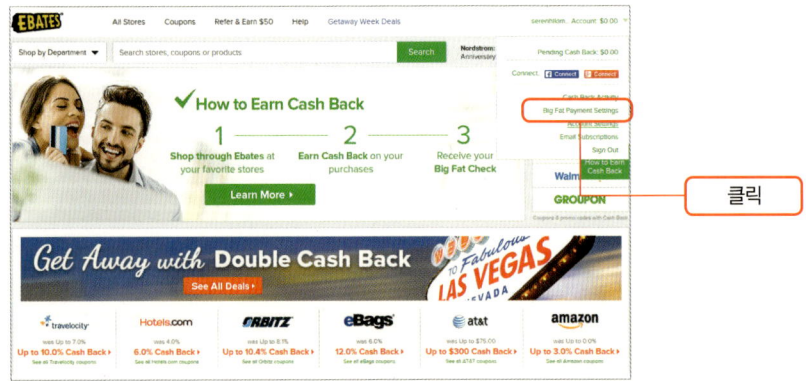

이번엔 적립될 캐시를 페이팔로 받기 위한 설정 방법입니다.

이베이츠는 1년에 총 4번에 걸쳐 자동으로 미리 설정해둔 페이팔로 송금을 해줍니다.

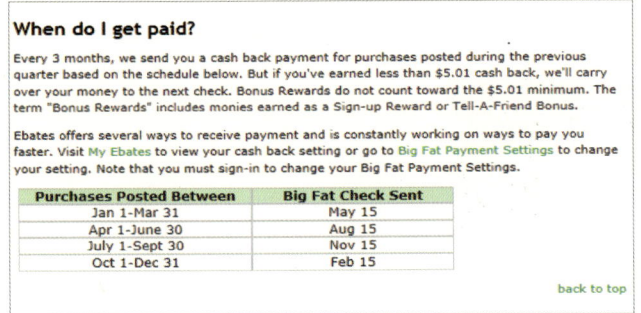

송금날짜는 위 표와 같습니다. 예를 들어 4월 1일부터 6월 30일까지 쌓인 적립금은 8월 15일에 지급된다는 뜻입니다.

이베이츠와 또 다른 대표 적립사이트인 미스터리베이츠와 가장 큰 차이는 바로 이 부분입니다. 이베이츠는 분기에 한 번씩 자동 송금되는 방식이고, 미스터리베이츠는 10달러 이상만 쌓이면 본인이 원할 때 송금이 가능합니다.

이베이츠는 가맹점이 많고 적립률이 상대적으로 미스터리베이츠에 비해 좋은 편이지만 이베이츠와는 제휴되지 않은 사이트가 미스터리베이츠에선 검색될 수도 있으며 둘 다 제휴를 맺어도 적립률이 서로 다를 수 있으니 두 적립사이트를 적절히 활용하시기 바랍니다.

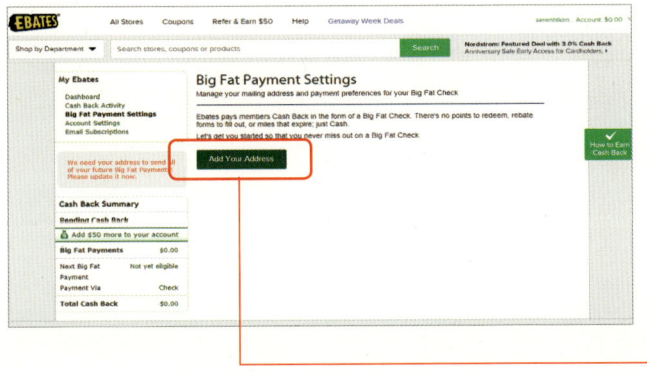

그럼 페이팔로 송금을 받기 위한 설정을 진행해 보겠습니다. 먼저 Account에 있는 Big Fat Payment Settings으로 가면 주소지를 추가하는 Add Your Address 버튼이 있으니 클릭합니다.

Level 2 _해외직구 제대로 즐기기

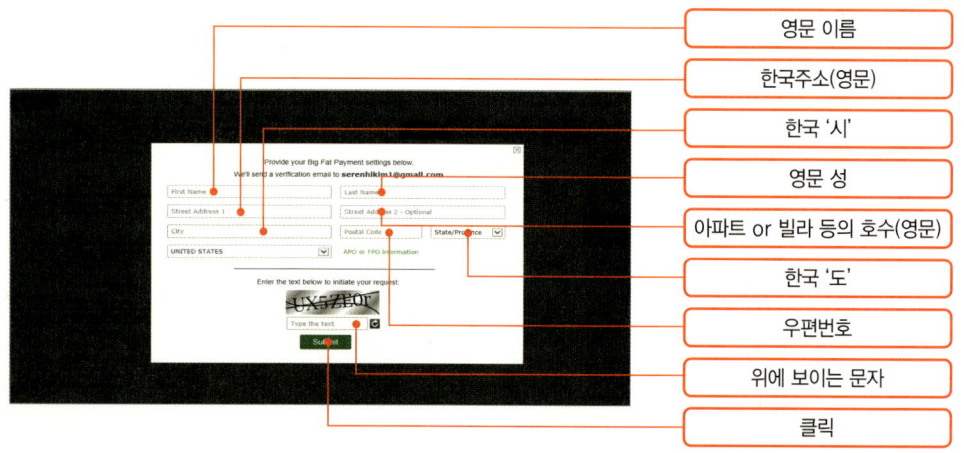

본인의 한국 주소를 영문으로 등록합니다. 레벨 1에서 설명한 것처럼 네이버에서 '영문주소 변환'으로 검색하면 쉽게 알아낼 수 있습니다. 먼저 국가를 UNITED STATES에서 KOREA-REPUBLIC OF로 변경한 뒤 등록하세요. 아래 표는 주한 미국대사관 주소를 예로 들어 정리한 것입니다.

First Name : 영문 이름 중 '이름'(홍길동이라면 Gildong)
Last Name : 영문 이름 중 '성'(홍길동이라면 Hong)

• 주한 미국대사관 주소

Address Line 1 (도로명 상세주소)	Address Line2 (아파트, 빌라 등의 '호')	City (한국 '시')	State (한국 '도')	Zipcode (한국 우편번호)	Phone Number (본인 휴대폰 번호)
188, Sejong-daero, Jongno-gu	없을경우 생략	Seoul	특별시, 광역시는 생략	110710 하이픈(-) 제외한 숫자만	본인 휴대폰 번호 맨앞 0 대신 82, 하이픈(-) 제외한 숫자만

Street Address 1에는 188, Sjong-daero, Jongo-gu라고 기입하고, Street Address 2에는 아파트, 빌라 등 호수가 있을 경우 해당 건물명과 호수를 등록합니다. 경기도, 경상남도 등 도민에 속할 경우 State 에 '도'을 영문으로 입력합니다. 우편번호에 하이픈(-)은 생략합니다.

Chapter 5 _쇼핑하면 진짜 돈 되는 캐시백의 세계

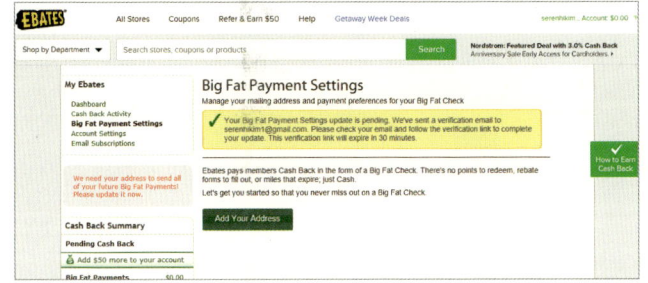

주소를 등록하고 자동입력방지 문자를 화면에 보이는 바와 같이 입력한 후 Submit를 클릭하면 본인의 이메일로 확인 메일을 전달했다는 메시지가 나타납니다.

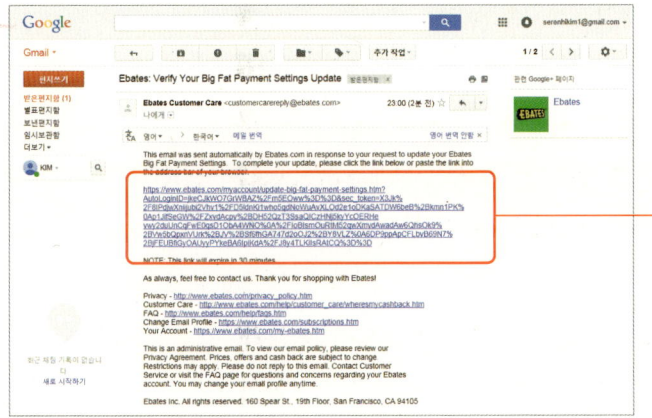

이메일 안엔 인증링크가 포함되어 있으니 해당 링크를 클릭하면 이베이츠 사이트로 접속됩니다.

클릭

이베이츠 비밀번호를 마지막으로 입력한 후 Verify를 클릭하면 주소 등록이 완료됩니다.

패스워드 입력 후 클릭

쉽고 빠른 해외직구 핵꿀팁 | 145

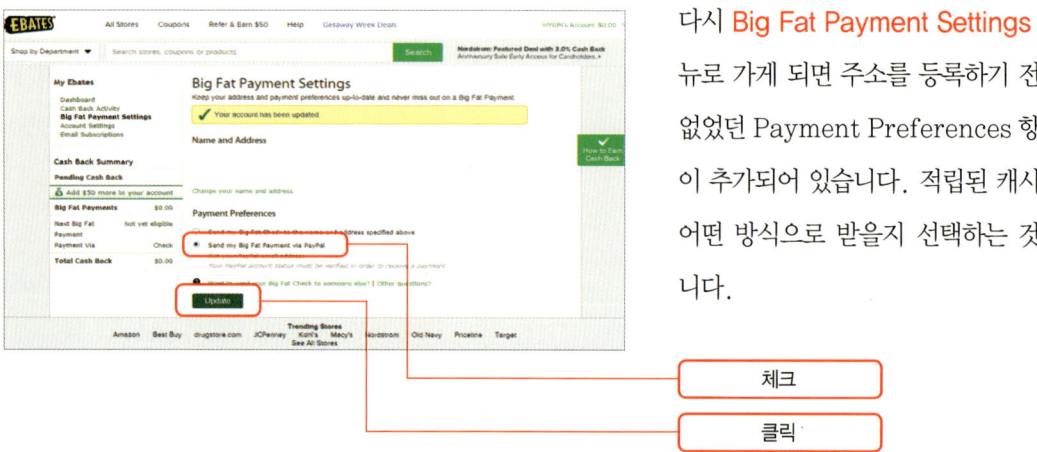

다시 **Big Fat Payment Settings** 메뉴로 가게 되면 주소를 등록하기 전엔 없었던 Payment Preferences 항목이 추가되어 있습니다. 적립된 캐시를 어떤 방식으로 받을지 선택하는 것입니다.

체크
클릭

두 가지 선택란 중 위는 등록한 주소로 수표로 받겠다는 것이고, 아래는 페이팔로 받겠다는 것입니다. 수표는 미국 내 국민들에게만 해당되는 사항이니 아래의 페이팔 입금방식을 선택하고 **Set Your PayPal email Address**를 클릭합니다.

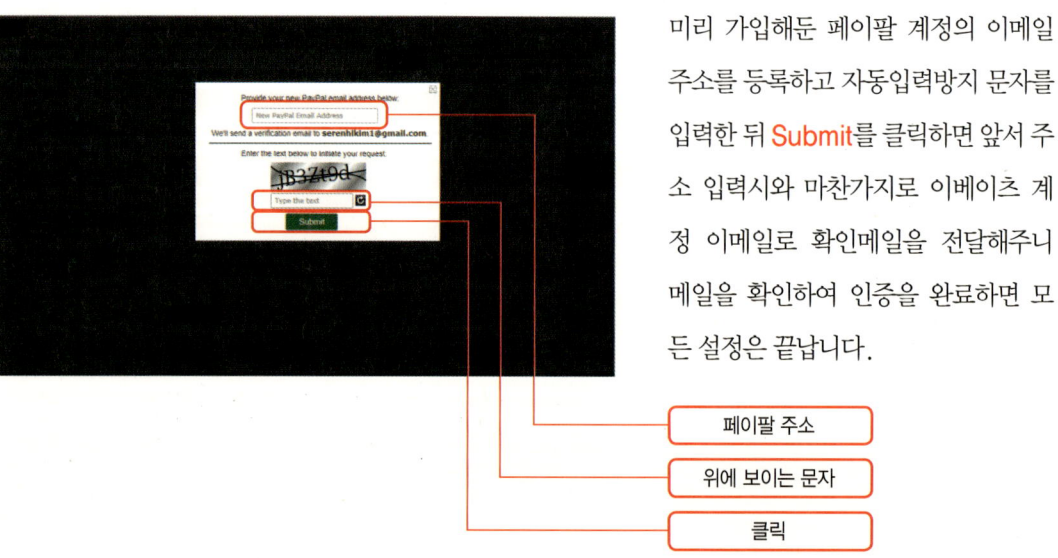

미리 가입해둔 페이팔 계정의 이메일 주소를 등록하고 자동입력방지 문자를 입력한 뒤 **Submit**를 클릭하면 앞서 주소 입력시와 마찬가지로 이베이츠 계정 이메일로 확인메일을 전달해주니 메일을 확인하여 인증을 완료하면 모든 설정은 끝납니다.

페이팔 주소
위에 보이는 문자
클릭

3. 미스터리베이츠 가입 및 사용방법

미스터리베이츠의 장점은 이베이츠보다 가맹점의 수는 적지만 적립율이 더 좋은 편이라는 것입니다. 내가 원할 때 페이팔로 송금이 가능합니다.

또한 계정을 하나 만들고 난 뒤 또 다른 계정을 더 만들면서 추천인 입력란에 처음 만든 계정의 이메일 주소를 등록하면 두 번째 계정에서 적립금이 쌓일 때마다 추천인으로 지목한 첫 번째 계정에 적립금의 20%를 적립해줍니다. 즉, 하나의 계정은 상품 구매에 대한 적립금을, 두 번째 계정엔 적립금의 20%를 추가로 적립받을 수 있게 됩니다.

• 미스터리베이트(www.mrrebates.com)

미스터리베이츠 회원가입은 우측 상단에 있는 Register를 클릭합니다.

클릭

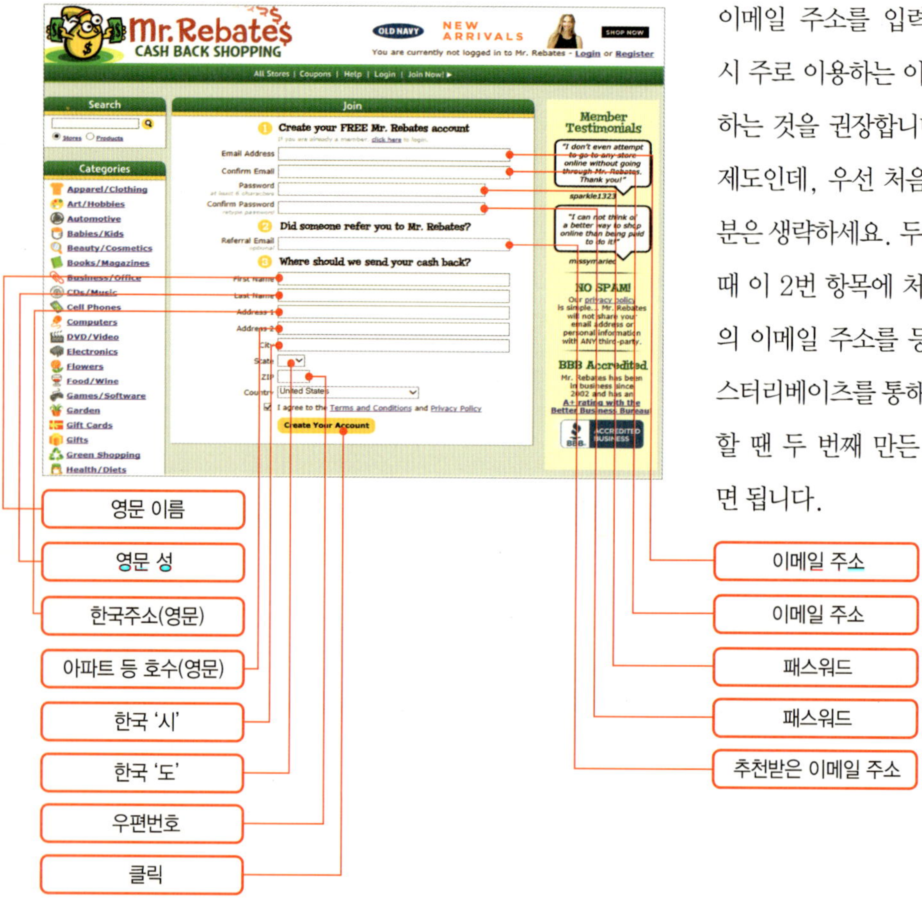

이메일 주소를 입력하는데 해외직구 시 주로 이용하는 이메일 주소로 사용하는 것을 권장합니다. 2번이 추천인 제도인데, 우선 처음 가입 시엔 이 부분은 생략하세요. 두 번째 계정을 만들 때 이 2번 항목에 처음 만들었던 계정의 이메일 주소를 등록하고, 실제 미스터리베이츠를 통해 쇼핑몰에서 직구할 땐 두 번째 만든 계정으로 사용하면 됩니다.

- 영문 이름
- 영문 성
- 한국주소(영문)
- 아파트 등 호수(영문)
- 한국 '시'
- 한국 '도'
- 우편번호
- 클릭
- 이메일 주소
- 이메일 주소
- 패스워드
- 패스워드
- 추천받은 이메일 주소

3번은 주소 입력 항목입니다. 미스터리베이츠는 미국 주소로만 가입이 가능하니 배대지의 미국 주소를 등록합니다.

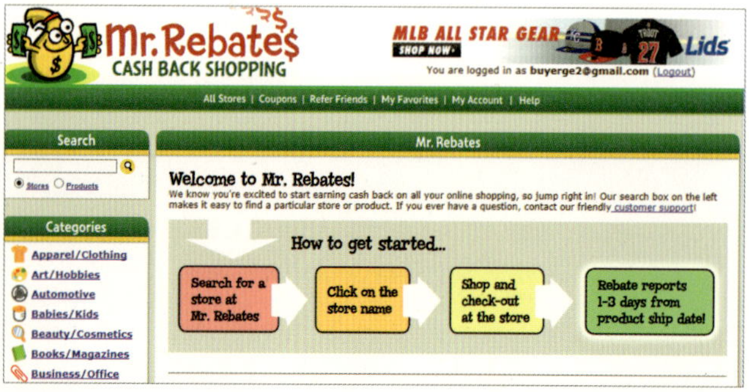

모든 항목 입력이 완료된 후 Create your Account를 클릭하면 가입이 완료됩니다.

Chapter 5 _쇼핑하면 진짜 돈 되는 캐시백의 세계

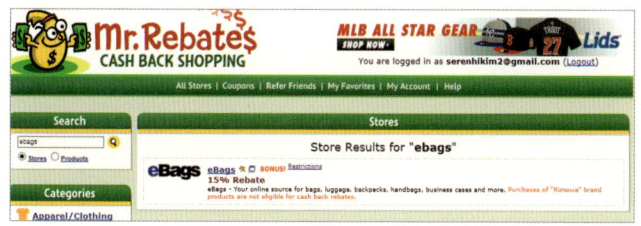

이제 좌측 상단에 있는 Search에서 직구하려는 쇼핑몰을 검색하여 해당 쇼핑몰이 나타나면 이베이츠와 적립율을 비교해서 높은 적립사이트를 통해 직구하면 됩니다.

쇼핑몰에 접속할 땐 접속됨과 동시에 위와 같은 팝업창이 나타나면 정상적으로 미스터리베이츠를 거쳐 접속하게 되고, 영업일 기준 1~3일 이내에 결제금액에 대한 해당사이트 적립율만큼 적립금이 쌓입니다.

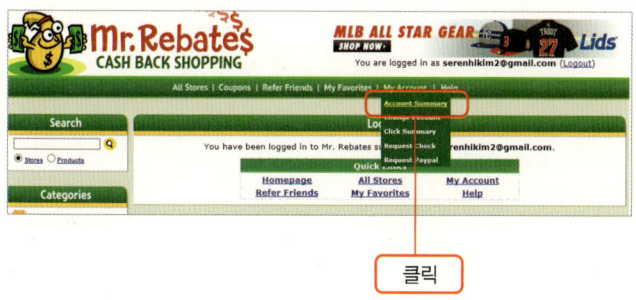

미스터리베이츠는 내가 원할 때 페이팔로 송금할 수 있는 장점은 있으나, 적립금이 쌓인 날을 기준으로 90일 이후에 페이팔로 송금이 가능합니다. 송금하기 전엔 먼저 페이팔 계정과 연동을 해야 하니 My Account에 있는 Account Summary로 이동합니다.

Leval **2** _해외직구 제대로 즐기기

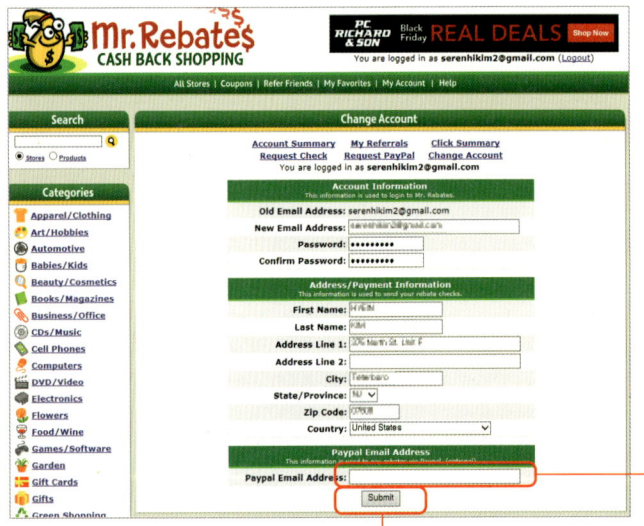

하단에 **Paypal Email Address** 입력란이 있는데 이곳에 본인의 페이팔 계정인 이메일 주소를 입력하고 **Submit**를 클릭하면 간단히 등록이 완료됩니다.

페이팔 주소

클릭

적립금이 쌓인 날로부터 90일이 지나면 페이팔로 송금이 가능한 때가 되면 My Account로 들어갔을 때 Pending Rebates(적립금)과 Available Rebates(페이팔 송금 가능금액)으로 표시되고 하단에 적립된 내역을 확인할 수 있습니다.

클릭

이때 **Request Paypal**을 클릭하면 위와 같은 화면이 나타나고 **Request Paypal Payment**를 누르면 영업일 기준 2~3일 이내에 페이팔로 송금이 완료됩니다.

클릭

4. 해외사이트 자체 리워드

해외직구 시 구매하려는 쇼핑몰에 자체적으로 마련되어 있는 다양한 '리워드(Reward)' 시스템을 활용하면 좀 더 금액을 절약할 수 있습니다.

리워드의 형태에는 크게 세 가지가 있습니다.
첫째는 캐시백 사이트처럼 결제 금액의 일정 퍼센트를 해당 쇼핑몰에 자체에 적립시켜 다음 구매 시 사용할 수 있게 하는 방식입니다.
둘째는 친구를 초대하고 그 친구가 물건을 구매할 경우 일정금액을 양쪽 모두에게 적립시켜주는 방식입니다.
셋째는 구매 이후 해당 쇼핑몰에서 특별 할인코드를 선물해주는 방식입니다.

이러한 리워드 시스템은 캐시백 사이트와는 무관하게 쇼핑몰 자체의 혜택이기 때문에 캐시백을 경유해 적립금을 지급받고, 자체 리워드를 통해 또 한 번의 할인을 받아 이중으로 저렴한 쇼핑이 가능합니다.

5. 페이팔로 받은 적립금, 국내 계좌로 송금받는 방법

캐시백 사이트를 통해 적립받은 적립금은 일정한 시일이 지나면 페이팔로 송금받을 수 있습니다. 페이팔로 받은 금액은 최소 10달러 이상부터 한국 계좌로의 송금이 가능하며 처리기간은 평일 기준 약 3~5일 정도 소요됩니다.

단, 송금받을 금액이 15만 원 이상일 땐 수수료가 무료이지만, 15만 원 미만일 경우엔 회당 1,500원의 수수료가 발생합니다. 물론 한국 계좌로 송금하지 않고 페이팔에 그대로 두면서 해외 쇼핑몰 결제 시 사용할 수도 있습니다.

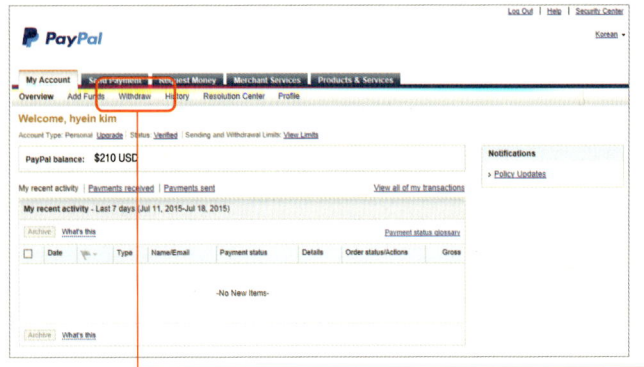

페이팔에 적립되면 My Account의 PayPal balace에 총 금액이 표시되고, 하단에 송금받은 내역이 표시됩니다. 가입 시 설정한 한국계좌로 송금받으려면 My Account의 Withdraw 를 클릭합니다.

클릭

Withdraw funds to your bank account를 클릭합니다.

클릭

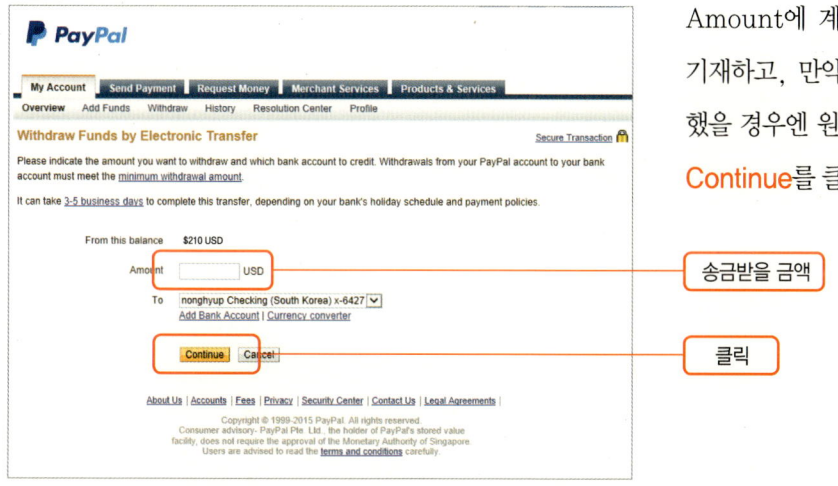

Amount에 계좌로 송금받을 금액을 기재하고, 만약 계좌를 여러 개 설정했을 경우엔 원하는 계좌로 선택한 뒤 Continue를 클릭합니다.

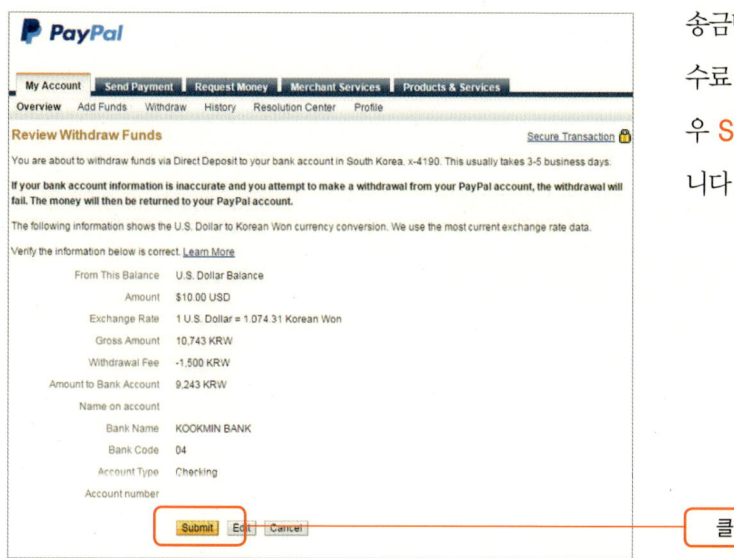

송금받을 금액과 원화 적용 환율, 수수료 등을 체크하고 이상이 없을 경우 Submit를 클릭하면 송금이 완료됩니다.

Chapter 6
취소와 반품이 진짜 실력이다

1. 해외직구 취소 방법

아마존을 제외한 대부분의 해외사이트는 별도의 주문취소 기능이 없습니다. 따라서 전화 또는 이메일, 라이브채팅 등을 통해 취소를 해야 하며 전화나 라이브채팅보단 간략하게 취소요청 메일을 보내는 것이 편리합니다.

해외 사이트마다 이메일을 보낼 수 있는 메뉴의 명칭은 서로 다르나 주로 상단 또는 하단의 Help, Customer Service, Contact Us, Email Us 등의 이름으로 표시되어 있습니다.

메일을 보낼 땐 아래 예시를 참고하세요. 이렇게 핵심적이고 간략한 내용만을 기재하여 보내면 됩니다.

- Hi, I'd like to cancel my order. ──── 주문을 취소하고 싶습니다.
- My order number is 00000000. ──── 내 주문번호는 00000000 입니다.
- Please accept my request and ──── 환불까지 처리해주세요.
  kindly refund me.

2. 배대지에서 교환, 반품 방법

교환도 우선은 배대지에 보관 중인 상품을 해외 쇼핑몰로 돌려보내야 하므로 반품의 범주에 속합니다. 다만 돌려보낸 후에 환불을 받을지 교환을 받을지가 다를 뿐입니다.

교환이든 환불이든 미국 내에서 택배를 보내는 것이므로 반드시 운송장 번호가 찍힌 스티커가 필요합니다. 이것을 라벨(Label) 또는 레이블이라고 하고, 배송 올 때의 라벨은 Shipping Label, 반품할 때의 라벨은 Return Label이라 부릅니다.

결과적으로 반품을 원할 땐 이 라벨을 받아 배대지에 전달해주면 배대지는 보관 중인 나의 박스에 그 라벨을 부착하여 보내주기만 하면 되고, 이 라벨을 얻어내는 과정이 해외직구 교환/반품 방법의 핵심이라 할 수 있습니다.

반품/교환의 과정

첫째, 해외 시이트에 반품/교환 신청메일 발송 및 택배리벨 요청
둘째, 해외 사이트에서 승인이 나면 리턴 라벨을 이미지 또는 출력 가능한 URL을 이메일로 전달
셋째, 리턴 라벨을 배대지에 전달 및 반품요청
넷째, 배대지에서 해외 사이트로 반품
다섯째, 해외 사이트에서 수령하면 환불 또는 교환품 발송

Leval ②_해외직구 제대로 즐기기

이것은 UPS의 라벨인데 어떤 택배사든지 라벨에는 택배사와 트래킹 넘버, 바코드가 표시되어 있습니다.

이제 가장 많은 직구족이 이용하는 아마존에 반품/교환 신청하는 방법에 대해 살펴보겠습니다.

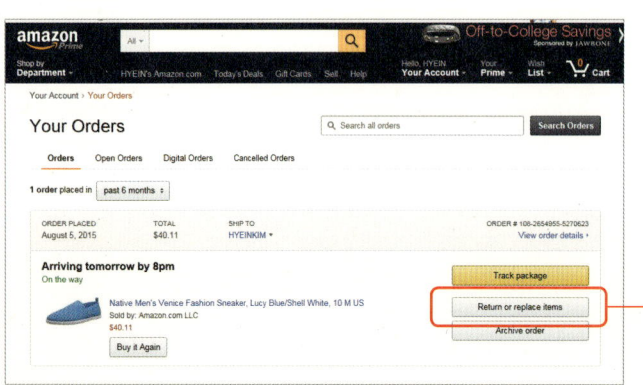

오더내역 메뉴의 구매한 상품 오른쪽에 있는 Return or replace items를 클릭합니다.

156

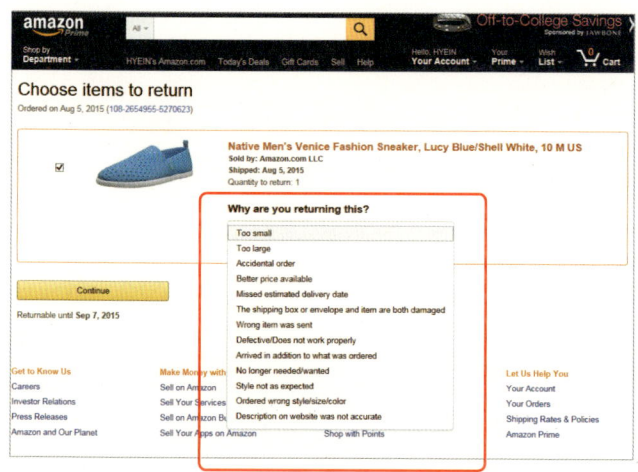

Choose a reason을 클릭하여 반품 사유를 선택합니다. 여러 가지 사유를 선택할 수 있지만 핵심적으로는 둘 중 하나를 택하면 됩니다. 변심이냐, 혹은 상품에 문제가 있어서냐.

Better Price available은 "더 나은 가격을 찾았다." 혹은 "찾을 것이다" 정도의 해석으로 볼 수 있는데 이것은 변심일 때 선택합니다.

The shipping box or envelope and item are both damaged는 박스와 내용물 모두 불량이라는 뜻으로 변심이 아닌 불량일 때 선택합니다.

다른 사유를 선택하면 판매자에게 연락할 수 있는 페이지가 나오기도 합니다. 큰 틀에서 벗어나지 않는다면 둘 중 하나를 고르도록 합니다.

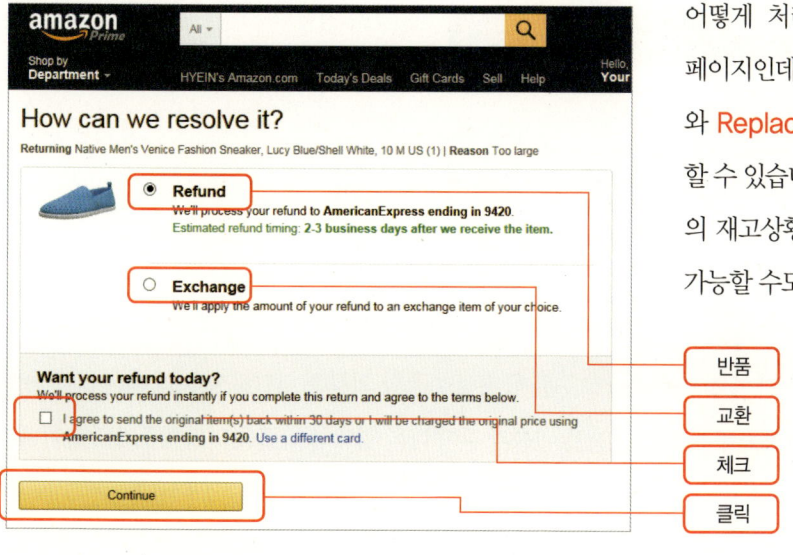

어떻게 처리해주면 좋을지 물어보는 페이지인데, 이곳에서 Refund(반품)와 Replace(교환) 둘 중 하나를 선택할 수 있습니다. 판매자의 특성과 물건의 재고상황에 따라 교환 없이 반품만 가능할 수도 있습니다.

Leval ❷ _해외직구 제대로 즐기기

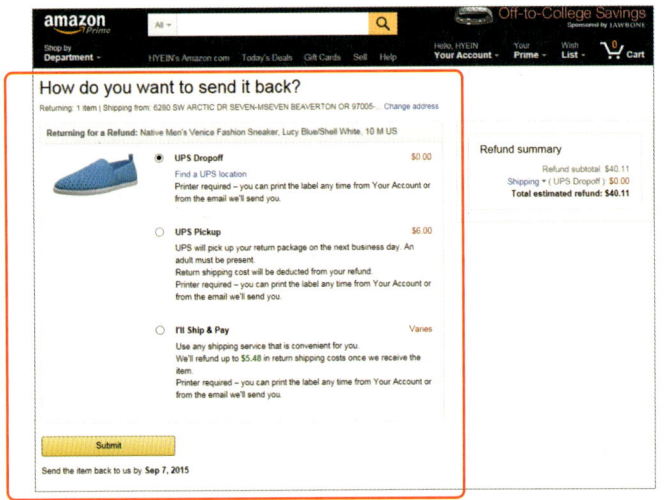

이제 반품 방법을 선택합니다.

UPS Drop Off는 리턴라벨을 받아 박스에 붙인 뒤 직접 택배사에 전달하여 반품하는 방식입니다.

UPS Pickup은 UPS 택배 기사가 직접 방문하여 수거하는 방식입니다.

I'll Ship & Pay는 본인이 직접 택배사를 지정하여 보내는 방식입니다.

Drop Off나 Pick up 방식은 사실 배대지에서 반품할 땐 차이가 없습니다. 어차피 배대지 창고엔 매일 미국 택배사의 직원들이 물건을 입고시키기 위해 찾아오기 때문에 반품할 박스를 그 직원에게 건네주기만 하면 됩니다. 즉, 픽업을 선택하지 않아도 택배기사가 배송하기 위해 매일 방문하므로 굳이 비싼 Pick up을 선택할 필요 없이 Drop Off로 선택합니다.

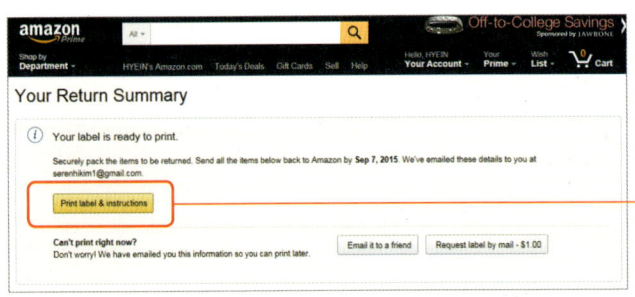

반품 신청한 내용이 요약되어 있는 최종 페이지에서 Print Label 버튼을 누르면 리턴 라벨을 확인할 수 있습니다.

반품

아마존이 아닌 다른 해외사이트의 경우엔 이메일을 통해 직접 반품할 의사를 전달하면 위와 같은 리턴라벨을 받을 수 있는데 일부는 라벨을 주지 않거나 혹은 왼쪽과 같이 다른 형태의 라벨을 전달해주기도 합니다.

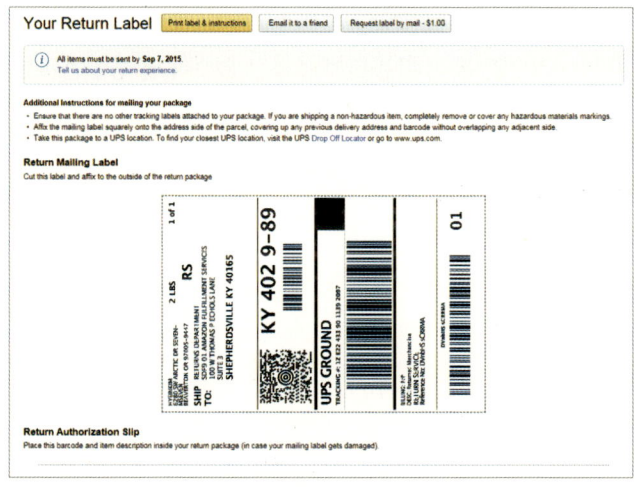

리턴라벨을 이미지 형식으로 저장한 후 배대지에 전달하면 됩니다. 배대지에선 라벨을 출력하여 박스에 붙인 뒤 반품을 진행합니다. 참고로 이 라벨이 화면에 나왔다는 것은 누군가가 반품 택배비용을 이미 선결제했다는 뜻이 됩니다.

즉, 해외 사이트에서 선결제를 한 리턴라벨로 반품의 사유가 불량이라면 고객부담이 없고, 변심이라면 나중에 환불할 금액에서 차감하게 됩니다.

아마존이 아닌 다른 해외 사이트의 경우엔 이메일을 통해 직접 반품할 의사를 전달하면 위와 같은 리턴라벨을 받을 수 있는데, 일부는 라벨을 주지 않거나 혹은 아래와 같이 다른 형태의 라벨을 전달하기도 합니다.

이 리턴라벨은 아마존에 반품을 신청했을 때 흔히 전달해주는 것으로 택배 스티커는 아닙니다. 어떤 택배사로 보내면 되는지도 없고 트래킹 넘버도 없기 때문입니다. 보통 아마존에서 활동하는 개인 셀러들에게서 상품을 구매했을 때 그리고 그 물건을 반품해야 할 때 이러한 라벨을 전달해주는 경우가 종종 있는데 이유는 다음과 같이 해석할 수 있습니다.

'반품은 허가하지만 나는 개인셀러라 택배사와 별도의 계약이 되어 있지 않아 택배 스티커는 줄 수 없으니 당신이 직접 택배사에서 신청해서 보내라. 단, 보낼 때 이 라벨도 같이 부착해서 보내주면 내가 반품을 승인한 박스로 판단하고 환불 또는 교환을 해주겠다.'

결국 본인 스스로 택배사 대리점으로 방문하여 요금을 결제한 뒤 운송장 스티커를 받아 부착 후 보내야 한다는 것입니다. 해외직구족은 미국 택배사 대리점으로 방문하여 반품을 보낼 수는 없으니 이 경우엔 배대지에 반품 대행을 요청하거나 UPS 등의 홈페이지에 가입하여 직접 택배신청 및 스티커를 받아 배대지에 전달하면 됩니다.

3. 국내에서 교환, 반품 방법

이미 한국에서 상품을 수령한 경우엔 본인이 직접 우체국 EMS 등을 통하여 미국 쇼핑몰로 반품하면 됩니다. 배대지를 통하여 한국으로 받았을 경우엔 미국쇼핑몰의 입장에선 최종 수령지는 배대지 창고가 되고 이후의 상품 위치에 대해선 책임질 필요가 없기 때문에 한국에서 상품을 받았을 때 반품신청을 하더라도 미국 내에서만 사용할 수 있는 리턴라벨을 발급해 줄 것입니다.

그렇다고 해서 배대지로 상품을 돌려 보낸 뒤 해당 리턴라벨로 미국 내 배송을 통해 반품시킬 필요는 없습니다. 배대지도 해외 사이트도 같은 미국이기 때문에 한국에서 반품 보낼 땐 곧바로 해외 사이트로 보내면 됩니다.

만약 해외 쇼핑몰에서 제공되는 직배송 서비스를 통해 받았다면 최종 수령지는 한국이 되므로 상품에 문제가 발생했을 경우엔 국제 택배비용에 대한 부담도 해외 사이트에서 집니다.

4. 교환이나 환불이 어려울 때 처리방법

한국에서 받은 상품에 대해 반품 또는 교환을 진행하는 것은 시간적으로, 비용 면에서도 여러 가지 어려운 부분이 많습니다. 상품을 정확히 구매하고, 문제없이 받는 것이 가장 이상적인 형태이지만 부득이하게 사이즈 미스, 색상이 마음에 들지 않는 등의 단순변심 사유일 땐 해외로 돌려보내기보다는 국내의 중고거래 사이트를 통해 판매하는 것이 더 이득인 경우가 있습니다.

비록 구매하고 보니 나에겐 어울리지 않지만 누군가에겐 잘 맞을 수 있고 더군다나 새 상품이기 때문에 중고로 판매할 가치는 충분히 있습니다.

게다가 한국보다 저렴하다는 사유로 해외직구를 하는 경우가 대부분이기 때문에 국내 시세보단 저렴하게, 거기서 내가 실제 구매한 가격보단 더 비싸게 판매할 수도 있어서 중고판매를 통해 이윤까지 남길 수도 있으므로 중고거래 사이트를 활용하는 것을 추천합니다.

Chapter 7 _아마존에서 쇼핑 200% 즐기기

Chapter 7
아마존에서 쇼핑 200% 즐기기

1. 아마존 프라임 가입과 해지방법

아마존 프라임이란 아마존에서 제공하는 유료 멤버십 제도입니다. 미국 내 전 지역을 2일 특급 무료배송 서비스와, 일반 회원보다 30분 일찍 핫딜 상품을 구매할 수 있는 등의 혜택이 주어집니다.

99달러를 지불하면 1년간 프라임 멤버 자격이 주어지는데 가입 후 30일 동안은 무료로 이용이 가능하므로 빠르게 상품을 받아보아야 하거나 딜 상품을 빨리 구매하고 싶을 때 활용하면 효과적입니다. 단, 30일이 지나면 자동으로 99달러가 결제되기 때문에 계속 이용할 게 아니라면 반드시 그 전에 해지해야 합니다.

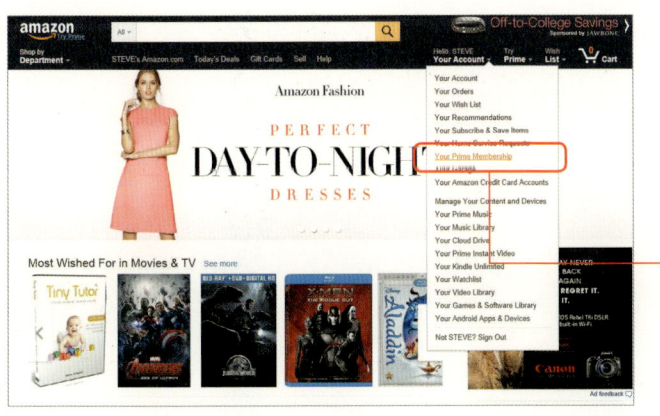

아마존에 로그인한 상태에서 Your Account에 마우스를 가져다 대면 나타나는 하단 메뉴 중 **Your Prime Membership**을 클릭합니다.

쉽고 빠른 해외직구 핵꿀팁 | 161

Leval ❷ _해외직구 제대로 즐기기

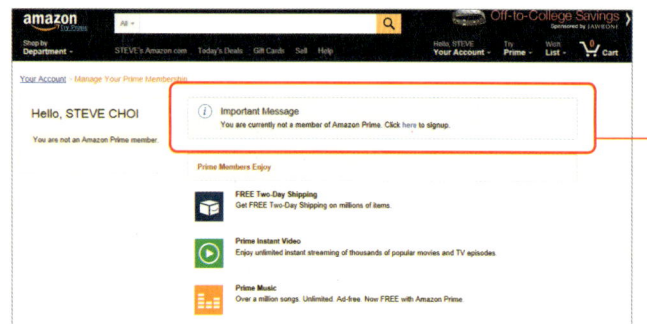

상단에 있는 파란색으로 표시된 here
를 클릭합니다.

클릭

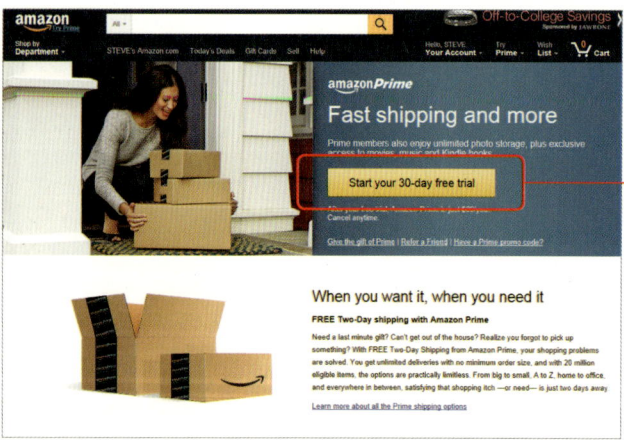

Start your 30-day free trial을 클
릭합니다.

클릭

Chapter 7 _아마존에서 쇼핑 200% 즐기기

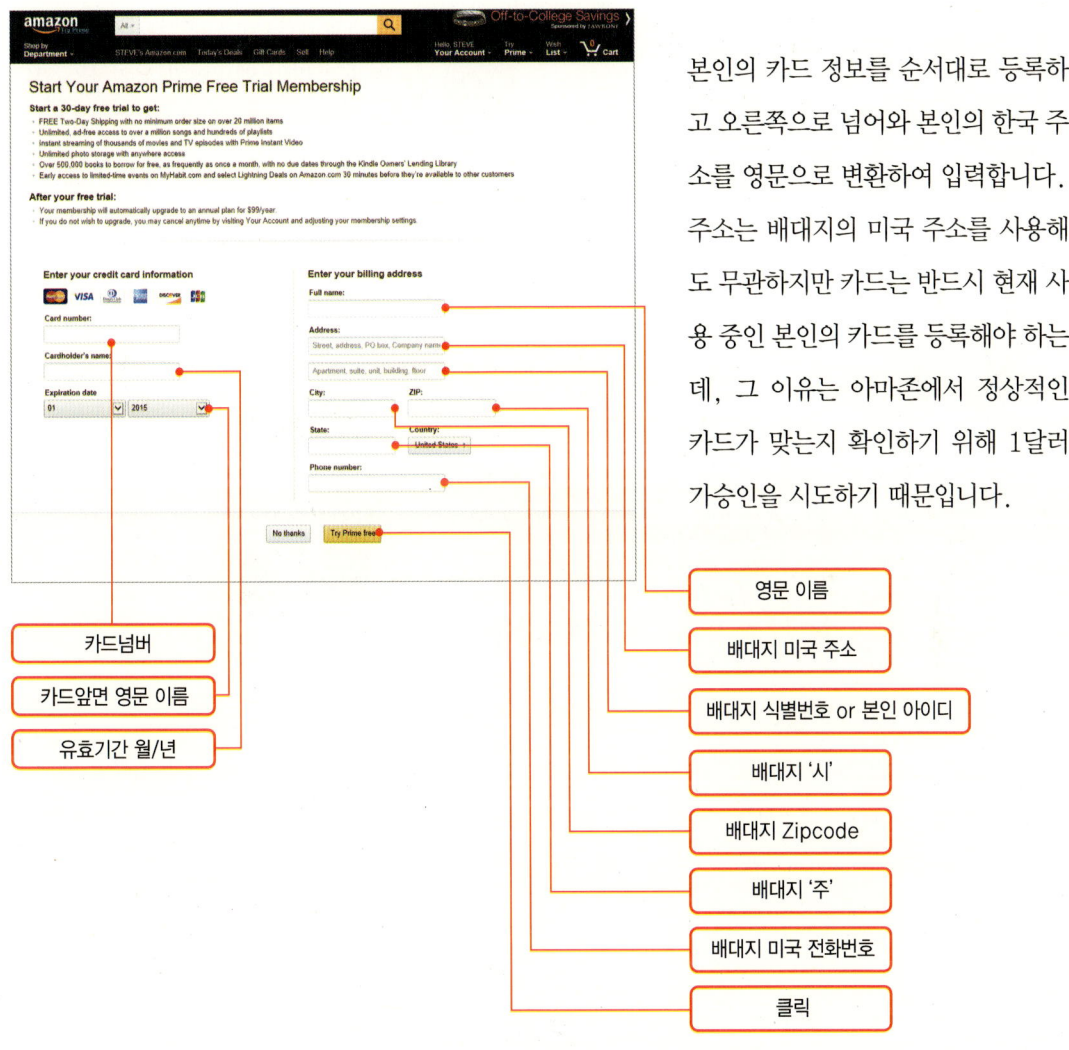

본인의 카드 정보를 순서대로 등록하고 오른쪽으로 넘어와 본인의 한국 주소를 영문으로 변환하여 입력합니다. 주소는 배대지의 미국 주소를 사용해도 무관하지만 카드는 반드시 현재 사용 중인 본인의 카드를 등록해야 하는데, 그 이유는 아마존에서 정상적인 카드가 맞는지 확인하기 위해 1달러 가승인을 시도하기 때문입니다.

Try Prime Free를 클릭하게 되면 가입이 완료되고 동시에 문자로 1달러 승인 문자가 전달됩니다. 카드사 문자서비스를 이용하지 않을 경우엔 홈페이지 승인 내역에서도 확인 가능한데 1달러 승인은 가승인일 뿐, 실제로 결제가 되는 것은 아닙니다.

쉽고 빠른 해외직구 핵꿀팁 | 163

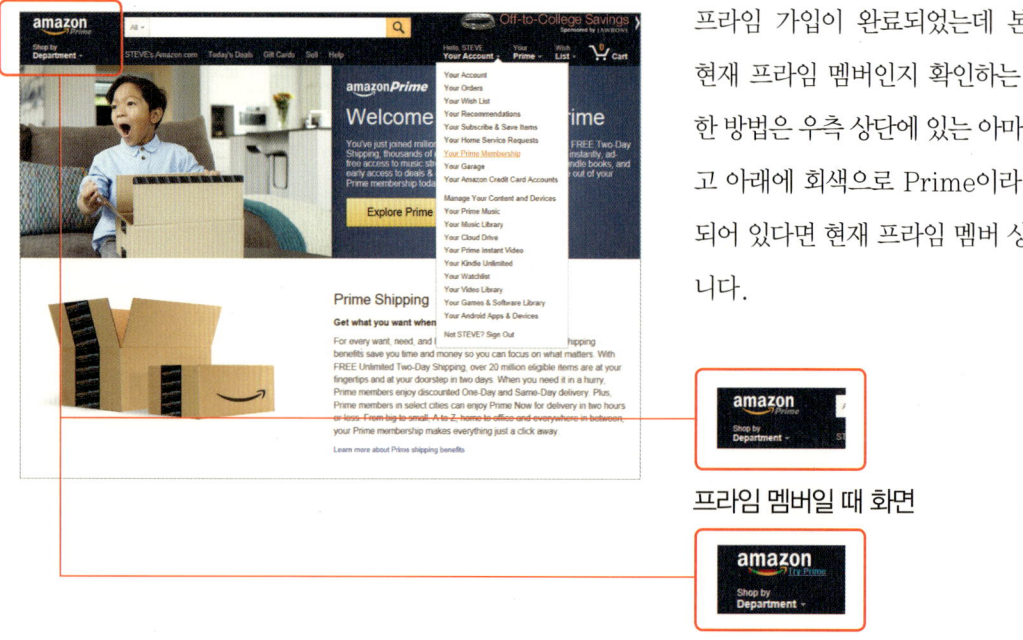

프라임 가입이 완료되었는데 본인의 현재 프라임 멤버인지 확인하는 간단한 방법은 우측 상단에 있는 아마존 로고 아래에 회색으로 Prime이라 표시되어 있다면 현재 프라임 멤버 상태입니다.

프라임 멤버일 때 화면

프라임 멤버가 아닐 때 화면

프라임 가입 후 30일이 지났을 땐 자동으로 99달러가 결제되는데 물론 99달러 결제 이후 프라임 혜택을 한 번도 받지 않았다면 전액 환불이 가능하지만 미리 해지를 해두는 것이 좋습니다. 정확히 표현하자면 해지가 아닌 30일 무료 기간만 이용하겠다는 설정과도 같습니다. 곧바로 Your Account 메뉴에서 Your Prime Membership으로 들어갑니다.

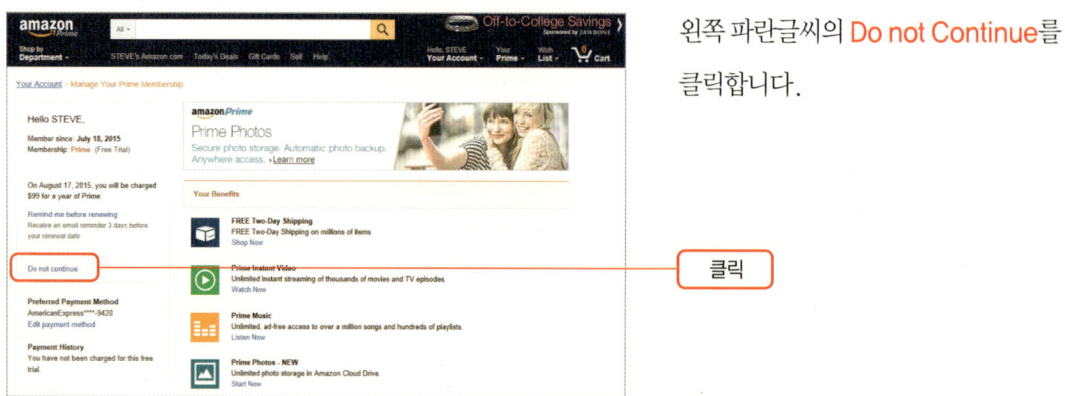

왼쪽 파란글씨의 Do not Continue를 클릭합니다.

클릭

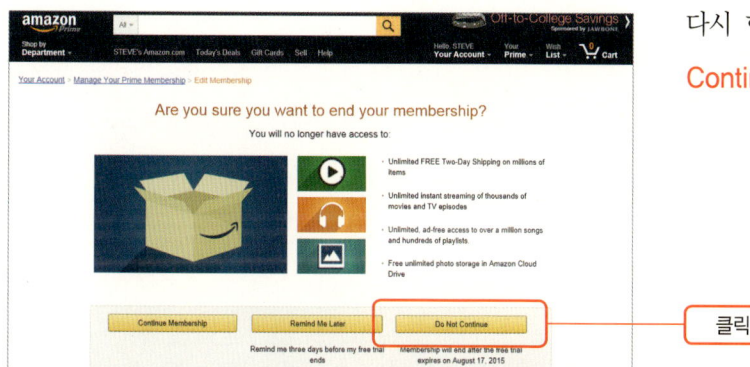

다시 한 번 노란색 버튼인 Do Not Continue를 클릭합니다.

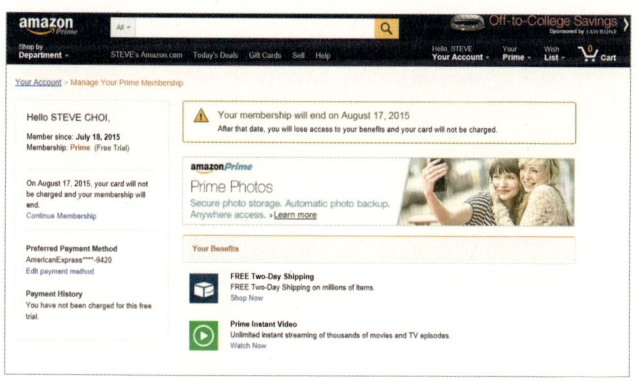

'가입한 시점부터 30일이 지나 종료가 되는 시점을 비롯해 무료 이용기간이 끝나면 카드 청구되는 것은 없다'라는 메세지 입니다.

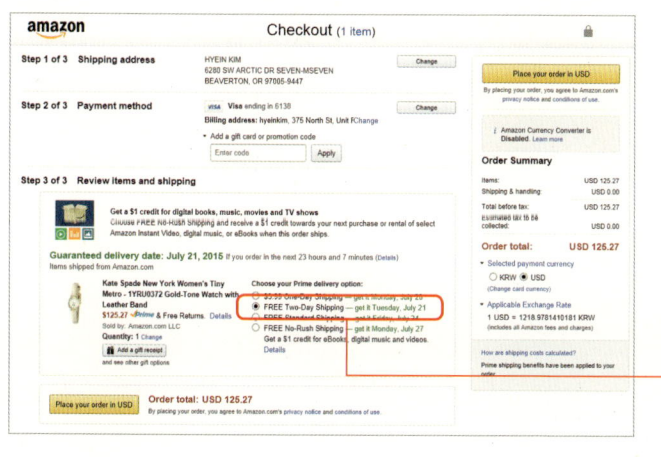

미국 내 2일 무료 특급배송은 상품목록에 Prime이라는 표시가 되어 있는 상품에 한해서만 적용이 가능합니다. 배송기간을 선택할 때 Free Two-Day Shipping으로 선택하면 2일 배송혜택을 누릴 수 있습니다.

Leval ❷ _해외직구 제대로 즐기기

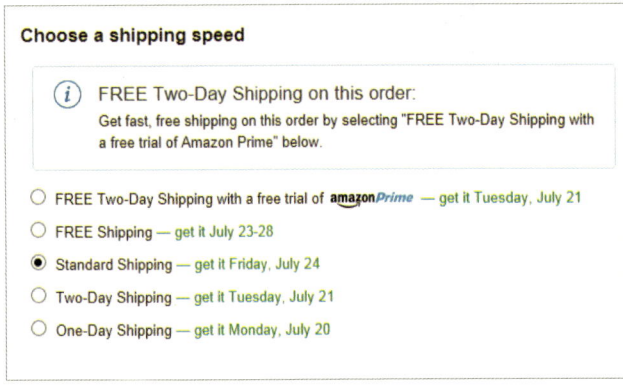

프라임 가입이 되어 있지 않은 상태에서 상품을 구매할 경우 결제를 진행하는 과정에서 총 2번의 프라임 가입을 권유받게 됩니다.

직구 초보자들이 가장 많이 실수하는 것이 바로 본인도 모르게 프라임에 가입했다가 어느 순간 99달러 결제가 된다는 것입니다.

배송기간 선택 시 **프라임 가입을 원치 않을 경우엔 절대 Free Two-Day Shipping with a free trial of amazon Prime을 선택하지 말아야 합니다.**

또한 위와 같은 페이지도 프라임 가입을 권유하는 페이지인데 원치 않을 경우엔 Get Free Two-Day Shipping이 아닌 **No Thanks**를 선택해야 합니다.

2. 아마존 맘 이용방법

아마존에는 프라임 회원이 누릴 수 있는 혜택이 다양하게 마련되어 있습니다. 그중엔 출산을 앞두고 있는 예비맘이나 이미 육아 중인 분들을 위한 특별 할인 서비스인 아마존 맘(Amazon Mom)이란 혜택도 포함되어 있습니다. 기저귀 정기 구매 시 20% 할인을 받을 수 있는데 한 번만 구매하고자 한다면 20% 할인을 받아 구매하고 난 뒤 곧바로 종료하면 됩니다.

게다가 아마존 프라임에 포함된 혜택이니 역시 2일 무료 특급배송을 받을 수 있어 프라임 30일 무료체험을 이용하는 육아맘 중에 기저귀가 필요하다면 이 서비스를 이용해 할인 받아 직구하면 저렴하게 그리고 빠르게 구매할 수 있습니다.

주의할 점은 이것은 엄연히 아마존 프라임에 포함되어 있는 혜택 중 하나기 때문에 아마존 맘을 이용하려면 프라임에 가입되어 있어야 한다는 것입니다. 반대로 아마존 맘에 먼저 가입하면 프라임에도 자동 가입이 되어 앞서 아마존 프라임에 대해 설명드린 바와 같이 30일이 끝나기 전에 해지해야 99달러 자동 결제를 막을 수 있습니다.

이제 아마존 맘 서비스에 가입하겠습니다.

우선 검색창에 amazon mom을 검색합니다.

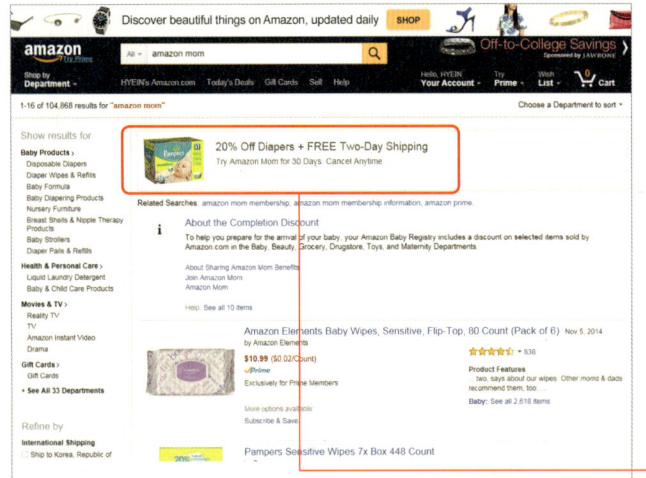

상단에 보이는 **20% Off Diapers + FREE Two-Day Shipping**을 클릭합니다. 만약 위 배너가 보이지 않을 땐 메인으로 돌아와 다시 검색하면 나타납니다. 혹은 Your Account 메뉴에서 **Amazon Mom Membership**을 클릭하면 아마존 맘 메인 화면으로 이동할 수 있습니다.

클릭

가입을 진행하기 위해 **Try Amazon Mom**을 클릭합니다.

클릭

Chapter 7 _아마존에서 쇼핑 200% 즐기기

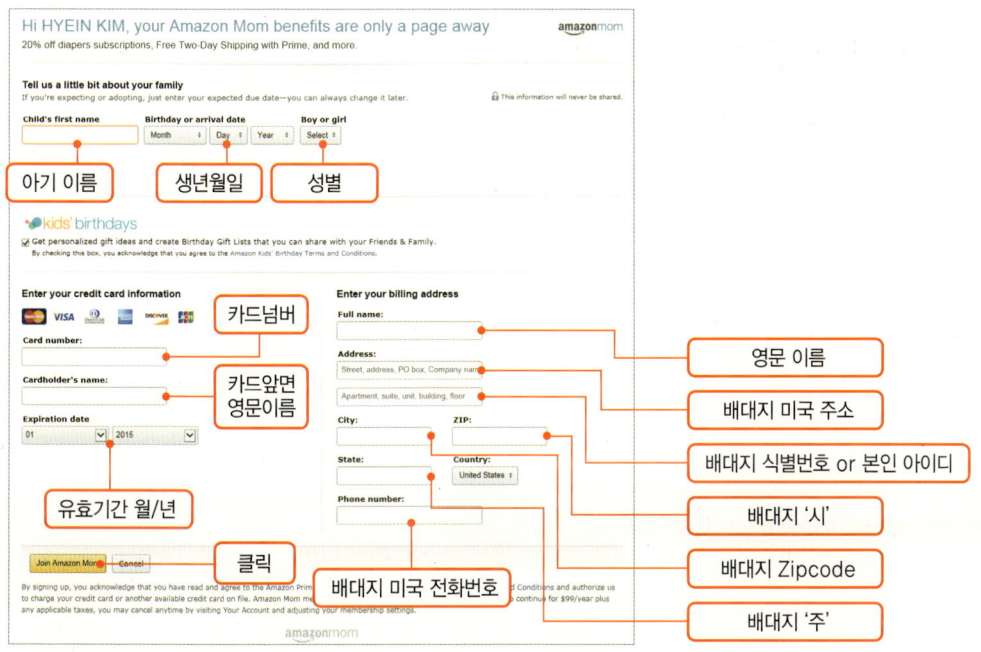

상단에 아기의 이름과 생년월일, 성별 등을 입력하고 아래 왼쪽에 카드 정보를, 오른쪽엔 본인의 한국 주소를 영문으로 또는 미국 배대지 주소를 등록하는데 만약 이미 아마존 프라임에 가입되어 있는 상태라면 카드 정보나 주소 입력 항목 없이 아기의 정보만 등록하는 항목만 표시되어 있습니다.

모든 항목에 대한 등록이 완료되었다면 Join Amazon Mom을 클릭합니다.

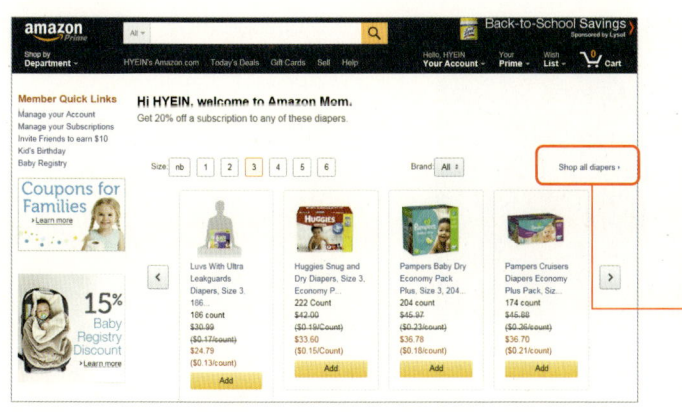

아마존 맘 가입이 완료 후엔 Shop all diapers에서 20% 추가할인 받을 수 있는 기저귀 제품 목록을 확인할 수 있습니다. 이 중에서 선택한 후 구매하면 됩니다.

Level ❷ _해외직구 제대로 즐기기

중요한 건 아마존 맘은 정기배송을 이용한다는 전제하에 20% 할인 혜택을 주는 것이다 보니 상세페이지에서 반드시 Subscribe & Save로 선택, 정기 배송 받을 기간까지 선택하고 난 뒤 Review Subscription을 클릭하여 일반적으로 아마존 직구 하는 방법과 동일하게 결제를 진행하면 됩니다.

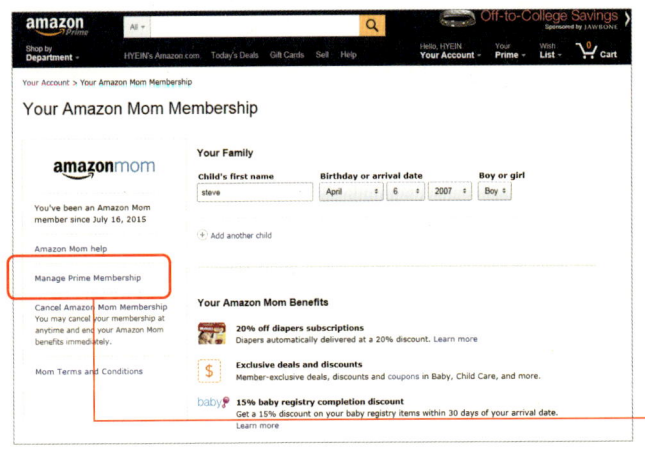

아마존 맘 서비스를 종료할 땐 Your Account 메뉴에서 Amazon Mom Membership을 클릭하여 아마존 맘 메인 화면으로 이동한 뒤 왼쪽에 있는 Manage your Account, 다시 왼쪽의 Cancel Amazon Mom Membership을 클릭합니다.

클릭

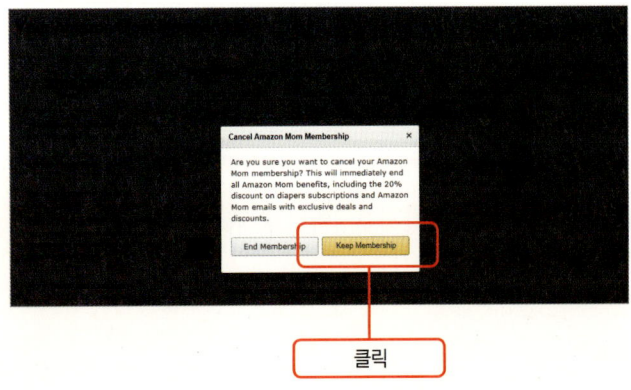

End Membership을 클릭하면 아마존 맘 서비스가 종료됩니다.

만약 아마존 프라임에 먼저 가입되어 있지 않은 상태에서 아마존 맘부터 가입했다면 자동으로 아마존 프라임에도 가입되니 이 경우엔 아마존 맘 서비스 종료뿐만 아니라 아마존 프라임 해지 설정도 함께 해주어야 합니다.

클릭

3. 아마존 베이비 레지스트리 이용방법

출산을 앞둔 예비맘인 경우엔 베이비 레지스트리(Baby Registry) 서비스를 이용하면 육아용품을 1회에 한해 10% 할인을 받을 수 있고, 아마존 맘에 가입되어 있을 경우엔 15%를 할인받을 수 있습니다.
베이비 레지스트리는 생성 후 14일 이후부터 사용 가능하고, 아기 생일 60일 전, 생일 후 30일간 할인이 가능합니다.

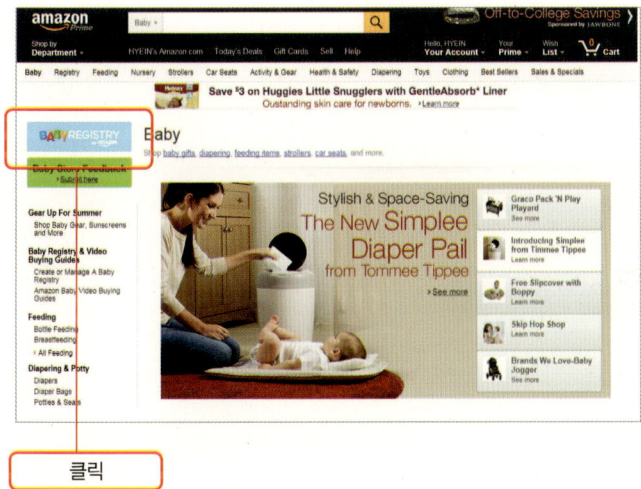

베이비 레지스트리 신청을 위해 로고 바로 아래에 있는 Shop by Department 메뉴의 Toys, Kids & Baby에서 Baby 메뉴로 이동합니다.
베이비 레지스트리 메뉴는 Your Account를 클릭했을 때 맨 하단에 있는 Personalization에서 확인할 수 있고 또는 검색창에 Baby Registry를 검색해도 됩니다. 왼쪽 화면에 보이는 BABY REGISTRY를 클릭합니다.

Get Started를 클릭합니다.

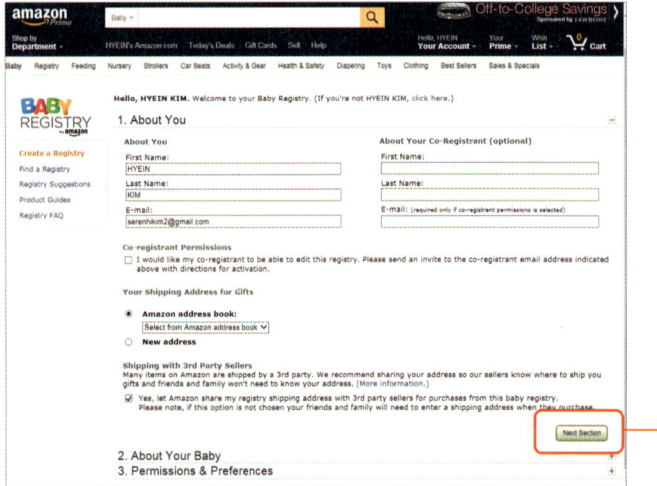

기본적으로 입력되어 있거나 채워져 있는 항목은 수정할 필요가 없으며 오른쪽에 있는 About Your Co-Registrant 는 배우자 등의 정보이니 생략해도 무관합니다.

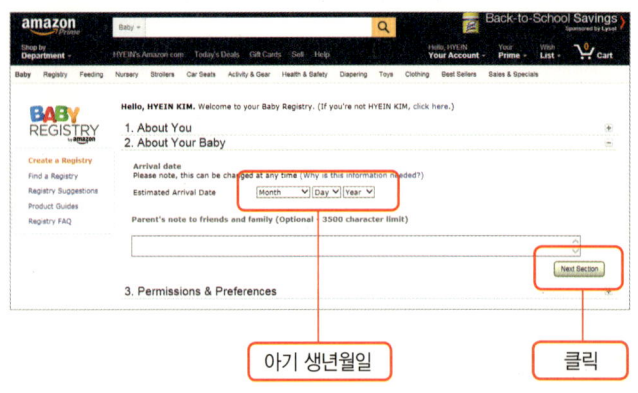

Amazon address book은 기존에 등록해둔 주소가 있다면 그것을 선택하고 주소 정보가 없을 경우엔 본인의 한국 주소를 영문으로 또는 미국 배대지 주소를 등록한 뒤 Next Section을 클릭합니다.

다음으로 2번, 아기가 태어날 생일을 입력할 때엔 최소 14일 + 60일 이후로 설정합니다.

예를 들어 신청날짜가 7월 1일이라면 아기의 생일은 9월 12일로 지정하는 것입니다. 이렇게 해야 14일 이후인 7월 15일부터 사용이 가능하고 생일 전 60일이라는 넉넉한 유효기간을 만들 수 있습니다.

Chapter 7 _ 아마존에서 쇼핑 200% 즐기기

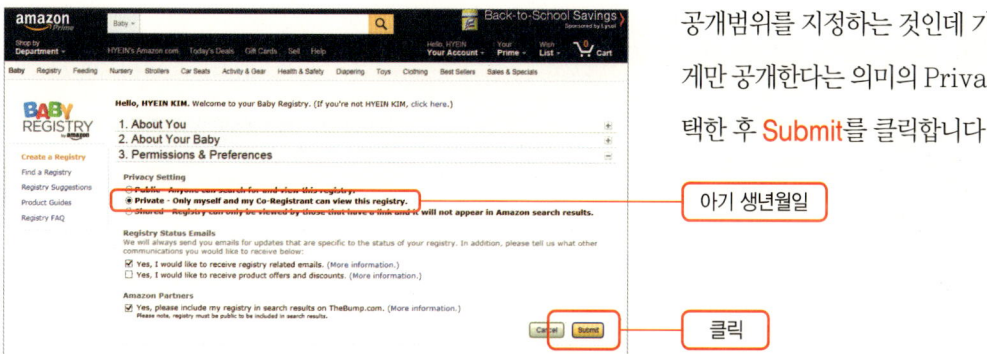

공개범위를 지정하는 것인데 가족들에게만 공개한다는 의미의 Private로 선택한 후 Submit를 클릭합니다.

아기 생년월일

클릭

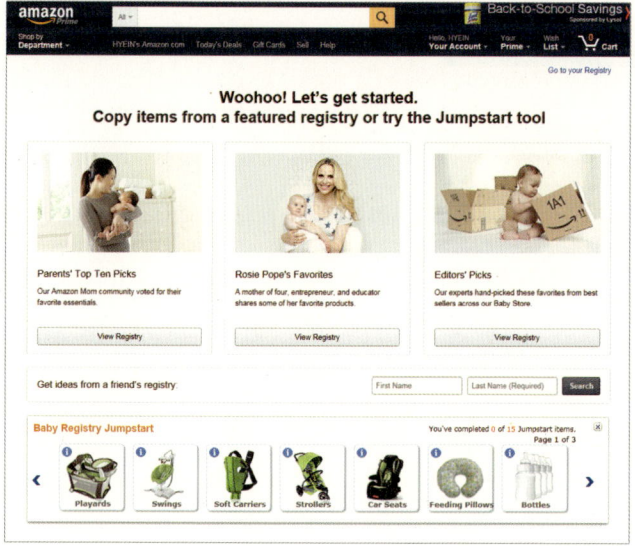

이렇게 해서 베이비 레지스트리 신청이 완료되었습니다.

Leval 2 _해외직구 제대로 즐기기

이제 14일이 되기 전 미리 구매할 육아용품을 장바구니에 담아두는데, 일반적인 Add to Cart가 아닌 **Add to Baby Registry**를 클릭합니다.

베이비 레지스트리에 담아둔 상품은 Your Account - Personalization - Your Baby Registry 메뉴에서 확인 가능합니다.
이렇게 미리 구매할 육아용품을 담아두고 14일 이후 10~15% 할인이 되었는지 확인 후 결제하면 됩니다.

프라이스 매치와 프라이스 어드저스트먼트

1. 프라이스 매치(Price Match)

타사보다 저렴한 가격을 보장한다는 정책 중 하나로, 모든 사이트가 프라이스 매치를 보장하는 것은 아닙니다. 최저가를 찾아낸 해당 경쟁업체가 공식적인 사업자인지를 따져본 후 가능한 경우라면 차액만큼 환불을 해주는 것으로 아마존의 경우엔 TV와 핸드폰에 한해 프라이스 매치 제도를 시행하고 있는데 프라이스 매치가 가능한 상품은 price low guarantee 문구가 표시되어 있습니다.

구매하고 배송된 지 14일 이내에 타사에서 더 저렴하게 판매하고 있는 것을 발견하여 아마존에 URL 등을 알려주면 차액만큼 환불을 받을 수 있습니다.

프라이스 매치가 유용한 것은 한국카드를 받아주지 않는 직구 불가 쇼핑몰에서 최저가에 판매하고 있는 상품이 있을 때 그 상품을 판매하는 다른 직구 가능한 쇼핑몰에 요청하여, 해당 가격으로 구매할 수 있는지 물어보고 가능한 경우라면 할인을 받을 수 있습니다. 주로 백화점 사이트에서 이러한 서비스를 많이 진행하고 있습니다.

2. 프라이스 어드저스트먼트(Price Adjustment)

자사 사이트에서 판매 중인 상품에 대해 구매한 이후 가격이 변경되면 그 차액만큼 환불해 주는 제도입니다. 예를 들어, 오늘 정상가격으로 구매했는데 내일 할인코드나 세일이벤트가 진행되어 가격이 내려간다면 차액을 환불해달라는 신청을 할 수 있는 제도가 바로 프라이스 어드저스트먼트입니다.

역시 모든 사이트가 프라이스 어드저스트먼트를 보장하는 것은 아니며, 보장하더라도 일정 기간 내에 신청해야 하고 환불해주는 금액도 차액 전체일 수도 아닐 수도 있으니 각 사이트별로 이러한 정책이 있는지 체크해보시기 바랍니다.

폴로나 갭은 프라이스 어드저스트먼트를 시행하는 대표적인 인기 직구 사이트입니다.

아마존의 경우 셀러가 아마존인 상품일 경우엔 상품 제약 없이 모두 가능하며 프라이스 매치와 동일하게 구매하고 배송된 지 14일 이내에 가격이 변경되었을 땐 프라이스 어드저스트먼트 신청이 가능합니다

단, 투데이 딜이나 라이트닝 딜과 같이 딜로 인해 가격이 내려간 경우엔 적용되지 않습니다.

해외직구 고수들의 핵꿀팁 대공개!
당신도 이제 쇼핑으로 돈 버는 직구의 고수!

Level 03

해외직구 고수를 위한 팁

Chapter 1_ 고수들만 아는 미국 사이트 할인정보
Chapter 2_ 세금을 알면 당신은 진짜 전문가!
Chapter 3_ 정당하고 당당하게 세금 면제받자!
Chapter 4_ 배대지, 내 맘대로 이용 노하우
Chapter 5_ 아마존, 숨은 1cm를 찾으면 더 저렴하다!
Chapter 6_ 어디가 싼지 안 가봐도 안다!
Chapter 7_ 결제 승인거절? 나랑은 상관없는 얘기야!
Chapter 8_ 변팔까지 만들어야 진정한 고수!

Chapter I
고수들만 아는 미국 사이트 할인정보

1. EST와 PST의 이해

해외 쇼핑몰에서 마지막 결제하기 직전까지 두 번, 세 번씩 확인해야 하는 것이 바로 할인코드입니다. 보통 해외직구를 하는 것은 저렴하게 살 수 있다는 이유가 가장 큰데, 거기에 추가로 할인받을 수 있는 할인코드가 있다면 그것을 무시한 채 결제할 이유가 전혀 없습니다.

인터넷엔 수많은 미국 쇼핑몰의 할인코드들이 넘쳐납니다. 미국은 해외 사이트마다 적용하는 기준시간이 다르기 때문에 각 사이트마다 세일기간, 할인코드의 유효기간이 다르므로, 과연 언제부터 적용이 가능하고, 언제까지 할인받을 수 있는지에 대해 명확한 개념 파악이 중요합니다.

우선 미국의 시간 기준은 아래와 같습니다.

서부는 PST 또는 PT,
중부는 CST 또는 CDT,
동부는 EST입니다.
참고로 한국은 KST입니다.

서머타임 기간(미국의 경우 4월 첫째 주 일요일~10월 마지막 주 일요일까지 서머타임)엔 미국 서부는 한국보다 16시간, 중부는 14~15시간, 동부는 13시간 느립니다.

대부분의 미국 쇼핑몰은 동부와 서부에 많이 모여 있는 편이라 동부와 서부의 시차만 간단하게 계산하는 방법을 외워두어도 직구하는 데 많은 도움이 됩니다.

PST 미국 시간은 낮 밤을 바꾸고 +4를 더하면 한국시간을 구할 수 있고, EST 미국 시간은 낮 밤을 바꾸고 +1을 더하면 한국시간이 됩니다. 그래서 PST 오전 9시는 한국시간 밤(새벽) 1시이고, EST 오전 9시는 한국시간 밤(새벽) 10시입니다.

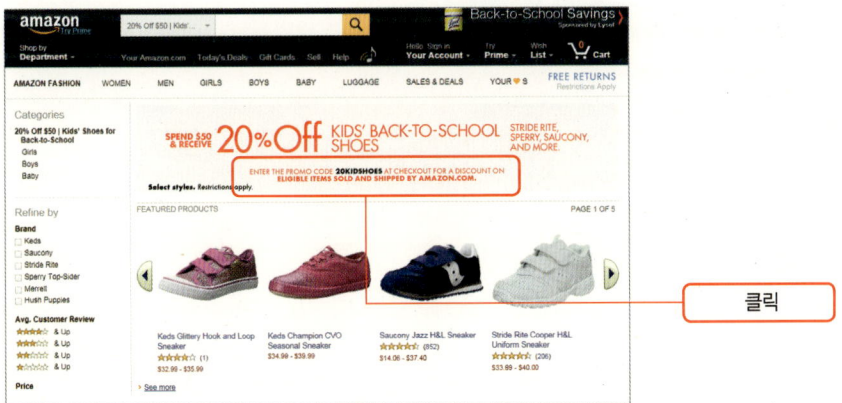

아마존은 의류나 시계, 가방, 전자제품 등 제품의 카테고리 메인에서 세일이나 할인코드 이벤트 등을 확인할 수 있는데 하단을 내려가 보면 PT시간을 기준으로 한다는 것을 알 수 있습니다.

이 할인코드가 만약 미국시간으로 12월 22일 밤 11시 59분까지라면 한국시간으로는 밤낮을 바꾸고 +4, 즉 12월 23일 낮 3시 59분(정확히는 16시 59분)입니다.

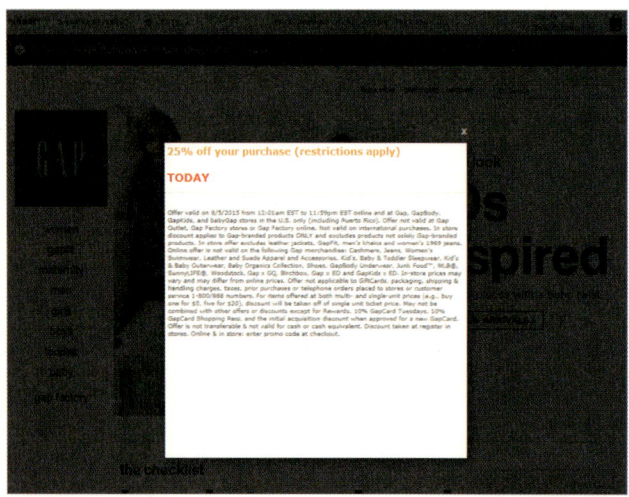

갭은 EST 시간을 사용하며 할인코드가 만약 12월 17일 밤 11시 59분까지라면 한국시간으론 밤낮을 바꾸고 +1, 즉 12월 18일 낮 12시 59분까지 적용 가능하다는 것입니다.
서머타임이 해지되는 겨울(미국의 경우 11월 첫째 주 월요일~4월 둘째 주 월요일)에는 시차가 1시간씩 늘어나게 됩니다.

그래서 PST 시간 오전 12:00는 한국시간으로 오후 5시, EST 시간 오전 12:00는 한국시간으로 오후 2시입니다.

2. 할인코드, 핫딜 정보 네이버 검색 시간

앞서 EST와 PST의 시간차에 대해 확인을 했습니다. 하지만 모든 사이트가 한국시간으로 몇 시부터 세일이 시작되는지, 언제 종료되는지를 파악할 필요는 없습니다.

서머타임 기간엔 한국시간 오후 1시와 4시를 기억하고 있으면 됩니다.
PST 시간대를 사용하는 쇼핑몰은 한국시간 오후 4시부터, EST 시간대를 사용하는 쇼핑몰은 한국시간 오후 1시부터 시작되기 때문입니다.

이때, 직구관련 정보제공업체나, 배송대행업체에선 할인코드 정보를 온라인상에 퍼뜨리게 됩니다. 즉, 오후 1시에 네이버나 다음 등에 직구하려는 사이트의 할인정보를, 오후 4시에 또 한 번 할인정보를 검색하면 최신 할인정보, 핫딜 소식을 확인할 수 있습니다.

물론 할인정보를 며칠 전에 미리 파악하여 예고형식으로 제공하는 정보업체도 있으며 이러한 정보 사이트 몇 군데를 익혀두는 것도 좋은 방법입니다. 서머타임이 해지된 겨울엔 한국시간 오후 2시와 오후 5시가 세일 및 할인코드 적용 시작 시간이 됩니다.

3. 네이버 검색 방법

네이버나 다음과 같은 포털 사이트에 활동하는 수많은 직구관련 마케팅업체들은 '아마존 직구방법', '아마존 할인코드', '갭 세일', '폴로 할인코드', '해외직구 사이트 추천', '배대지 추천' 등등 직구족들이 관심 있어 할 만한 키워드를 캐치하고 해당 키워드들로 검색했을 때 가장 상위에 자신들의 정보를 노출시켜야 유저들로 하여금 클릭이나 구매 등의 반응이 나타날 확률이 높아지므로 치열한 키워드의 다툼이 벌어지는 키워드 전쟁터와도 같습니다.

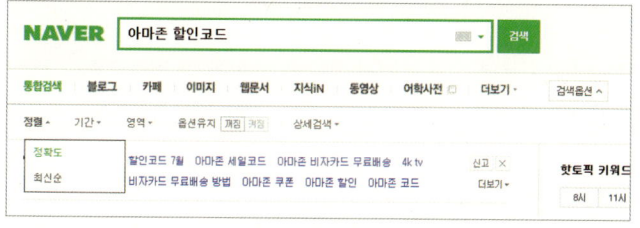

그래서 특정 사이트에서 핫딜 행사가 진행된다거나 할인코드 정보가 오픈되면 이것을 재빨리 광고 또는 블로그나 카페 등에 포스팅하여 노출시킵니다. 네이버나 다음은 검색결과에서 '정확도'로 반영된 결과를 먼저 보여주기 때문에 검색한 키워드와 정확도면에서 점수가 높다면 이전에 등록된 정보라도 그 결과물들이 우선적으로 화면에 나타납니다.

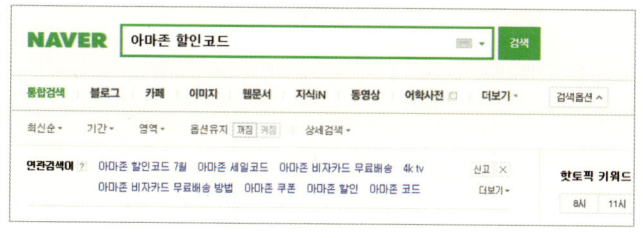

따라서 핫딜 정보나 할인코드 정보를 검색할 때 검색옵션에서 '정확도'가 아닌 '최신순'으로 검색해야 가장 최근에 등록된 새로운 정보를 확인할 수 있습니다.

4. 직구 전용 이메일 계정

해외 사이트는 대부분 이메일 계정이 로그인 ID로 사용되고, 각종 프로모션이나 세일행사, 할인코드 등의 정보뿐만 아니라 주문확인, 배송, 기타 문의사항에 대한 답변 등을 모두 이메일을 통해 전달하기 때문에 직구전용 이메일 계정을 개설하는 것이 좋습니다. 주로 이용하는 메일 계정과 같이 사용할 경우 지나치게 많은 정보 메일 때문에 혼란스러워질 수 있기 때문입니다.

쇼핑몰에 가입하게 되면 하루가 멀다 하고 사이트들에서 수많은 정보메일이 전달되는데 이 중엔 사이트에 가입된 회원에게만 발급되는 특별 할인코드를 이메일로만 제공하는 이벤트도 종종 포함되어 있습니다.

네이버나 다음 등 이메일 서비스를 제공하는 국내 회사를 사용해도 크게 상관은 없으나 가급적 직구전용 계정으로는 구글 Gmail이 활용가치가 더 높습니다.

네이버나 다음 등은 한사람의 개인정보로 만들 수 있는 이메일 계정의 개수가 정해져 있지만 구글의 Gmail은 개인정보를 수집하지 않기 때문에 중복되는 이메일 주소만 아니라면 얼마든지 개설이 가능합니다.

간혹 아마존 프라임을 이용하다 한달 무료이용 기간이 끝났는데 급하게 상품을 받아야 할 경우, 또는 프라임 회원들에게만 제공되는 할인행사가 진행될 경우 새로운 계정으로 아마존에 가입을 해야 하는데 Gmail이라면 새로운 이메일 계정을 만들어 프라임 혜택을 누릴 수 있습니다.

이렇게 여러 개의 Gmail 계정을 만들어두면 아마존뿐만 아니라 친구 초대 시 초대한 사람도, 초대받아 가입한 사람도 적립금을 지급하는 이벤트를 진행하는 사이트에서도 활용이 가능합니다.

Chapter 2
세금을 알면 당신은 진짜 전문가!

1. 관세율 확인 방법

목록통관 허용 상품일 경우 상품가액 200달러, 그 외 일반통관은 선편요금 포함 15만 원까지 세금이 면제되지만 면제 한도를 초과하면 관세와 부가세 등 정해진 세율에 의해 세금이 부과됩니다.

특히 관세는 품목에 따라 세율이 다른데 관세청 종합 솔루션 YesFTA(관세청포털) 사이트에서 간단하게 관세율을 확인할 수 있습니다.

관세청(www.customs.go.kr/portalIndex.html)

관세청포털은 YesFTA는 이름에서도 알 수 있듯이 FTA 협정에 관한 자료를 상세히 찾아볼 수 있고 수입품과 수출품의 관세율 등을 조회할 수 있는 사이트입니다.

Leval 3 _해외직구 고수를 위한 팁

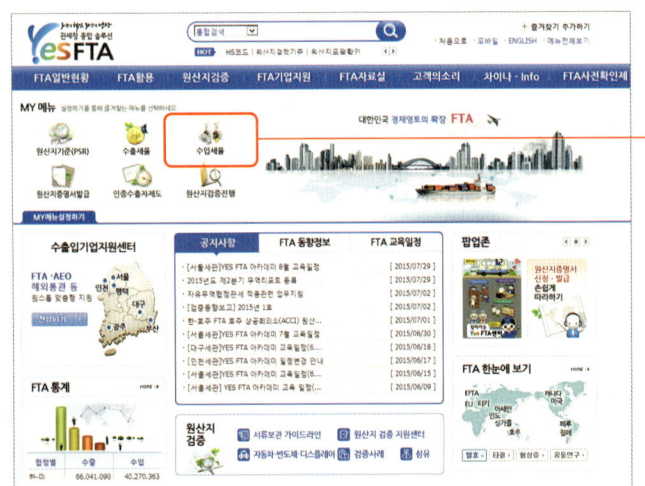

관세율을 조회해보기 위해선 왼쪽 상단에 있는 수입세율로 들어갑니다.

클릭

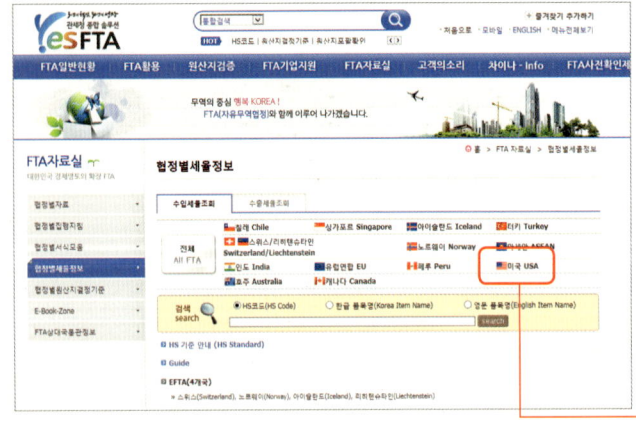

이곳은 FTA 협정세율을 조회할 수 있는 곳이기 때문에 한국과 FTA 협정을 맺은 체약국간의 세율을 조회할 수 있습니다. 만약, 미국사이트에서 해외직구를 했다면 미국을 클릭한 후 검색항목에서 HSCODE 또는 한글이나 영문 품목명으로 상품을 검색합니다.

클릭

HSCODE는 제품과 원자재, 부품 등 실로 상상할 수도 없는 수없이 많은 상품을 공통된 분류로 묶어 수치화시킨 코드입니다. 따라서 본인이 직구할 상품의 관세율을 확인하기 위해서 그 상품이 속해 있는 HSCODE가 무엇인지 파악하면 빠르고 정확한 검색이 가능합니다.

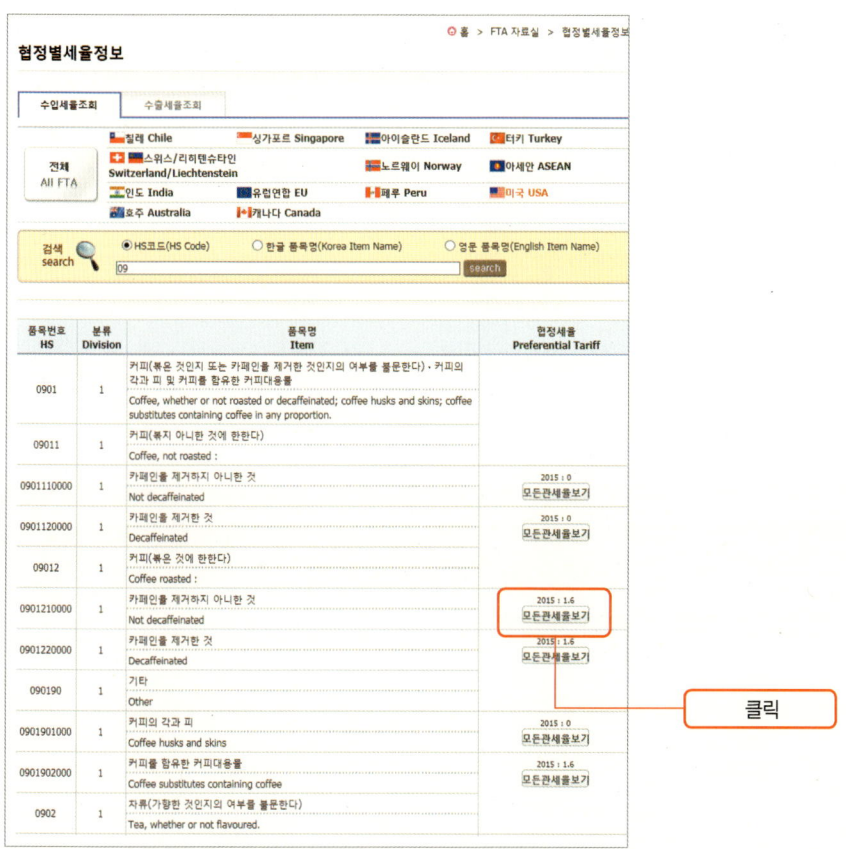

예를 들어 커피의 관세율을 확인한다고 하면 커피의 HSCODE 또는 한글 품목으로 조회를 할 텐데 단순히 커피로만 검색할 경우엔 여러 종류의 커피(카페인을 제거하지 아니한 것, 제거한 것, 볶은 것, 안 볶은 것, 커피를 함유한 커피 대용물 등등)이 나타납니다. 자세히 보면 맨 앞줄 품목번호 HS가 모두 0901로 시작합니다(맨 아래 제외). HSCODE 09는 커피, 차, 향신료를 의미하는 코드로 0901은 그 중에서도 커피를 뜻합니다.

이제 관세율을 확인하기 위해 직구하려는 제품이 속해 있는 상세 종류 맨 오른쪽 협정세율의 모든 관세율 보기를 클릭합니다.

Leval ③ _해외직구 고수를 위한 팁

여러 가지 항목들이 나오는데 해외직구족, 특히 미국 직구 시 주의 깊게 봐야 하는 건 기본 세율과 WTO 협정세율, 한미FTA 협정세율 등 총 세 가지입니다.

• 관세율 우선순위

적용순위	세율 종류	비고
1순위	덤핑방지관세, 상계관세, 보복관세, 긴급관세 특정국물품긴급관세, 농림축산물에 대한 특별 긴급관세	관세율 높낮이에 관계없이 최우선 적용
2순위	국제협력관세, 편익관세, WTO협정세율, FTA세율, 농림축산물양허관세	3,4,5,6순위 세율보다 낮은경우에만 적용, 단, 농림축산물양허관세는 세율이 높은 경우에도 5,6순위 세율보다 우선 적용
3순위	조정관세, 할당관세, 계절관세	할당관세 규정에 의한 세율은 일반특혜관세의 세율보다 낮은 경우 적용
4순위	일반특혜관세 (최빈특혜)	
5순위	잠정세율	
6순위	기본세율	

1순위는 어떤 경우를 제외하고 가장 최우선으로 적용해야 하는 아주 특별한 경우로서 일반적인 상황에선 2순위를 먼저 고려해도 무관합니다. 따라서 WTO 협정세율이 우선적으로 적용됩니다. 단, 3~6순위보다 세율이 낮을 경우에 해당됩니다.

이때 FTA 협정세율도 2순위이고 FTA 협정세율로 따졌을 땐 관세율 0%인 품목들이 아주 많은데 FTA 관세율을 우선적으로 적용받길 원한다면, 즉 관세를 아예 내지 않고 싶다면 해당 수출체약국으로부터 원산지증명서류를 받아 제출해야 합니다.

원산지증명서류란, 직구하는 국가에서 직접 제조했다는 것을 증명하는 것으로 미국에서 직구하는 상품이면서 made in USA이고 이것을 증명할 수 있다면 관세를 면제받을 수 있다는 것입니다.

이것은 별도의 신청서류 및 절차가 필요하니 관세청을 통해 진행해야 합니다.

원산지 증명에 대해선 193쪽(Chapter 3-3 원산지 증명서)에 자세히 안내되어 있습니다.

Quiz. 아래는 미국에서 직구한 셔츠로써 해당 품목의 관세율 보기입니다.

- 원산지는 중국이며 최종 적용 받게 될 관세율은 얼마일까요?

관세율구분부호 Tariff rate classification Code	관세율구분명 Tariff rate classification	세율 Tariff	적용시작일자 Start date	적용종료일자 End date
A	기본세율 Basic Tariff	13	2015-01-01	2015-12-31
C	WTO협정세율 WTO Tariff	35	2015-01-01	2015-12-31
FAS1	한 · 아세안 FTA협정세율(선택1) K-Asean FTA Tariff (1)	0	2015-01-01	2015-12-31
FAU1	한 · 호주 FTA협정세율(선택1) K-AU FTA Tariff (1)	0	2015-01-01	2015-12-31
FUS1	한 · 미 FTA 협정세율(선택1) K-US FTA Tariff (1)	0	2015-01-01	2015-12-31
R	최빈국특혜관세 Preferential Tariff for Least-Developed Countries	0	2015-01-01	2015-12-31
U	북한산	0	2015-01-01	2015-12-31

정답은 기본세율 13%입니다. WTO 협정세율이 가장 우선시되어야 하지만, 다른 세율보다 높기 때문에 배제되고, 원산지가 수입한 국가와 다르기 때문에 FTA 협정세율로는 적용받을 수 없으므로 기본세율 8%로 적용됩니다.

2. 세금, 카드로 납부하기

해외직구 시 관부가세 등의 세금부과 대상은 국내반입 시 통관과정에서 관세사무소로부터 세금납부에 관한 문자를 전달받게 됩니다. 납부해야 할 세금과, 입금할 계좌번호 등의 정보를 알려주는데 안내받은 계좌로 세금을 입금해도 무관하지만 금융결제원에서 운영하는 국고금 신용카드 납부서비스인 '카드로택스'를 통해 인터넷 결제형식으로 납부할 수도 있습니다.

관세사무소로부터 전달받은 계좌로 직접 입금하는 방식은 수수료가 발생하지 않으며 카드로택스를 통해 납부할 땐 1%의 수수료가 발생합니다.
그래서 관세사무소의 지정계좌로 입금하는 방식이 비용면에선 가장 저렴하지만 세금을 납부하라는 문자만으로는 다소 신뢰가 가지 않거나 계좌입금보다 카드결제가 편리하다면 카드로택스로 납부해도 됩니다.

• 카드로택스 홈페이지(http://www.cardrotax.or.kr)

관세사무소로부터 세금납부 문자를 받았거나 유니패스를 통한 통관진행 조회 시 '수입신고결제통보' 단계가 되었을 때 카드로택스에 조회 및 납부가 가능한 상태이면 상단에 관세납부 버튼을 클릭합니다.

카드로택스는 회원가입을 해야 이용이 가능하고 평소에 인터넷 지로를 이용해 각종 세금을 냈었다면 별도의 회원가입 없이도 공인인증서 또는 인터넷 지로 아이디와 비밀번호로 로그인 후 이용 가능합니다.

카드로택스를 통한 세금납부 후엔 자동으로 관세사무소로 결제정보가 전달되어 빠르면 당일, 늦어도 익일까지는 처리 및 통관이 완료됩니다.

1. 고시환율과 선편요금에 대한 이해

달러 또는 유로화 등 현지 화폐 단위로 결제되는 해외직구의 특성상 국내 반입되었을 때 세금 면제 기준이 되는지 아닌지를 고시환율과 선편요금을 통해 미리 판단해볼 수 있습니다.

미국에서 목록통관 허용상품으로 직구 하는 경우엔 상품가액(상품가격+미국 내 배송비+Sales Tax 등)이 200달러까진 세금이 면제되므로 미국 쇼핑몰에서 결제할 때 쉽게 알 수 있습니다. 그 외 국가 또는 미국에서 직구 하더라도 일반통관 상품은 국내반입 시 상품가액+선편요금에 대해 원화로 계산한 금액이 15만 원 미만이어야 세금이 면제되므로 국내에 반입되었을 때의 환율로 계산될 원화가 얼마인지 파악하는 방법을 익히는 것이 매우 중요합니다.

특히 환율은 인터넷에서 쉽게 정보를 얻을 수 있지만 대부분의 해외 직구족들이 놓치고 있는 것이 바로 고시환율입니다. 매일 달라지는 환율에 대응하여 국내 반입되는 상품마다 해당일의 환율로 적용하기란 많은 어려움이 따르다 보니 관세청에선 매주마다 환율을 정해놓고 해당 주에 반입되는 수입품은 그 환율로만 계산합니다.
이렇게 주간단위로 관세청에서 고시하는 환율을 바로 고시환율이라 합니다. 고시환율은 관세청에서 만든 전자통관시스템, 유니패스에서 간단히 확인할 수 있습니다.

Leval ③ _해외직구 고수를 위한 팁

• 유니패스 홈페이지(http://portal.customs.go.kr/main.html)

유니패스에 접속하여 메인 화면에 있는 조회서비스 중 주간환율 메뉴로 이동합니다.

클릭

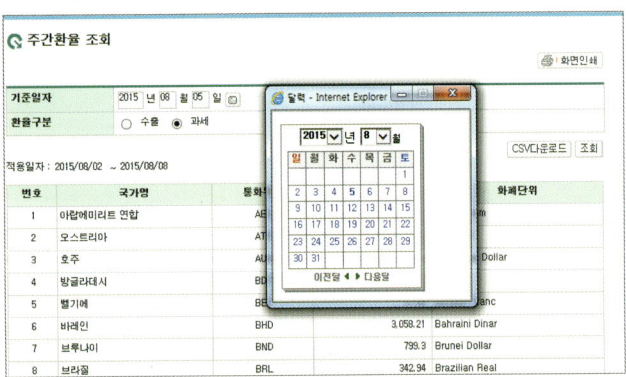

관세청에서 정한 한 주의 기준은 일요일부터 토요일까지로 고시 환율은 보통 조회를 하는 날짜가 속해 있는 주간부터 2~3주 정도 후의 기간까지 미리 고지하고 있기 때문에 직구로 구매한 상품이 국내에 반입될 시기의 고시환율을 미리 가늠할 수 있습니다.

환율구분은 과세로 지정하고 조회버튼을 클릭합니다.

48	카타르	QAR	323.7	Qatari Rial
49	러시아 연방	RUB	19.85	Russian Rouble
50	사우디아라비아	SAR	313.7	Saudi Riyal
51	스웨덴	SEK	137.01	Swedish Krona
52	싱가포르	SGD	858.75	Singapore Dollar
53	슬로바키아	SKK	43.05	Slovak Koruna
54	태국	THB	33.66	Baht
55	터키	TRY	425.97	Turkish Lira
56	대만	TWD	37.33	New Taiwan Dollar
57	미국	USD	1,176.03	US Dollar
58	베트남	VND	0.054	Dong
59	남아프리카공화국	ZAR	93.4	Rand

조회한 날짜가 속한 각 나라별 주간 고시환율이 화면에 표시됩니다.
특히 직배송의 경우엔 국내 반입시점에 대해 파악하기 어려울 수 있으나 배송대행업체를 거치는 경우엔 여러 배송대행업체에서 창고에 일정기간 무상으로 보관해주는 창고보관 서비스를 시행하고 있으니 무상보관 기간 내에 세금면제 한도가 될 만한 고시환율일 때 반입시킨다면 세금을 면제받을 수 있게 됩니다.

앞에서도 언급했지만 일반통관 상품일 경우엔 상품가액을 고시환율로 변환한 금액+선편요금이 15만 원 미만이어야 면제됩니다. 선편요금이란 배송대행업체별로 약간씩 다른 국제 배송비를 기준으로 세금을 책정하게 되면 공기관이 아닌 배송대행업체에서 청구하는 국제 배송비에 따라 세금이 달라지게 되므로 국가에선 무게별 국제운송료를 별도로 정해두고 있으며 이것을 선편요금이라 합니다.

선편요금은 상품가액(제품가+미국내배송비+Salestax) 20만 원 이하일 경우 적용되는 기준요금이며, 20만 원이 초과되면 특급탁송화물 과세운임표의 요금대로 적용됩니다.

예를 들어, 상품가격이 20만 원 이하이고 무게가 2파운드라면, 어떤 배송대행업체를 통해 국제운송료를 지불하더라도 세금을 매길 땐 14,600원을 세금 부과 기준 배송비 금액으로 정한다는 의미입니다.
만약 130달러짜리의 일반통관 상품을 미국에서 직구했고 고시환율이 1,000원이라 가정할 경우, 이 상품의 상품가액은 130,000원이 될 것입니다. 무게가 4.1kg이라면 선편요금 24,500원이 부과되므로 154,500원이 되어 세금이 부과됩니다.
따라서 배대지에 입고되었을 때 4.1kg으로 통보를 받았을 경우 조금이라도 불필요한 내용물을 빼고 무게를 줄여 4kg 이하로 만들게 된다면 19,600원의 선편요금이 더해질 테니 최종 149,600원이 되어 세금을 면제받을 수 있습니다.

Level 3 _해외직구 고수를 위한 팁

• 국제선편요금

무게(kg)까지	파운드(lb)까지	20만 원 이하	20만 원 이상
~1	2.2	13,300	27,000
~2	4.4	13,300	41,500
~3	6.6	17,800	51,000
~4	8.8	17,800	57,000
~5	11	22,300	63,000
~6	13.2	22,300	69,000
~7	15.4	26,700	75,000
~8	17.6	26,700	81,000
~9	19.8	31,300	87,000
~10	22	31,300	93,000
~11	24.25	35,700	99,000
~12	26.45	35,700	105,000
~13	28.65	40,200	111,000
~14	30.85	40,200	117,000
~15	33.05	44,700	123,000
~16	35.25	44,700	129,000
~17	37.45	49,200	135,000
~18	39.65	49,200	141,000
~19	41.85	53,600	147,000
~20	44.05	53,600	153,000

물론, 세금을 회피하기 위해 상품을 나누어 배송 받는 것은 엄연히 불법이고 처벌받을 수 있는 행위이므로 상품을 나누거나 빼는 것이 아니라 상품의 가치와는 전혀 무관한 박스, 완충제, 스티로폼을 제거하는 등의 방법으로 무게를 줄여야 합니다.

고시환율에 따라 반입시점을 조정한다던가 선편요금을 줄이는 위와 같은 방법들은 약간의 환율과 무게 변화에 의해 세금이 면제될 수도, 부과될 수도 있는 민감한 상황에 처했을 때만 고려해볼 만하다는 것을 명심하시기 바랍니다.

Quiz. 미국 쇼핑몰에서 가방을 직구했을 때 상품가 300달러, 고시환율 1,000원, 무게 6파운드인 상품의 국제운송료는?

• 20만 원 초과 시엔 특급 탁송화물 과세운임으로 적용되므로 6.6파운드까지의 특급탁송화물 과세운임요금인 51,000원으로 계산됩니다.

Quiz. 위 상품의 최종 관세와 부가세는?

• 가방은 관세 8%이므로 (300,000 + 51,000) x 8% = 28,080원
• 부가세는 10%이므로 (300,000 + 51,000 + 28,080) x 10% = 37,908원

2. 합산과세

합산과세란 같은 수령인의 명의로 국내에 당일 반입되는 수입품의 수입신고금액을 모두 더하여 과세여부를 결정하는 것을 뜻합니다. 2015년 3월 11일 관세청에서 발표한 수입통관 사무처리에 관한 고시 내용을 참고하여 정리하면 합산과세 기준은 다음과 같습니다.

> 1) 입항일과 수취인이 같은 두건 이상의 물품을 반입하여 수입 통관하는 경우(다만, 둘 이상의 국가로부터 반입한 물품은 제외)
> 2) 같은 해외공급자로부터 같은 날짜에 구매하여 수입통관하는 경우
> 3) 하나의 박스로 포장된 과세대상물품을 면세범위 내로 분할하여 수입통관하는 경우

위와 같은 합산과세 기준을 지키고 면세범위 내로 상품을 구매한다면 세금을 면제받을 수 있습니다.

3. 원산지 증명서

한미 FTA 협정에 의해 미국에서 구매한 상품의 원산지가 미국임을 증명할 수 있다면 세금부과 대상이 되더라도 관세면제 혜택을 받을 수 있습니다.

과세기준금액 1,000달러까지는 현품(상품)에 원산지가 미국으로 표기되어 있거나, 물품의 구매처가 미국인 것을 확인할 수 있는 인보이스(주문내역서) 제출, 카드승인내역서제출 등의 방법으로 관세를 면제해주지만, 1,000달러가 넘으면 별도의 원산지 증명서를 작성하여 제출해야 합니다.

과세기준금액 1,000달러란 [{물품가액(제품가+Sales Tax+미국 내 배송비)×고시환율 + 선편요금}/고시환율]을 의미합니다. 그러나 원산지증명서의 경우 개인이 직접 항목을 파악하고 작성하기엔 다소 어려움이 있으니 관세청 또는 무역 전문가에게 도움을 받아 작성 후 세관에 제출하는 것이 수월합니다.

원산지 증명서는 관세청 포털사이트의 FTA활용-원산지증명서발급-원산지증명서서식 코너에서 다운로드 받을 수 있습니다.

Level ③ _해외직구 고수를 위한 팁

Chapter ④ 배대지, 내 맘대로 이용 노하우

1. 배송대행업체의 우대회원 제도

파운드	일반고객	우대고객	특별고객
1	11,000	10,500	10,000
2	13,000	12,500	12,000
3	15,000	14,500	14,000
4	17,000	16,500	16,000
5	19,000	18,500	18,000
6	21,000	20,500	20,000
7	23,000	22,500	22,000
8	25,000	24,500	24,000
9	27,000	26,500	26,000
10	29,000	28,500	28,000
11	31,000	30,500	30,000
12	33,000	32,500	32,000
13	35,000	34,500	34,000
14	37,000	36,500	36,000
15	39,000	38,500	38,000
16	41,000	40,500	40,000
17	43,000	42,500	42,000
18	45,000	44,500	44,000
19	47,000	46,500	46,000
20	49,000	48,500	48,000

국내의 여러 배송대행업체는 월간 이용건수 또는 누적건수에 대해 일정수준을 넘을 경우 우대회원제도를 운영하고 있는데 타 배송대행업체에서의 이용실적을 제출하면 해당 배송대행업체의 이용건수가 없어도 곧바로 우대회원으로 승격해 주기도하고, 구매대행, 병행수입, 공동구매 등의 형식으로 수입품을 판매하는 사업자들은 사업자등록증 제출 등의 요구조건을 충족하면 도매가격에 가까운 기업고객 운임요금으로 적용받을 수 있습니다.

• 세븐존 우대회원제도

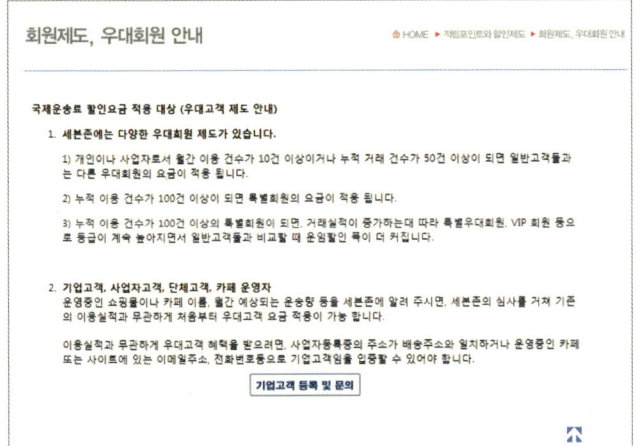

2. 창고보관 기간을 활용하라

배송대행업체별로 배대지에 입고된 상품에 대해 무료 창고보관서비스를 시행하고 있는데 최소 15일부터 한 달까진 무료로 보관이 가능하고, 무상보관 기간이 끝나면 박스당 일정 보관료를 청구하게 됩니다. 따라서 가격이 너무 저렴한 상품이 있어도 국제 배송비 때문에 망설였다면, 창고보관 기간을 최대한 활용하여 다음 번에 다른 상품을 구매한 뒤 배대지에서 함께 묶음하여 한꺼번에 받으면 국제 배송비를 절약할 수 있습니다.

3. 직구가 안 될 땐 배송대행업체에 의뢰하라

간혹 한국카드를 받아주지 않는다거나 배대지의 주소문제로 인해 캔슬되는 경우라면 배송대행업체에 구매대행을 요청할 수도 있습니다.

구매대행의 종류에는 구매대행 사업자가 선별한 제품으로만 판매하는 일종의 쇼핑몰의 형태도 있으나 배송대행업체의 구매대행 방식처럼 상품의 스펙과, 그 상품을 판매하는 쇼핑몰 등의 정보를 제공해주면 배송대행업체에서 대신 구매해주는 방식도 있어 내가 원하는 상품을 구매할 수 있다는 장점이 있습니다.

또한 결제만 대신해주는 결제대행방식도 있는데 의미 그대로 배송대행업체에서 해외 쇼핑몰에 결제만 대신해주면 미국 내 배송부터 배대지로 입고된 이후 상황까진 고객이 직접 관리를 하는 것으로 한국으로 받을 시점과, 다른 쇼핑몰에서 구매한 다른 상품과의 묶음배송 등 배대지에서 제공하는 부가적인 서비스들에 대해 결정권을 가지고 이용할 수 있습니다.

4. 배송대행업체의 공지사항엔 수입통관 정보가 있다

배송대행업체는 자사의 배송대행 서비스에 대한 홍보뿐만 아니라 1차적으론 고객으로 하여금 해외직구를 하게 만들어야 한다는 분명한 목적이 존재하기 때문에, 해외 쇼핑몰에 대한 직구방법, 세일/할인코드 및 정확한 수입통관 정보를 제공하고 있습니다.

이러한 정보들은 공지사항이나 별도의 메뉴를 통해 제공하는데 꾸준히 업데이트를 하고 신뢰도가 있는 배송대행업체라면 해외직구에 관한 정보들을 여기저기서 찾아 헤매지 않아도 한 곳에서 해결할 수 있게 됩니다.

Chapter 5 _ 아마존, 숨은 1cm를 찾으면 더 저렴하다!

Chapter 5
아마존, 숨은 1cm를 찾으면 더 저렴하다!

1. 같은 상품, 더 저렴하게 판매하는 판매자 찾기

오픈마켓인 아마존에는 무수히 많은 판매자가 활동하고, 똑같은 상품이라도 여러 판매자들이 서로간에 가격경쟁을 벌이며 판매되고 있습니다.

그래서 아마존에서 상품을 구매할 땐 다른 판매자가 더 저렴하게 판매하고 있진 않는지, 그 판매자가 신뢰할 수 있는 판매자인지 등을 체크해보는 것이 좋습니다.

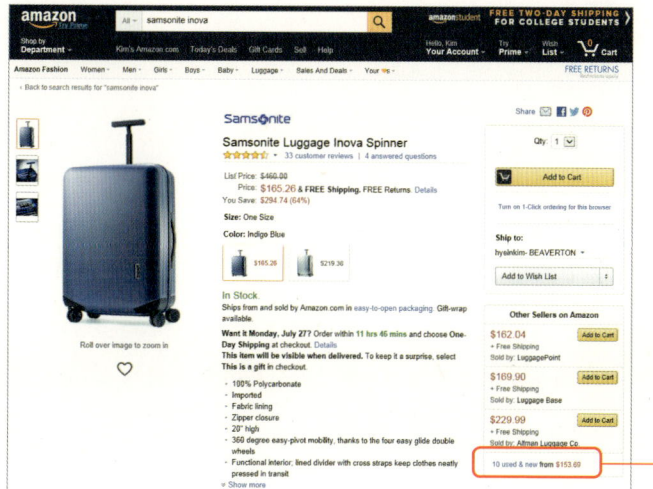

구매하려는 제품을 검색한 후 상세페이지를 살펴보면 우측하단에 Other Sellers on Amazon, 같은 상품에 대해 아마존에서 판매하는 다른 셀러들의 가격목록이 보이고 Used & new 를 클릭하면 전체 목록을 확인할 수 있습니다.

쉽고 빠른 해외직구 핵꿀팁 | 197

Leval ❸ _해외직구 고수를 위한 팁

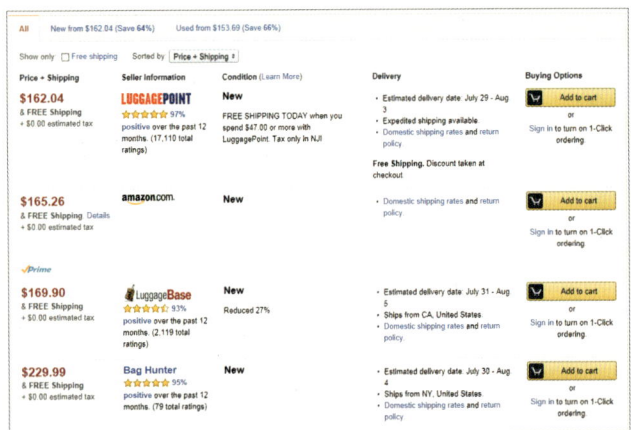

제품의 가격과 배송비, 보내려는 배송지에서 Sales Tax가 붙을지 등의 체크를 해본 후 가장 최저가에 구매할 수 있는 판매자로 선택하되, 앞서 Level2에서 언급한 아마존 판매자의 신용도는 반드시 체크해야 합니다.

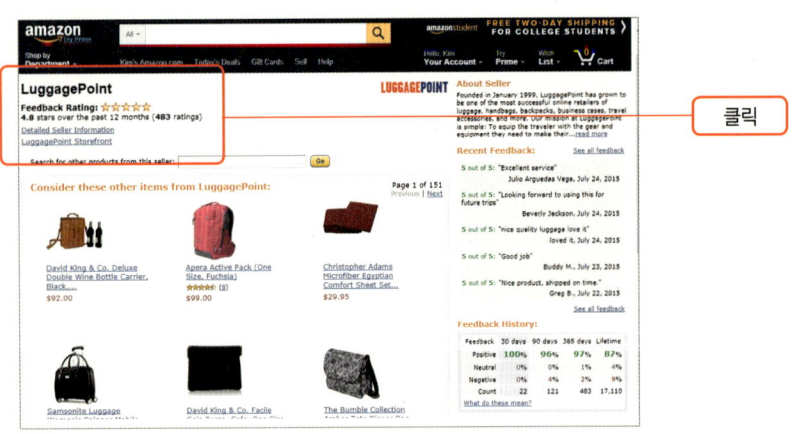

클릭

2. 아마존 핫딜 분석

아마존은 다양한 상품들에 대해 하루에 1개씩 특가에 판매하는 Today's Deals과 시간마다 진행하는 Lightning Deals 행사를 진행하고 있습니다.

딜 행사의 경우 아마존은 접속하는 국가의 IP를 자동으로 인식하여 현재 딜 상품의 종료시간, 진행할 상품의 예정시간 등을 해당국가의 시간대로 표시되기 때문에 시차를 고려할 필요 없이 곧바로 화면에 보이는 시간을 참고하면 됩니다.

종료 시간이 정해져 있으나 한정수량이다 보니 그전에 품절이 되면 자동으로 종료가 되어 인기상품은 빠르게 구매를 진행해야 하는데 아마존 프라임 멤버십에 가입되어 있는 고객에겐 일반고객보다 30분 일찍 딜 상품을 구매할 수 있는 혜택을 주고 있습니다.

3. Warehousd Deal

아마존은 중고 상품들만 모아놓은 중고장터를 별도로 운영하고 있으며 이를 Amazon Warehouse deals 이라 하며 홈페이지 하단에 별도로 마련되어 있습니다.

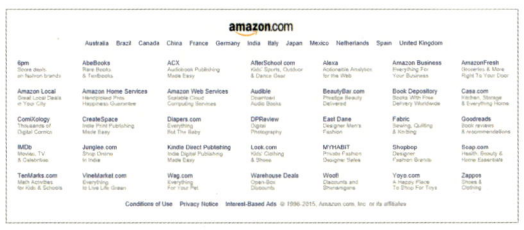 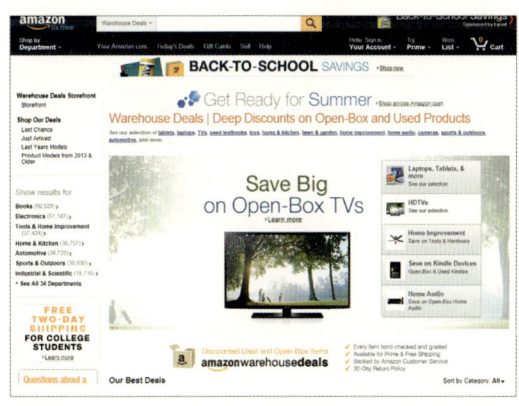

전체 상품 카테고리별로 중고제품이 구비되어 있으며 사용감이 있는 실중고, 단순 박스만 오픈한 새 상품, 리퍼상품 등 중고에도 등급이 나누어져 있어 소비자로 하여금 원하는 타입의 중고를 구매할 수 있게 해두었습니다.

Leval ❸ _해외직구 고수를 위한 팁

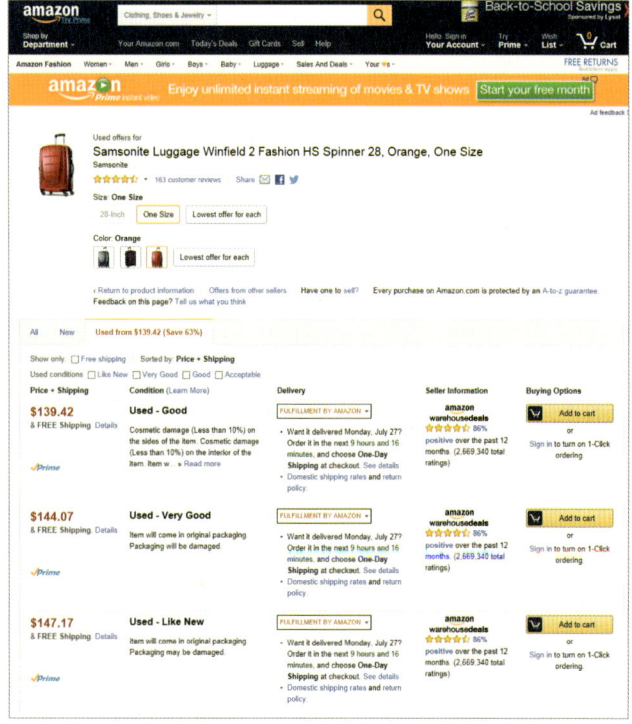

중고의 등급은 총 3단계로 나뉘어져 있으며, 판매자나 상품에 따라 다소 차이는 있으나 특히 Like New는 새 상품과 다름없으면서 가격이 저렴하여 구매하려는 제품의 가격이 비쌀 경우엔 이러한 중고 상품을 노려보는 것도 좋은 방법입니다.

판매자나 상품에 따라 다소 차이는 있으나 특히 Like New는 새 상품과 다름없으면서 가격이 저렴하여 구매하려는 제품의 가격이 비쌀 경우엔 이러한 중고 상품을 노려보는 것도 좋은 방법입니다.

해외직구 필수 용어

- **Good** : 사용감은 있지만 사용하기엔 전혀 문제없는 상태
- **Very Good** : 1~2회 실 사용한 정도로 상태가 매우 좋은 상태
- **Like New** : 실제론 사용하지 않은, 박스만 개봉한 정도의 새 상품과 다름없는 상태

Chapter 6
어디가 싼지 안 가봐도 안다!

1. 미국의 가격비교 사이트

미국에도 한국의 가격비교 사이트와 같이 동일상품에 대해 여러 쇼핑몰에서 판매되는 가격을 비교해 볼 수 있는데 대표적으로 이용하는 사이트에는 구글의 쇼핑(Shopping), 넥스태그(Nextag), 프라이스그래버(Pricegrabber) 등이 있습니다.

이 같은 사이트들은 가격을 비교해볼 수 있을 뿐만 아니라 내가 구매하고 싶은 상품이 어떤 쇼핑몰에서 판매되고 있는지 확인하는 용도로도 활용이 가능합니다. 다만 최저가에 또는 타 사이트보다 저렴하게 판매 중인 쇼핑몰에 대해 믿고 구매해도 되는 곳 인지는 스캠어드바이저 등을 통해 반드시 확인해야 합니다.

1) 구글 쇼핑 www.google.com/shopping

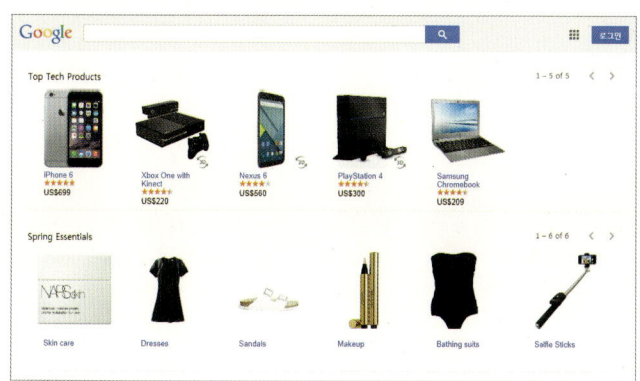

구글 검색창에서 shopping으로 검색하면 간단히 접속이 가능합니다. 구글 쇼핑 메인화면에서 구매하고자 하는 상품명을 입력합니다.

Leval 3 _해외직구 고수를 위한 팁

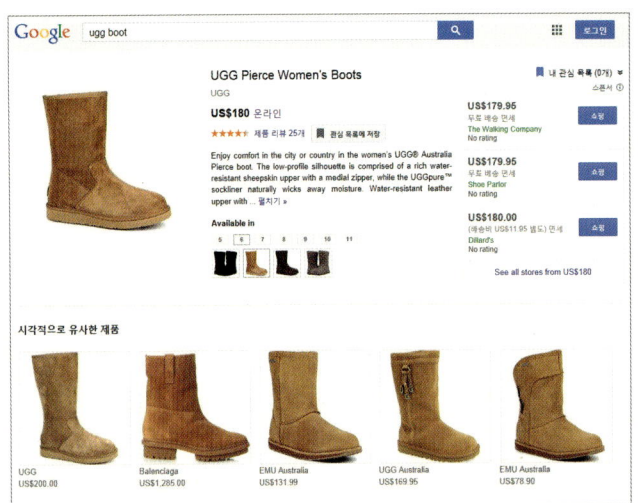

검색결과를 통해 현재 최저가, 최저가에 판매하는 쇼핑몰, 제품리뷰 등을 확인할 수 있습니다.

2) 넥스태그 http://www.nextag.com

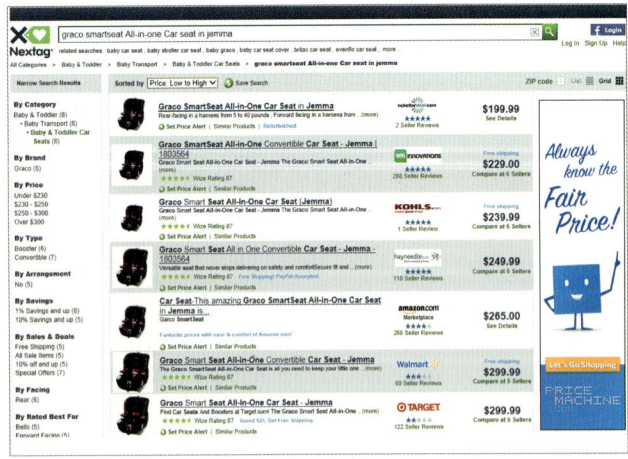

가격비교 사이트로 구글 다음으로 가장 높은 선호도를 가지고 있는 넥스태그입니다. 상품명을 정확히 몰라도 원하는 상품을 빠르게 찾을 수 있을 정도로 검색 기능이 좋습니다.

3) 프라이스그래버 http://www.pricegrabber.com

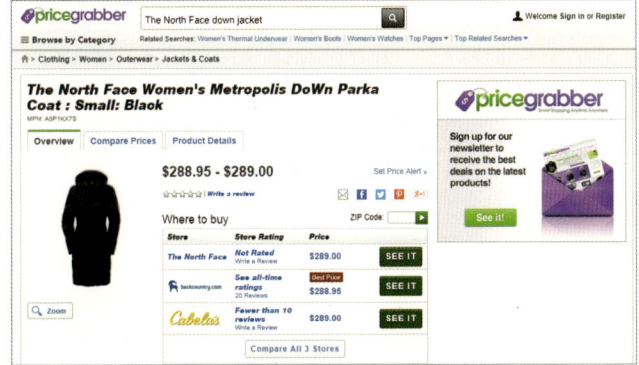

역시 넥스태그와 더불어 많은 사람들이 이용하는 가격비교 사이트로 검색 방식은 구글과 비슷하며 일반 쇼핑몰처럼 카테고리별로 상품이 분류되어 있습니다.

4) 카멜카멜카멜 http://camelcamelcamel.com

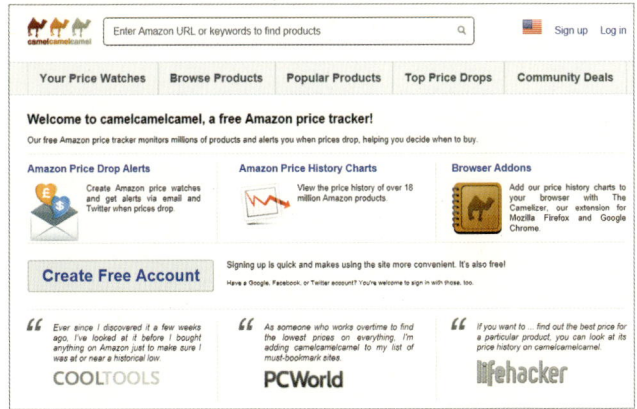

아마존은 상품의 가격변동이 잦은 편이기 때문에 구매하려는 제품의 현재 판매가가 저렴한 것인지, 혹은 평소보다 비싼 것인지에 대한 가격흐름을 카멜카멜카멜 사이트란 곳에서 비교할 수 있습니다.

카멜카멜카멜은 아마존의 상품 상세페이지 URL을 입력하면 곧바로 확인이 가능합니다.

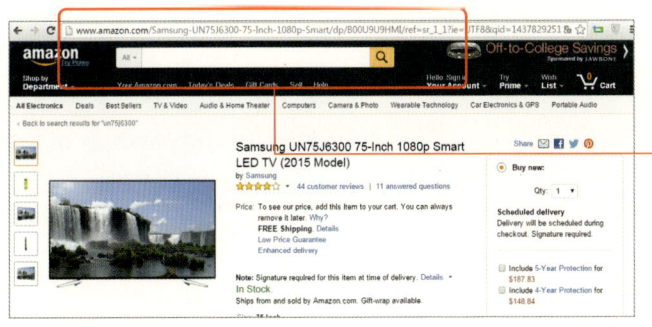

위 상품의 URL을 카멜카멜카멜에 그대로 복사하여 입력 후 검색합니다.

검색

Leval 3 _해외직구 고수를 위한 팁

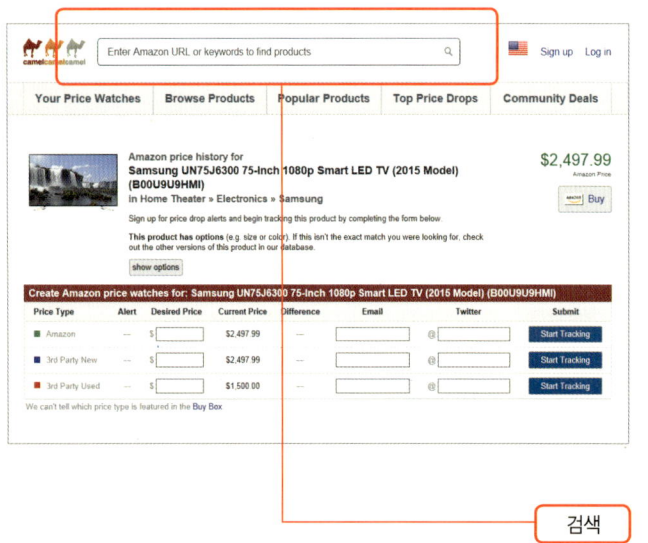

검색

검색하면 상품의 정보와 현재 가격이 그대로 표시됩니다. 카멜카멜카멜의 장점은 현재 가격에 대응하여 본인이 희망하는 가격대를 등록하고 이메일 주소를 입력해놓으면 해당가격 아래로 다운되었을 때 이메일 알림 기능을 제공합니다.

단순히 가격변동 추이만을 파악하고 싶을 땐 가입하지 않아도 확인할 수 있지만 이메일 알림 기능은 가입 후 이용 가능합니다.

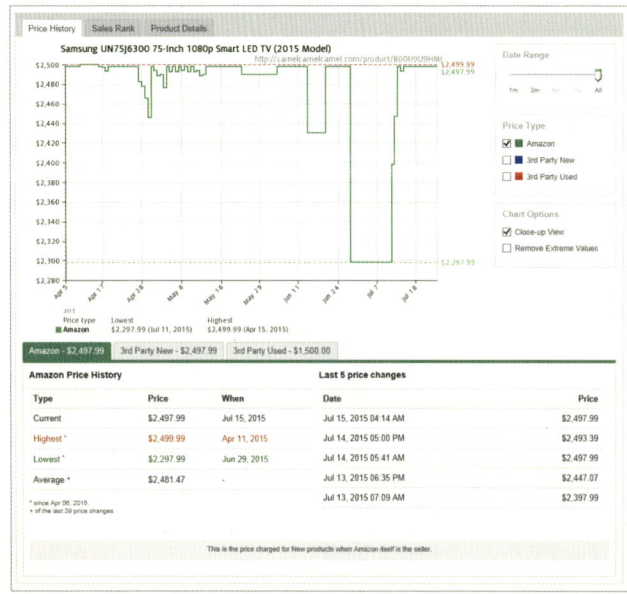

또한 최근 아마존에서 이 상품의 과거 가격변동 추이가 어떠했는지를 통해 현재 판매가격이 적절한지 파악할 수 있습니다. 예를 들어 보여드리는 이 제품은 현재 판매가가 최고가에 거의 근접해있기 때문에 지금 사기보단 가격이 좀 더 떨어질 수도 있으니 기다렸다가 구매하는 게 좋다는 것을 판단할 수 있습니다.

가격변동 조회기간은 최근 1개월부터 이며, 총 판매기간에 대한 가격 변동까지 확인이 가능합니다.

Chapter 7
결제 승인거절? 나랑은 상관없는 얘기야!

1. 해외직구 결제부터 청구까지의 이해관계

해외 쇼핑몰에서 상품을 구매하면 승인부터 청구까지의 대략적인 방식은 이러합니다.

1) 해외 사이트 결제
2) 카드사의 승인(문자)
3) 해외 사이트의 매입
4) 해외 사이트에서 해외카드사(VISA, MASTER 등)로 대금청구
5) 해외카드사(VISA, MASTER 등)에서 국내 카드사(롯데, 삼성, 각 은행사 등)로 대금청구
6) 카드사는 고객에게 대금청구

카드를 사용하여 모든 결제를 하는 순간 2단계까진 자동으로 이루어집니다. 승인이라는 것은 실제론 결제가 아닌 일종의 확인절차이며, 한도를 미리 차감시키는 것입니다. 해외 사이트에서 매입을 하느냐 하지 않느냐에 따라 뒤의 과정이 달라지게 됩니다.

해외 사이트에서 매입을 하지 않는다면 승인은 취소될 것이고 카드사에선 고객에게 대금청구를 하지 않기 때문에 결제할 게 없어집니다.

이 기간은 카드사마다, 해외 사이트의 정산주기마다 조금씩 차이는 있으나 **빠르면 3~5일, 늦으면 한 달**까지 걸리는 경우도 있습니다. 따라서 승인내역과 청구내역은 엄연히 다르며 단순히 승인되었다는 결과는 크게 중요한 것은 아닙니다.

2. 승인거절의 이유

우리가 보통 해외직구로 사용하는 카드는 모두 한국에서 발행된 신용카드 또는 체크카드인데 흔히 빌링 어드레스(Billing Address)라고 하여 카드 발급 시 등록한 주소가 한국으로 되어있다는 의미입니다.

해외 사이트의 입장에서 한국카드로 결제가 이루어진 것을 알게 되면 이상하게 생각하는 건 어쩌면 당연한 일입니다. 반대의 입장에서 여러분들이 쇼핑몰을 운영하고 있는데 상품 주문 내용을 확인해보니 한국이 아닌 다른 나라에서 발행된 카드로 결제를 했다면 '혹시 도난카드 아닌가?' 라고 충분히 생각할 수 있습니다.

이렇게 될 경우 세 가지의 가능성을 따져볼 수 있습니다.

1) 문제 삼지 않고 원하는 주소지로 배송을 보내준다

이는 아마존이나 6pm 등등 현재 대부분의 해외 쇼핑몰에서 진행하는 방식입니다. 즉, 빌링 어드레스(Billing Address)를 본인의 한국 주소로 등록하건, 배대지의 미국 주소를 등록하건 중요하게 여기지 않는 것입니다.

2) 확인 후 배송을 보내준다

일부 해외 사이트는 카드의 확인절차를 요구하기도 합니다. 갭, 조씨네뉴발스, 풋락커 등이 대표적인 카드 확인 후 배송을 보내주는 사이트들입니다. 물론 이런 사이트들이 100% 확인을 요구한다는 것은 아니며 대부분은 문제없이 배송을 해주고 일부 카드의 경우에만 확인을 요구합니다.

확인방법에는 전화통화, 카드의 사본 또는 신분증 사본을 이메일로 제출, 구매하는 사유 설명 등이 있으며 이러한 메일을 받게 되면 요청하는 사항들에 응대만 잘한다면 문제없이 배송이 이루어집니다.

3) 승인을 거절하고 주문을 취소한다

해외 쇼핑몰은 취소의 사유는 빌링 어드레스(Billing Address)를 한국 주소로 등록했다는 사유일 수도 있고(빌링어드레스만 보고 미국 카드가 아니라고 판단) 혹은 반대로 한국카드이면서 미국 배대지 주소를 등록했다는 사유로 취소되기도 합니다.

또는 한국카드 자체를 받지 않는 사이트라서 취소가 될 수도, 카드의 문제가 아닌 미국 배대지의 주소(Third party freight company) 문제 때문인 경우도 있습니다.

3. 승인 확률을 높이는 방법

1) 카드 확인절차를 요구하는 사이트라면 반드시 이메일로 요구사항을 알려줍니다. 이러한 부분들에 대해 빠르게 응대만 잘 해주면 별다른 문제없이 주문이 이루어집니다.

2) 빌링어드레스 문제인 경우엔 최초 등록했던 주소가 한국 주소라면 미국 주소로 바꿔서, 반대인 경우라면 역시 한국 주소로 바꿔서 결제할 경우 성공하기도 합니다.

3) 미국 배대지의 주소 문제인 경우엔 Address Line 2번째 줄에 입력하는 배대지의 사서함번호 때문일 수도 있는데 배대지의 사서함번호는 하루에도 여러 건의 상품이 입고되는 배대지 창고의 특성상 주인을 구별하는 중요한 식별자료이므로 절대 누락되어선 안 되지만 이것을 굳이 Address Line에 입력해야 할 필요는 없습니다.

다시 말해 배대지에 입고되었을 때 입고확인 담당자들이 충분히 식별이 가능하게끔 박스에 어떤 형식으로든 기재만 되어 있으면 된다는 것입니다.

따라서 사서함번호는 이름 옆에 기재하고(이름이 빠져선 안 되니 이름 옆에 괄호형식으로 등록) Address Line에는 순수 배대지 주소만 등록하여 주문하면 성공하기도 합니다.

4) 한국카드라서 취소되는 경우엔 국내 카드사에 발급 당시 등록한 주소 자체를 미국 배대지 주소로 등록하는 것입니다. 현재 모든 카드사에서 제공되는 것은 아니니 사용하는 카드사가 이를 제공해주는지 확인 후 등록해두면 마치 한국이 아닌 미국카드인 것처럼 아무런 제약 없이 주문을 성공시킬 수 있습니다.

5) 변팔(변태 페이팔)이라고 하여 페이팔을 만들되, 한국 페이팔이 아닌 미국 페이팔에 계정을 만들고 주소도 미국 배대지 주소로 등록하여 페이팔에 가입하여 해당 쇼핑몰 결제 시 페이팔로 결제를 하는 것입니다. 이제 변팔에 대해서 알아보겠습니다.

1. 변팔 가입방법

앞서 한국 페이팔 가입방법을 소개해드렸습니다. 한국 페이팔은 단순한 결제대행, 그리고 각종 적립사이트에서 쌓아둔 적립금을 지급받기 위한 수단으로써 활용하기 위함이었다면, 지금 소개해드리는 변팔이라는 것은 페이팔 계정의 주소를 한국이 아닌 미국 주소로 등록을 하여 만드는 것을 의미합니다. 마치 미국에 거주하는 사람이 만드는 것처럼 변칙으로 계정을 생성한다고 하여 변태 페이팔, 또는 변팔이라고 하는데 용도는 미국이 아닌 해외에서 발행된 카드라는 사유로 주문을 거절하는 해외 사이트의 경우 변팔을 통해 결제하면 주문이 성사될 확률이 높습니다.

다만, 변팔은 여러 가지 사유로 리밋(사용제한)이 될 수 있고, 리밋에 걸리면 해제하기가 까다로우니 여러 가지 시도를 해도 주문이 되지 않는 미국 쇼핑몰에서만 사용하고, 가입 후 곧바로 사용하기보단 1개월 정도는 대기했다가 활용하시기 바랍니다.

변팔의 가입방법은 기본적으로 한국 페이팔 가입방법과 큰 차이는 없으며 현재 페이팔은 접속에 따라 이전 클래식 버전과 신 버전이 동시에 제공되므로 한국 페이팔 가입은 알려드렸으니 변팔은 새로운 버전으로 소개해 드립니다.

Level ③ _해외직구 고수를 위한 팁

• 페이팔 (http://www.paypal.com)

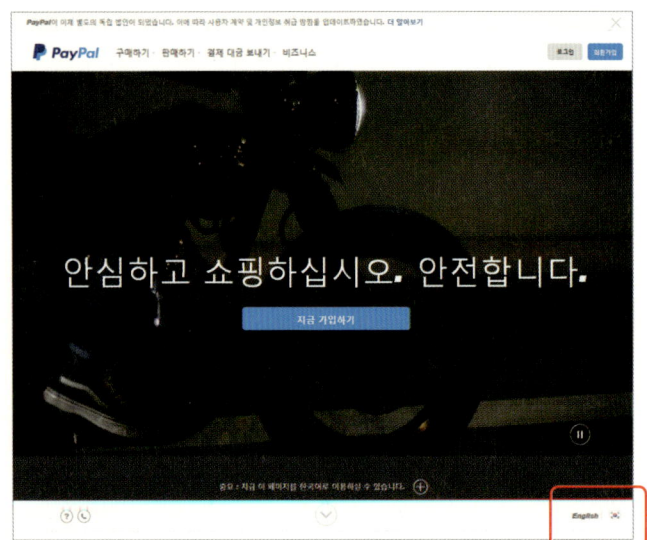

페이팔은 접속국가에 따라 자동으로 IP가 인식되어 해당 국가 및 언어로 표시되는데 변팔 계정을 만들기 위해선 가장 먼저 국가를 미국으로 변경해야 합니다. 사이트 하단에 있는 국가 표시를 클릭합니다.

Americas에서 미국을 찾아 선택합니다.

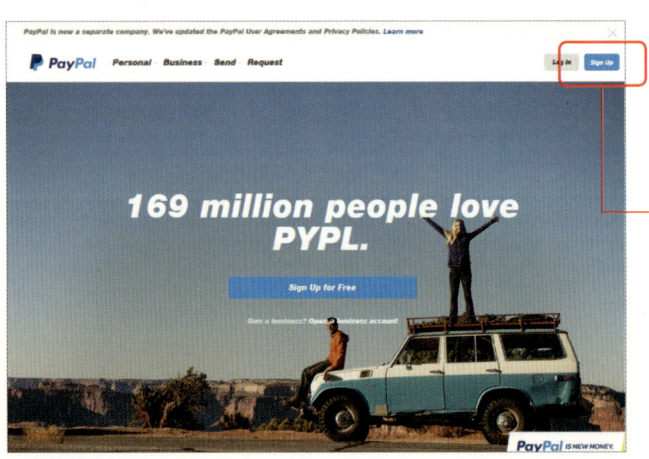

국가를 미국으로 변경하면 변팔 계정 만들기 준비는 완료되었습니다. 우측 상단에 있는 Sign Up을 클릭합니다.

Chapter 8 _ 변팔까지 만들어야 진정한 고수!

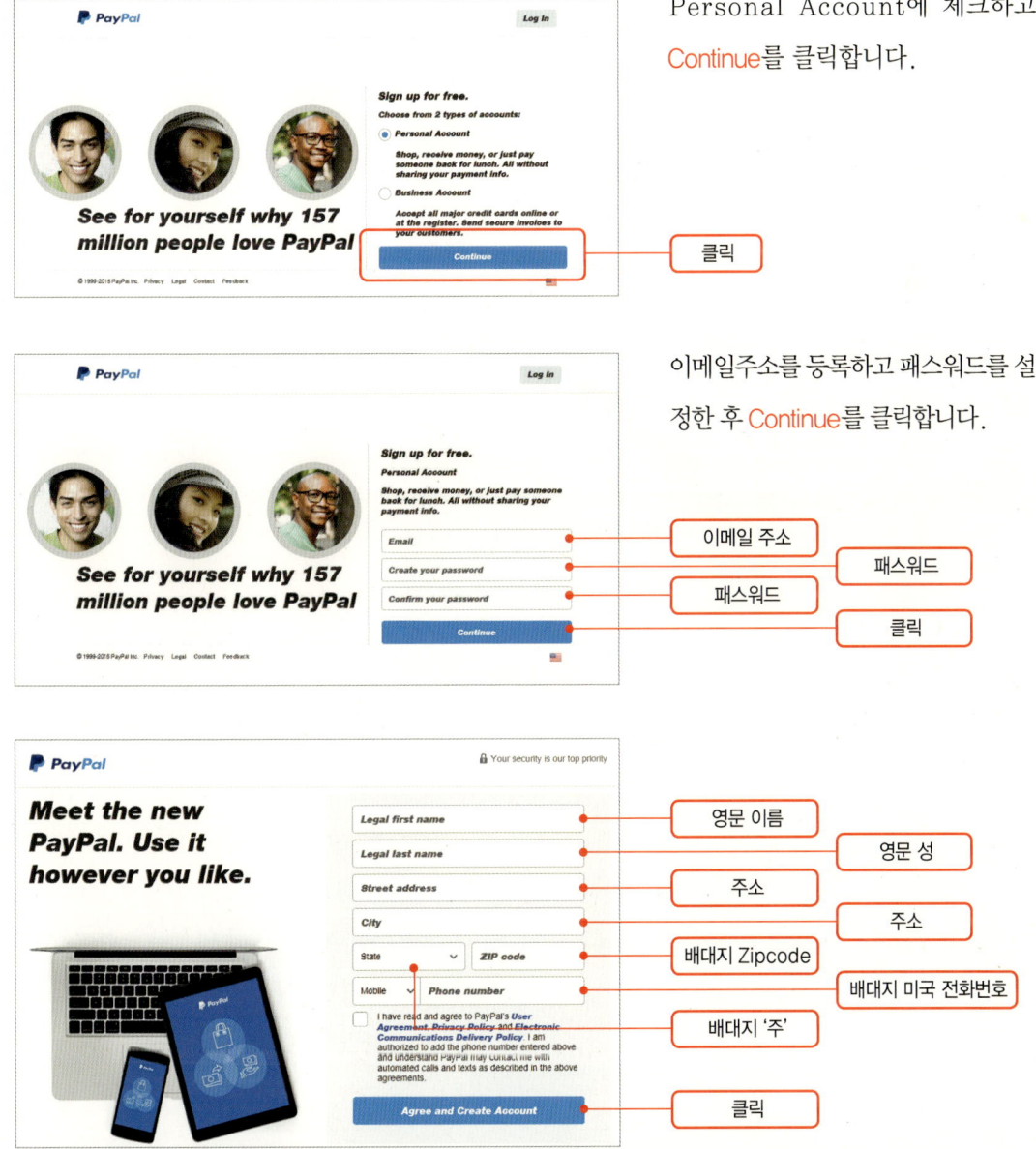

Personal Account에 체크하고 Continue를 클릭합니다.

이메일주소를 등록하고 패스워드를 설정한 후 Continue를 클릭합니다.

First name은 영문 이름을(홍길동이라면 Gildong), Last name은 영문 성을(홍길동이라면 Hong)을 등록합니다. Street address부터 하단 주소 등록부분엔 평소 이용하는 배송대행업체의 미국 배대지 주소를 등록합니다.

쉽고 빠른 해외직구 핵꿀팁 | 211

이용약관 등 동의하기에 체크한 후 Agree and Create Account를 클릭합니다.

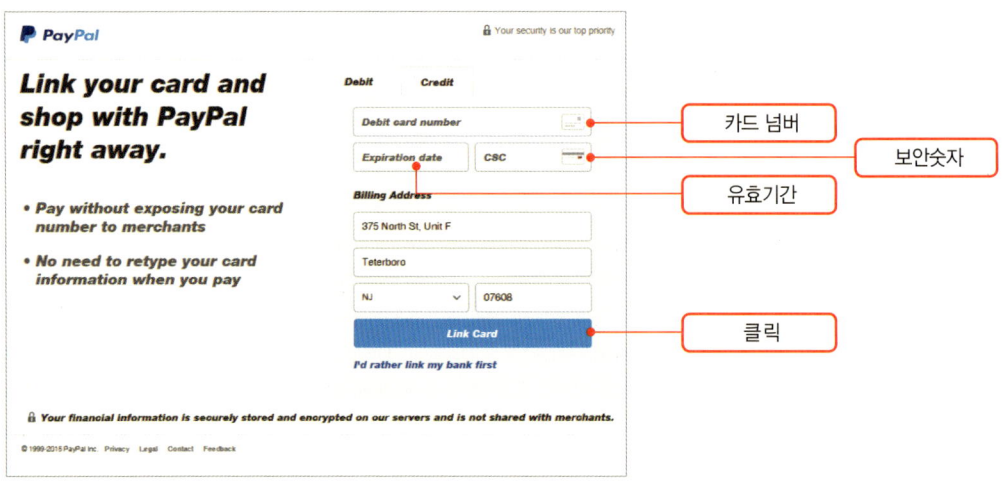

변팔에 사용하려는 카드 정보를 등록하고 Link Card를 클릭합니다.
단, 앞서 한국 페이팔 계정을 이미 만들어두었다면 해당 카드가 아닌 다른 카드로 등록해야 합니다.

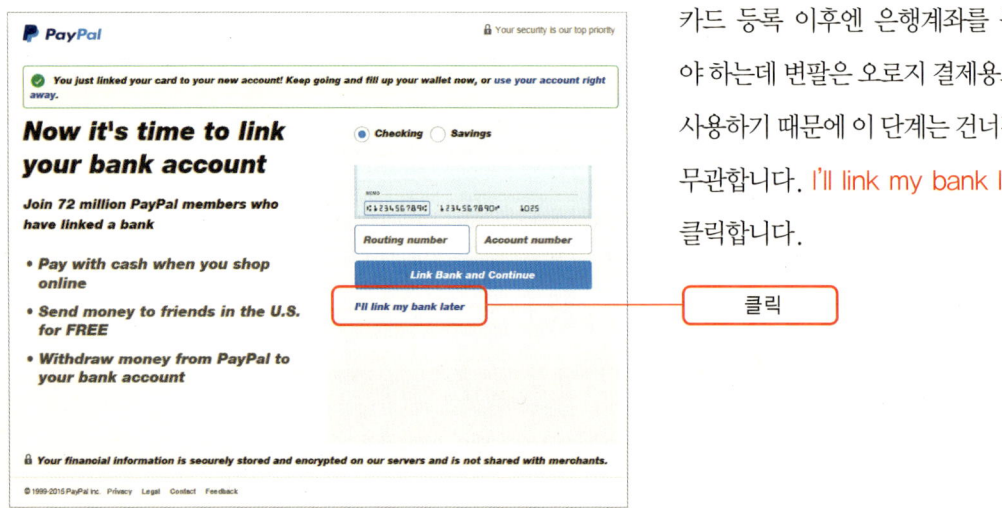

카드 등록 이후엔 은행계좌를 등록해야 하는데 변팔은 오로지 결제용으로만 사용하기 때문에 이 단계는 건너뛰어도 무관합니다. I'll link my bank later를 클릭합니다.

Chapter 8 _변팔까지 만들어야 진정한 고수!

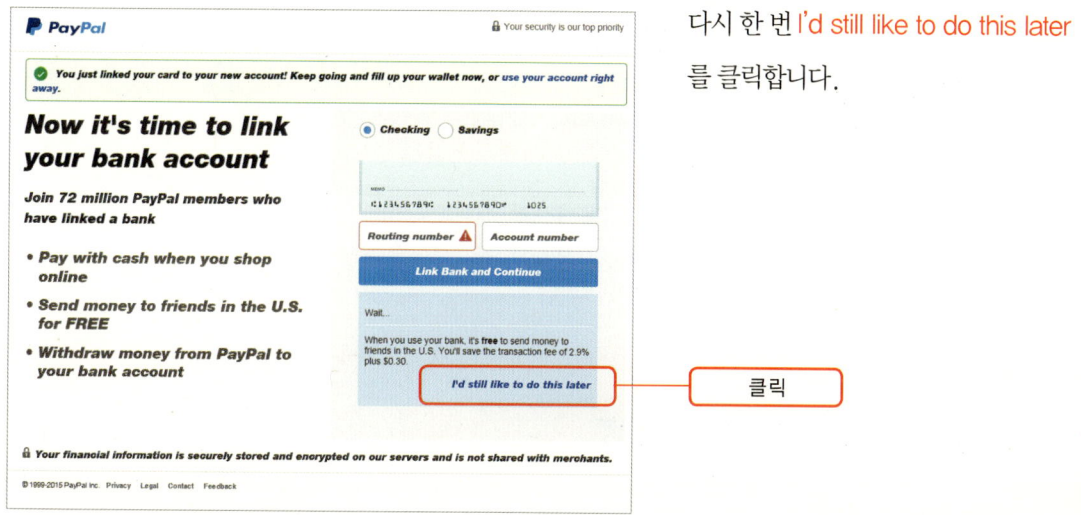

다시 한 번 I'd still like to do this later 를 클릭합니다.

클릭

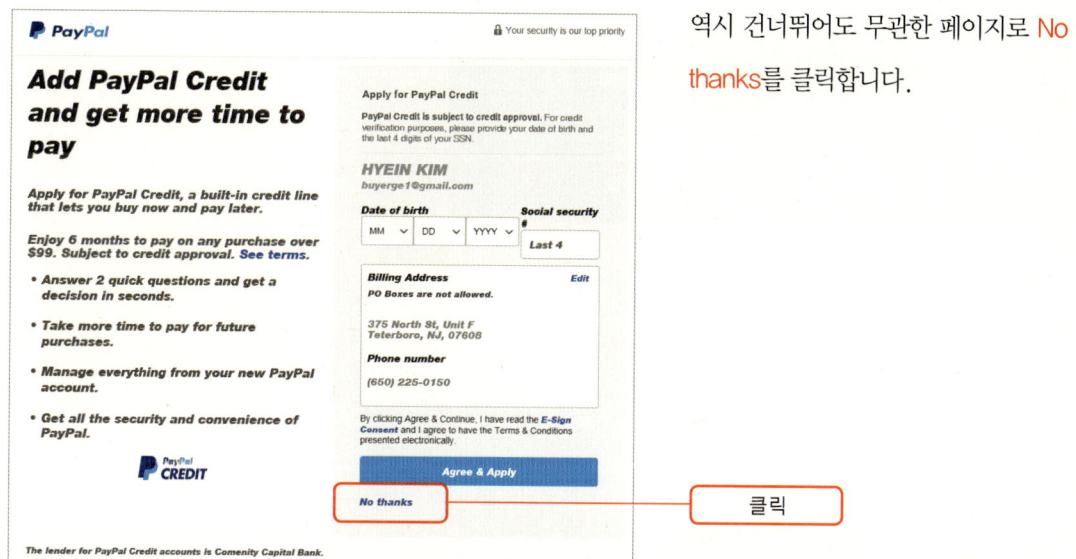

역시 건너뛰어도 무관한 페이지로 No thanks를 클릭합니다.

클릭

쉽고 빠른 해외직구 핵꿀팁 | 213

Leval ❸ _해외직구 고수를 위한 팁

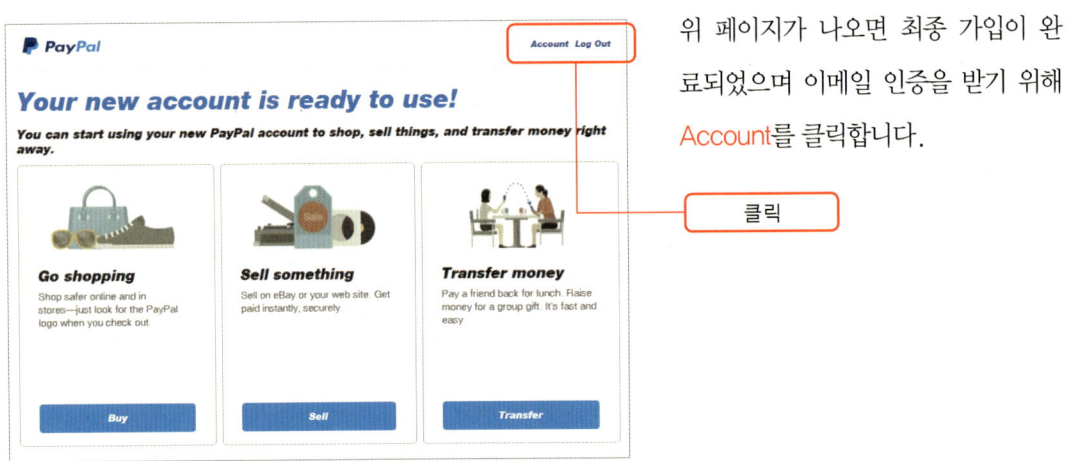

위 페이지가 나오면 최종 가입이 완료되었으며 이메일 인증을 받기 위해 Account를 클릭합니다.

클릭

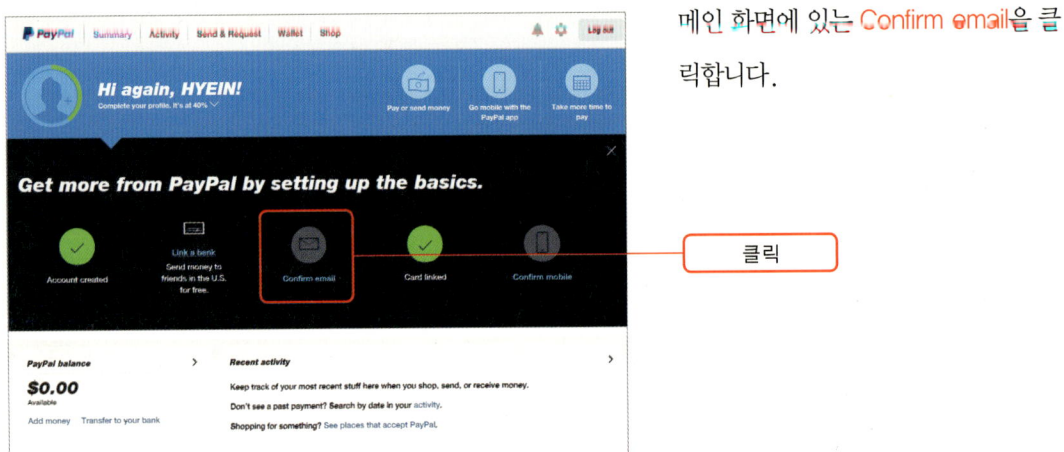

메인 화면에 있는 Confirm email을 클릭합니다.

클릭

Send Email을 클릭하면 인증메일이 발송됩니다.

클릭

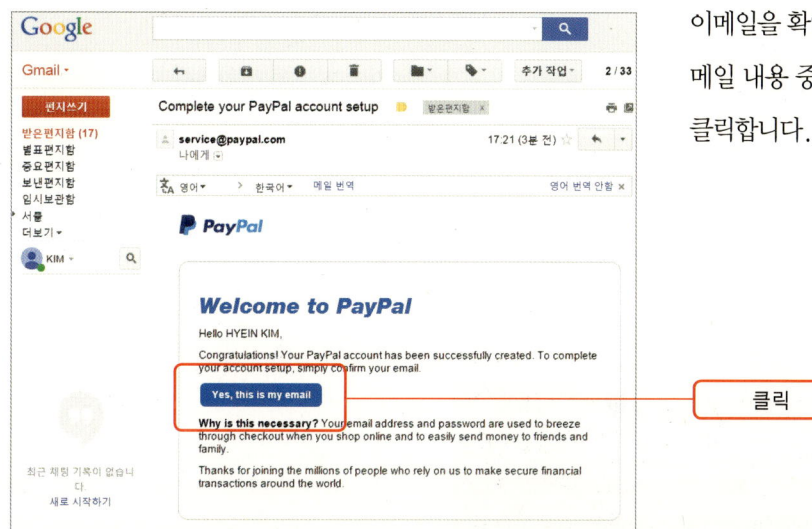

이메일을 확인하여 페이팔에서 전달된 메일 내용 중 Yes, this is my email을 클릭합니다.

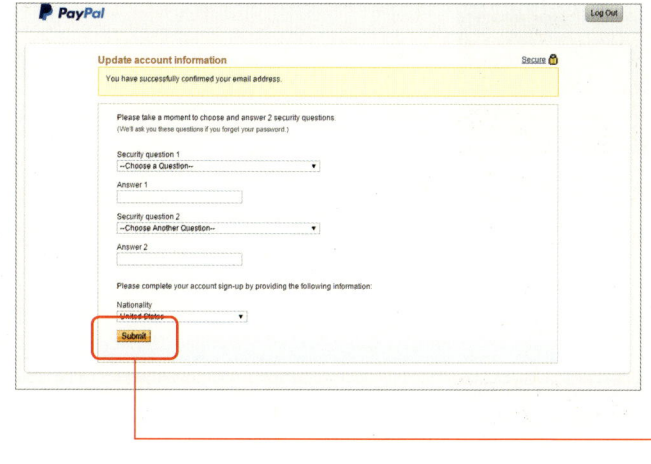

보안강화를 위한 페이지로 이동하며 비밀번호 힌트가 될 만한 항목을 선택하고 적당한 답변을 입력하되 1번과 2번은 각각 다르게 선택 및 작성한 후 Submit를 클릭하면 변팔 계정 만들기가 완료됩니다. 이제 한 달 정도는 그대로 두었다가 활용하시기 바랍니다.

2. 변팔로 직구 가능한 해외사이트

변팔을 이용하면 한국카드를 받아주지 않는 사이트에서 직구가 가능한데 이러한 사이트에 대해 소개해 드립니다. 물론 소개하는 사이트는 100% 변팔로 성공한다는 것은 아니며, 변팔을 사용하지 않고 단순히 카드결제를 해도 복불복식으로 누군가는 쉽사리 주문에 성공하기도 합니다. 그러나 대부분은 변팔을 사용했을 때 직구 성공확률이 높은 편입니다.

1) 아베크롬비 www.abercrombie.com

아베크롬비는 한국까지 직배송도 가능하지만 배송비가 비싸기 때문에 미국 배대지를 통해 직구하는 게 더 저렴합니다. 배대지 주소를 이용하면 캔슬되는 경우가 많습니다.

또한 일반적인 방식으로 접속하면 월드 홈페이지로 접속되는데 미국 홈페이지의 세일 폭이 더 크고 가격이 더 저렴하여 반드시 미국 홈페이지에서 직구하는 것이 좋습니다. 한국 IP로는 미국 홈페이지에 접속하는 것이 차단되어 있어 우회방식으로 접속해야 합니다.

2) 코치아울렛 www.coachoutlet.com

코치아울렛은 코치 이월제품 전문 할인쇼핑몰로 가입 신청을 하면 2주~한 달 정도 후에 가입 초대메일이 발송됩니다. 이 초대메일을 통해서만 가입을 할 수 있고 정해진 기간에만 쇼핑몰이 오픈되기 때문에 수많은 고객들이 가입 초대메일 및 쇼핑몰이 오픈되길 손꼽아 기다립니다.

3) 리바이스 미국 공홈 www.levi.com/US/en_US

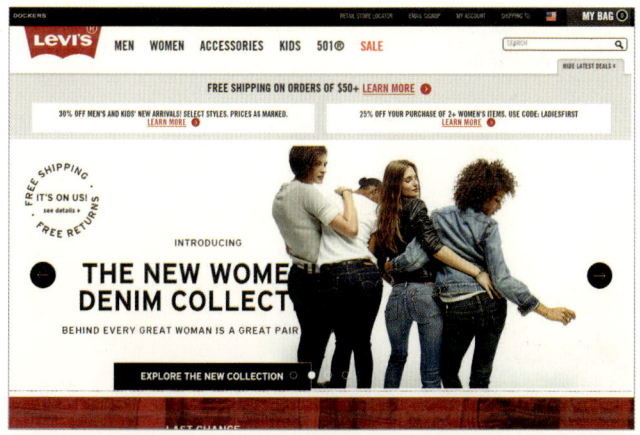

리바이스 미국 공홈으로 세일메뉴가 별도로 있고 할인율도 커서 1년 365일 저렴하게 구매할 수 있습니다. 25~30% 할인코드는 상시로 발급되는 편입니다.

4) 아디다스 미국 공홈 www.adidas.com/us

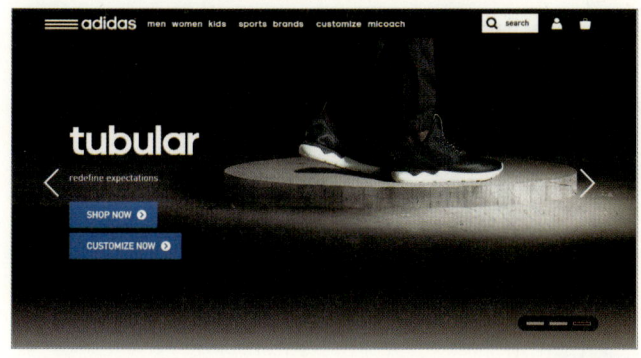

아디다스 미국 홈페이지입니다. 다소 복불복이 있는 편으로 변팔이나 일반 페이팔을 사용하지 않고 단순 카드결제 방식으로 주문해도 성공하는 사람들도 많습니다. 그러나 타사이트보다 캔슬될 확률이 높다 보니 변팔을 통해 직구하면 성공하기가 수월합니다.

5) 스타벅스스토어 www.starbucksstore.com

스타벅스 미국 홈페이지입니다. 텀블러, 커피 등을 저렴하게 구매할 수 있습니다.

6) 제이크루 www.jcrew.com

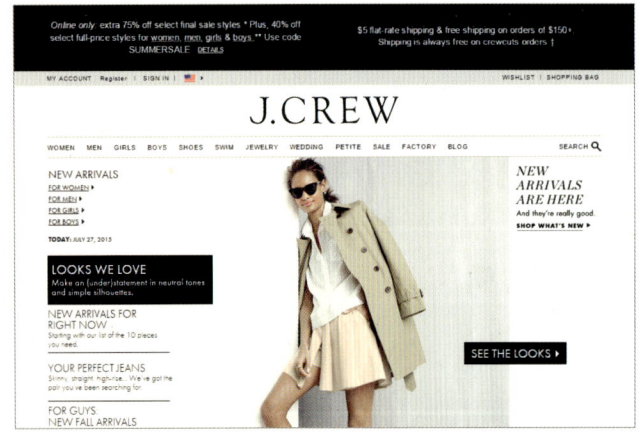

어메리칸 캐주얼을 대표하는 브랜드로 미국 의류 브랜드인 만큼 홈페이지에서 직구로 구매하면 할인코드나 세일 이벤트를 통해 저렴하게 구매할 수 있습니다.

7) 월마트 www.walmart.com

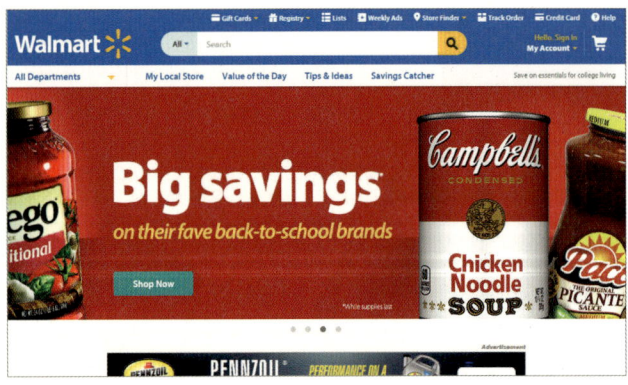

미국 오프라인 마트의 대표인 월마트는 미국의 주요 기념일이나 행사기간에 큰 폭의 세일을 진행하는 것으로 유명하며, 특히 식품류를 저렴하게 구매할 수 있습니다.

8) 크록스 www.crocs.com

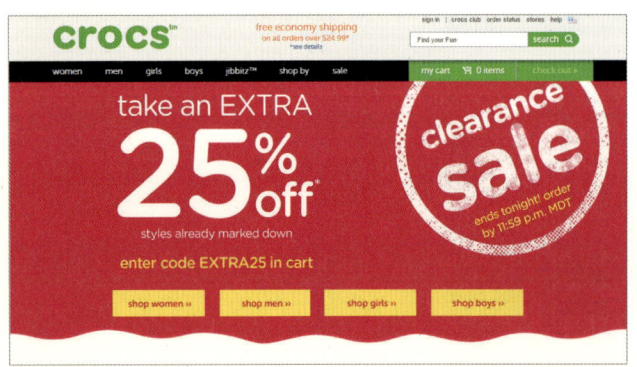

크록스는 공홈이 아니더라도 아마존이나 6pm 등에서 쉽게 직구할 수 있는 브랜드이지만 공홈의 경우 할인코드 이벤트를 자주 진행하고 세일 폭이 큰 편이며 상품의 종류도 더 다양하다는 매력이 있습니다.

9) 양키캔들 www.yankeecandle.com

양키캔들은 한국IP를 차단한 상태라 우회방식으로 접속해야 합니다. 한국 카드로 결제가 되기도 하지만 복불복이 심하므로 변팔을 이용하면 확률을 높일 수 있습니다.

10) 크랩트리앤에블린 www.crabtree-evelyn.com

스킨&바디 케어 용품 브랜드 크랩트리앤에블린은 꽃과 과일, 식물 등에서 추출한 천연영양소로 배합한 제품들로 가득하며 헐리웃 스타나 국내 연예인들도 애용하고 있어 더욱 유명해진 브랜드입니다.

화장품 안전등급 사이트

아이허브, 드럭스토어, 베네피트, 뷰티닷컴 등등 평소 해외 직구로 즐겨 구매하는 화장품들의 경우 다른 사람들의 후기나 광고 등을 통해 구매를 하는 분들이 많은데 실제 사용 후기담도 물론 매우 중요한 정보이지만 전문적인 분석자료를 확인하여 직구하려는 제품들이 안전한 제품들인지를 확인할 수 있는 사이트가 있습니다.

바로 화장품 안전등급 확인이 가능한 사이트 EWG's Skin Deep, 이른바 스킨딥이라는 사이트가 그것입니다.

• 스킨딥 (http://www.ewg.org/skindeep)

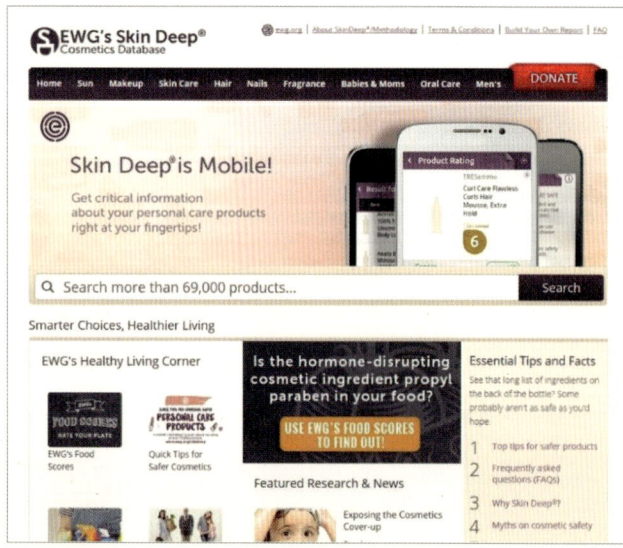

스킨딥에 안정등급이 등록되어 있는 제품들은 카테고리별로 구분되어 살펴볼 수 있습니다.
상단 메뉴를 통해 카테고리를 찾아 등록되어 있는 상품들의 등급을 확인할 수 있는데 보통은 이런 방식보다는 해외직구하려는 화장품의 상품명으로 직접 검색하는 게 더 빠릅니다.

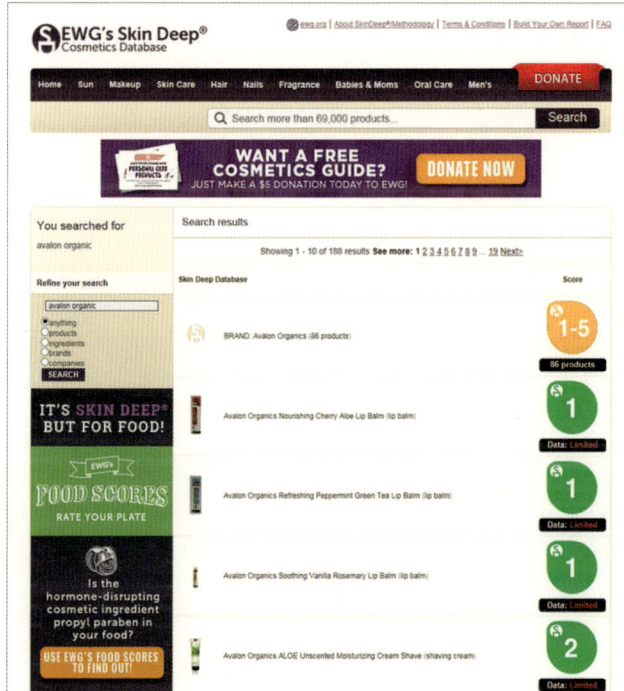

스킨딥에서 책정한 등급은 0에서부터 10등급까지 있으며 숫자가 낮을수록 안전함을 의미합니다.

Shopping Tip

1) 0~2 등급 : 유해성이 거의 없는, 누구나 사용해도 괜찮은 제품
2) 3~6 등급 : 평범한, 개인차에 따라 안전성과 효능이 다를 수 있는 제품
3) 7~10 등급 : 사용을 권하지 않는 등급

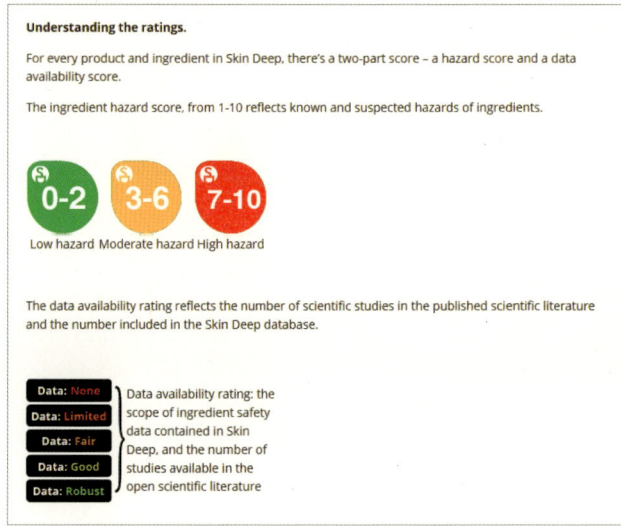

또한 등급 내에서도 검토자료별로 다른 등급이 매겨져 있는데 None은 그야말로 검토를 하지 않은 상태이기 때문에 신뢰할 수 없고, Limited는 제한적으로 검토를 했다는 뜻이며 아래로 내려갈수록 거의 모든 성분을 검사했고 좋은 평가를 받은 제품임을 의미합니다.

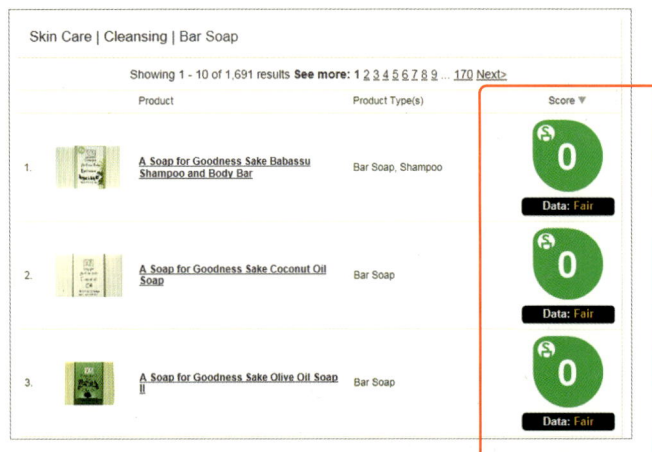

직구하려는 제품을 상품명으로 검색하게 되면 오른쪽에 등급이 표시됩니다. 예시로 보여드리는 상품의 레벨은 0, 검토자로 Fair입니다. 이건 쉽게 말해 직구해도 되는 안전한 상품임을 알 수 있습니다.

이 제품의 경우엔 레벨은 0이지만 검토자료가 None입니다. 다시 말해 성분에 대해 조사하지 않았기 때문에 레벨이 0이라고 해도 안전하다고 볼 순 없다는 의미가 됩니다. 그래서 어떤 화장품을 검색했는데 Level 0의 None 데이터를 가지고 있다면 가급적 구매하지 않는 게 좋습니다.

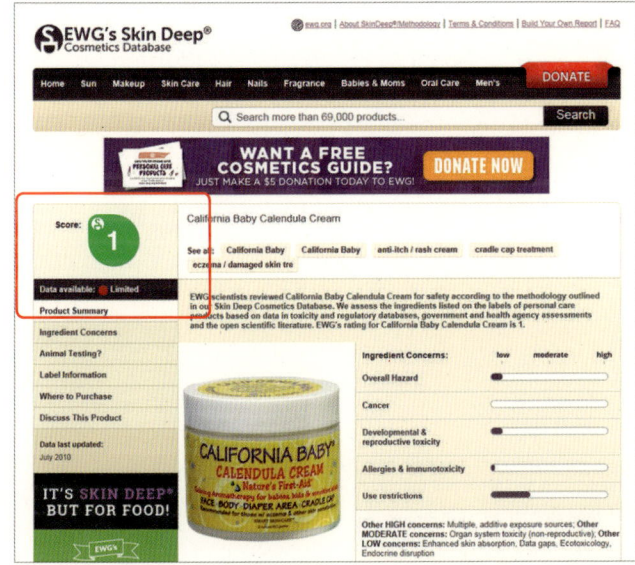

캘리포니아베이비 카렌듈라크림은 미시맘들의 베스트 직구품목 중 하나인데 이 제품의 등급은 레벨 1, 검토결과는 Limited입니다.

여기서 알 수 있는 것은 제한적이라는 것은 나쁜 것이 아니며 제한적으로 성분을 검사했지만 검사한 자료로만 봤을 땐 레벨 1로 '좋다' 고 판단할 수 있습니다.

물론 스킨딥에서 안내하는 모든 상품들의 등급에 대해 맹신할 순 없겠지만 나름 인지도가 높은 사이트이므로 신뢰가 생기고 조심하게 되므로 화장품을 직구할 때 체크해보는 것이 좋습니다.

해외직구 쇼퍼들을 위한
Special Tip

직구에 도움되는 영어 문장

1. 주문을 취소하고 싶을 때

- Hi, My Order number is 00000. (나의 주문번호는 00000입니다.)
- I want Cancel my order. (주문을 취소하고 싶습니다.)
- Please reply to me ASAP. (최대한 빨리 회신해주세요)

2. 배송이 시작되었는지 궁금할 때

- Hi, My Order number is 00000. (나의 주문번호는 00000입니다.)
- Is it Shipped? (배송되었나요?)
- If you already shipped, please send me the tracking number for this order.
  (이미 배송이 시작되었다면 트래킹 넘버를 알려주세요.)

3. 주문한 후 시일이 지나도 보내주지 않을 때

- Hi, My Order number is 00000 that was ordered on July 21. (나의 주문번호는 000000이고 7월 21일에 주문했습니다.)
- But I did not receive my order yet. (그러나 아직 물건을 받지 못했어요.)
- When will you send it? (언제 물건을 보낼 건가요?)
- If you already shipped, please send me the tracking number for this order.
  (이미 배송이 시작되었다면 트래 킹넘버를 알려주세요.)

4. 리턴라벨을 요청할 때

- Hi, My Order number is 00000. (나의 주문번호는 00000 입니다.)
- I received it, but I want to return and want to get a refund. (나는 상품을 받았지만 반품하고 환불받길 원합니다.)
  1) Because product arrived broken. (상품이 파손되었다.)
  2) Because defective product. (상품이 불량이다.)
  3) Because size is wrong. (사이즈가 다르다)
  4) Because I am not satisfied. (마음에 들지 않는다)
- Please send me prepaid return label via email.
  (선결제된 리턴라벨을 이메일 주소로 보내주세요.)
- My email address is 000000. (내 이메일 주소는 00000입니다.)